Zu diesem Buch

Italo Svevo (eigentlich Ettore Schmitz), geboren am 19. Dezember 1861 in Triest, besuchte eine deutsche Schule (Segnitz bei Würzburg), erhielt eine kaufmännische Ausbildung in Triest, wurde Bankangestellter und später Unternehmer. Mit seinen ersten beiden Romanen blieb er erfolglos. Entdeckt wurde er erst in seinen späten Jahren durch James Joyce. Noch vor dem Durchbruch der Psychoanalyse machte Svevo die psychologische Erforschung des Durchschnittsmenschen und seiner banalen Existenz zum Stoff seiner Romane, in denen er auch bereits die Technik des Bewußtseinsstromes ausbildete. Er gilt heute neben Joyce, Proust, Kafka und Musil als bahnbrechender Erzähler der modernen Weltliteratur. 1923 erschien sein Hauptwerk, der Roman «Zeno Cosini» (rororo Nr. 13485), dessen Raucherkapitel, gelesen von Walter Schmidinger, auch in der Reihe «Literatur für KopfHörer» vorliegt. Italo Svevo kam am 13. September 1928 bei einem Autounfall ums Leben.

«Italo Svevo war einer der sensibelsten und intelligentesten Europäer seiner Zeit, einer der scharfsinnigsten Menschenkenner und zugleich einer der weisesten Menschenliebhaber der modernen Weltliteratur.» (Hessischer Rundfunk)

In der Reihe der rororo-Taschenbücher liegen neben «Zeno Cosini» der Roman «Ein Mann wird älter» (Nr. 13523) und «Die Novelle vom guten alten Herrn und vom schönen Mädchen» (Nr. 13644) vor. Im Rowohlt Verlag erschienen seine Gesammelten Werke in sieben Einzelausgaben. In der Reihe «rowohlts monographien» erschien als Band 459 eine Darstellung Svevos in Selbstzeugnissen und Bilddokumenten von François Bondy und Ragni Maria Gschwend.

Ragni Maria Gschwend, Jg. 1935, stammt aus Kempten/Allgäu. Ausbildung und Tätigkeit in Buchhandel und Verlag. Studium der italienischen Sprache und Literatur in Perugia, Siena und München. Literarische Übersetzerin, u. a. von Büchern der Triestiner Autoren Fulvio Tomizza und Claudio Magris (darunter Ara/Magris: «Triest. Eine literarische Hauptstadt in Mitteleuropa»). Von 1983–1988 Mitarbeit an der Ausgabe der Gesammelten Werke von Italo Svevo. Unter anderen deutschen und italienischen Auszeichnungen erhielt sie 1989 den Premio Monselice für die Übersetzung von Italo Svevo. Mitglied des PEN der Bundesrepublik Deutschland.

Italo Svevo

Die Kunst,
sich das Rauchen nicht
abzugewöhnen

Von Greisen,
Dichtern und letzten
Zigaretten

Herausgegeben von
Ragni Maria Gschwend

Rowohlt

Veröffentlicht im Rowohlt Taschenbuch Verlag GmbH,
Reinbek bei Hamburg, Dezember 1995
Copyright © 1959, 1960, 1962, 1967, 1983, 1984,
1985, 1986, 1987, 1988, 1995 by Rowohlt Verlag GmbH,
Reinbek bei Hamburg
Copyright © by Enrico dall'Oglio, editore, Milano,
1954, 1957, 1966, 1968, 1969
Deutsche Erstübersetzungen aus dem Italienischen
nach Band 3 «Racconti, Saggi, Pagine Sparse»
der Gesamtausgabe «Opera Omnia»,
Dall'Oglio, editore, Milano 1968
Alle Rechte vorbehalten
Quellen- und Übersetzernachweise siehe Seite 307 ff.
Umschlaggestaltung Walter Hellmann
(Foto: Letraset / Phototone)
Lektorat Marcel Hartges
Frontispiz Hans Michael Hensel, Segnitz
Satz Bembo (Linotronic 500)
Gesamtherstellung Clausen & Bosse, Leck
Printed in Germany
1490-ISBN 3 499 13719 4

Karikatur Svevos, gemalt von seiner Schwester Paola. Die Bildinschrift lautet: «Letzte Zigarette 26. 8. 97. Man sagt, daß ich bald Papa werde... und wenn ich meinem Sohn kein gutes Beispiel gebe, dann riskiert er, genauso ein Hanswurst zu werden wie ich.»

Inhalt

II.
«Meine Braut ist ein Bonbon...
und ich rauche die letzte»
*Von der Liebe, den Zigaretten
und wie alles mit allem zusammenhängt*

III.
«Das Leben eines alten Mannes
ist wirklich wild»
Über das Alter und die Kuren dagegen

Das Doppelleben des Herrn Schmitz

Ich erinnere mich, daß vor ein paar Jahren ein Geschäftsmann die ernsthaften Verhandlungen unterbrach, in denen wir uns befanden, um mich zu fragen: ‹Stimmt es, daß Sie der Autor von zwei Romanen sind?› Ich errötete so, wie nur ein Autor bei solchen Anlässen zu erröten weiß, und da mir an diesem Geschäft viel gelegen war, sagte ich: ‹Nein, nein! Es ist ein Bruder von mir.› Dieser Herr wollte jedoch, ich weiß nicht warum, den Autor der beiden Romane kennenlernen und wandte sich an meinen Bruder, dem diese Unterstellung nicht sehr schmeichelte, weil sie eindeutig seine berufliche Respektabilität untergrub.»

Das berichtet der alte Italo Svevo in seinen Aufzeichnungen *Londoner Aufenthalt*, und – so ist man versucht zu sagen – *se non è vero è ben trovato*, liegt doch darin bereits die ganze Zwiespältigkeit seines Lebens: hier der Großbürger und Industrielle Ettore Schmitz, Prokurist der Schiffsfarbenfabrik Veneziani mit Filialen in Italien und England – dort der Autor Italo Svevo, der in seinen weitgehend im verborgenen geschriebenen Prosastücken und Komödien ebendiese bürgerliche Welt um die Jahrhundertwende von innen heraus beleuchtet und ironisch analysiert.

Dabei hatte der am 19. Dezember 1861 in Triest geborene Hector Aron (genannt Ettore) Schmitz, Sohn eines jüdischen Kaufmanns deutscher Abstammung, in seiner Jugend große Pläne gehabt, hatte von literarischen Erfolgen geträumt und noch mit achtunddreißig die Maxime aufgestellt: «Außerhalb der Feder gibt es kein Heil.» Trotzdem mußte er «sein Heil», genauer gesagt sein Brot, immer in anderen, ihm konträren Berufen suchen: achtzehn Jahre lang als Bankangestellter und später, nach der Hochzeit 1896 mit seiner um dreizehn Jahre jüngeren Verwandten Livia Veneziani, als Mitarbeiter in der schwiegerelterlichen Firma für algen- und muschelnabweisende Schiffsanstriche – eine verantwortliche Tätigkeit, die auch mit körperlicher Arbeit und anstrengenden Reisen verbunden war und den lebensuntauglichen «Träumer», als den Svevo sich stets empfand, zwangsläufig zu dem von ihm so oft beschworenen «Tatmenschen» machte. Doch diese Wandlung, die den Einsatz all seiner körperlichen und geistigen Kräfte forderte, mußte er sich immer wieder neu abtrotzen, und dazu schien es ihm nötig, «diese lächerliche und schädliche Sache, die sich Literatur nennt», völlig aus seinem Leben «auszumerzen». Bestärkt wurde er in diesem bitteren Entschluß durch seine ganz dem Kommerziellen verhaftete Umwelt, die literarisches Schreiben als bloßen Zeitverlust ansah und höchstens ein wenig Hausmusik als künstlerisches Gegengewicht zu den Geschäften duldete, vor allem aber durch den totalen Mißerfolg seiner beiden Romane *Ein Leben* und *Ein Mann wird älter*, die er 1892 beziehungsweise 1896 voller Hoffnungen auf eigene Kosten veröffentlicht hatte und die außerhalb Triests so gut wie nicht wahrgenommen wurden. Das hatte freilich nicht allein literarische Gründe, sondern lag auch an der seltsamen Situation dieser Stadt: einer verhältnismäßig jungen, kosmopolitischen Handelsmetropole am Rande des großen Habsburgerreichs, in der jedoch Italienisch gesprochen wurde und die sich im Zuge allgemeinen nationalstaatlichen Denkens immer stärker auf die eigene «Italianità» besann und eine Loslösung von Österreich und die Integrierung in das neugegründete Königreich Italien forderte – ein Ziel, das nach schweren Kämpfen im Ersten Weltkrieg am 3. November 1918 mit der Landung der italienischen Truppen in Triest erreicht wurde.

Bei aller «Italianità» war das Italienisch, das man in der Vielvölkerstadt Triest sprach (und spricht), jedoch nicht das Florentiner Idiom Dantes, sondern eben Triestinisch, ein venezianischer Dialekt mit slawischen und germanischen Einsprengseln, der in der ganzen Levante verstanden wurde. Und Svevos nüchterne, jeder pathetischen Rhetorik, wie man sie damals beim Modedichter D'Annunzio so bewunderte, abholde Sprache wurde auch später, als man ihn schließlich literarisch zur Kenntnis nehmen mußte, von der italienischen Kritik hochnäsig als «Kaufmannsesperanto» abqualifiziert. Und doch ist es gerade diese schmucklose Sprache, die Svevos Kunst, die Regungen und Handlungen seiner Protagonisten unsentimental zu beobachten und zu beschreiben, gerecht wird.

Freilich hatte Svevo seine prägenden Jahre auch in keinem italienischsprachigen Land verbracht, sondern in Deutschland, in dem kleinen mainfränkischen Dorf Segnitz bei Würzburg, wo er zwischen 1874 und 1878 zusammen mit zwei Brüdern ein Handelsinternat besuchte. Aus jener Zeit datieren, wie er selbst berichtet, seine Liebe zur Literatur und sein Wunsch, Schriftsteller zu werden. Gefördert durch den Schuldirektor Samuel Spier, einen Mitbegründer der Sozialdemokratischen Arbeiterpartei Deutschlands, las der junge Svevo alles, was ihm in die Hände kam – oder gelegt wurde: Schiller, Goethe, Heine, Körner, Hauff und nicht zuletzt Jean Paul sowie Shakespeare und russische Autoren in deutscher Übersetzung. Auch sein Interesse an den Schriften von Marx und Bebel stammt sicherlich aus dieser Zeit, und später, als er wieder in Triest war und in seinen freien Stunden eifrig die städtische Bibliothek frequentierte, wurde sein Lieblingsschriftsteller Schopenhauer. «Vielleicht», schrieb Svevo 1927 in seinem *Autobiographischen Profil*, «geht auf diesen großen Philosophen auch das Pseudonym Italo Svevo zurück, das zum erstenmal auf dem Umschlag von *Una vita* [*Ein Leben*] erschien.» Dieses Pseudonym, das sich mit «der italienische Schwabe», sprich «Deutsche», übersetzen läßt, zeigt jedoch auch eine weitere Gespaltenheit des Autors: sein – mitten in einer Zeit des glühenden Patriotismus – Zuhausesein in verschiedenen Kulturen, sein Grenzen überschreitendes Denken, das sich mit der psychischen Befindlichkeit des Menschen ganz allgemein beschäftigt, auch wenn er diese an Individuen aus seinem Milieu darstellt.

Natürlich konnte sich der Kaufmann Ettore Schmitz trotz aller guten Vorsätze und trotz seines verbissenen Bemühens, der Versuchung zum Schreiben durch Geigen auf der «cràzzola», wie er seine Violine nannte, zu widerstehen, die Literatur nicht abgewöhnen – genausowenig wie das Rauchen. Nur mit dem Unterschied, daß er in seine – mehr oder weniger ernsthaften – Versuche, sich das Rauchen abzugewöhnen, seine ganze Umgebung mit einbezog, eine Art Spiel daraus machte, ja geradezu eine Kunst, aus der schließlich Literatur wurde.

Seinen «Schreibverzicht» dagegen machte er mit sich selbst aus, beschwor ihn trotzig schreibend («die Feder, dieses grobe und unbeholfene Instrument») und unterlief ihn durch lange Briefe an seine Frau Livia, wenn die Eheleute durch seine Geschäftsreisen oder ihre Kuren voneinander getrennt waren, und brach ihn auch sonst durch viele Entwürfe, Notizen, Gedankensplitter, Fabeln, Theaterstücke, angefangene und nie fertiggeschriebene Erzählungen: ein Material, das zum größten Teil erst nach seinem Tod ans Licht kam und daher eine Datierung und Zuordnung äußerst schwierig, wenn nicht überhaupt unmöglich macht. Wie sehr Svevo das Thema «Schreiben» beschäftigte, geht auch daraus hervor, daß es – ähnlich der letzten Zigarette in den frühen Briefen an Livia und im Roman *Zeno Cosini* – beinahe leitmotivisch sein Werk durchzieht: Fast alle seine Protagonisten haben einmal ein (meist erfolgloses) Buch geschrieben, träumen von literarischem Ruhm (beziehungsweise haben in ihrer Jugend davon geträumt), oder sie schreiben, «um sich lebendig zu fühlen», um etwas von ihrem Leben festzuhalten, um sich selbst zu erkennen. «Und wer bin ich nun?» fragt sich der alte Zeno Cosini. «Nicht derjenige, der gelebt hat, sondern derjenige, den ich beschrieben habe.»

Schreiben als «hygienische Maßnahme», wie es in den *Bekenntnissen des alten Mannes* heißt. Die Frage ist zwar gewagt (und natürlich müßig), aber man kann sie sich ja trotzdem stellen: Hätte sich Svevo das Rauchen abgewöhnen können, wenn seine literarischen Träume sofort in Erfüllung gegangen wären? War das Festhalten am «Laster» des Rauchens vielleicht Ersatz für das untersagte «Laster» des Schreibens, ja für die ganze Frustration des ihm aufgenötigten Doppellebens? «Habe ich deshalb von der Zigarette niemals lassen können, weil ich ihr alle Schuld an meiner Unfähigkeit zuschrieb?» fragt sich Zeno Cosini in dem berühmten Kapitel «Die Zigarette». «Wäre ich wirklich der ideale, lebenstüchtige Mensch geworden, wenn ich das Rauchen aufgegeben hätte? Vielleicht hat mich gerade dieser Zweifel an mein Laster gefesselt.»

Das Rauchen ist jedoch nicht nur ein «Laster», es ist auch eine «Krankheit», von der sich Zeno Cosini durch allerlei seltsame «Kuren» zu heilen versucht – bis er sich wieder von den Kuren kurieren muß. Die Sorge um die eigene Gesundheit war auch Italo Svevo alias Ettore Schmitz nicht fremd, und der Gedanke an das Alter – auch eine Art Krankheit, der man mit unkonventionellen Maßnahmen begegnen muß – taucht bereits in seinem ersten erhaltenen Theaterfragment *Ariosto governatore* aus dem Jahr 1880 auf, und in einem Geburtstagsbrief vom 5. 12. 1903 an Livia heißt es: «Und jetzt bist Du 29 und ich bin 42 Jahre alt, und ich möchte anfangen, Dich an die heiter-gelassene Zuneigung ohne Stürme zu gewöhnen, die der Greis an Deiner Seite haben wird. [...] Ich sehe in die Ferne und weiß, daß mein Organismus rasch altern wird.» Anders jedoch als der Autor sind viele seiner Protagonisten bereits in jungen Jahren «Greise», so wie Emilio Brentani aus *Ein Mann wird älter* (beziehungsweise *Senilità*, wie der Titel im Original nicht von ungefähr lautet). Amüsanter und liebenswerter sind jedoch Svevos echte «Greise», die entweder versuchen, Ordnung in ihre Erinnerungen zu bekommen oder aufmüpfig dem Tod und ihrer sie ins Abseits drängen wollenden Umwelt noch eins auszuwischen: Mario Samigli, Herr Aghios, Giovanni Chierici und natürlich der inzwischen siebzigjährige Zeno aus den späten Erzählungen.

Hinter der Figur des Zeno Cosini, in die nicht nur Svevos Beschäftigung mit der Psychoanalyse, sondern auch die ganze Weisheit und abgeklärte Ironie seines verzichtreichen gelebten Lebens einfloß, versteckt sich der Autor selbst, geht dabei jedoch den umgekehrten Weg einer Autobiographie: Er erfindet eine Figur und versucht sich ihr anzupassen: «Wenn ich allein war, versuchte ich mir einzureden, selber Zeno zu sein. Ich ging wie er, rauchte wie er, und ich stopfte in meine Vergangenheit alle seine Erlebnisse, die nur deshalb den meinen gleichen können, weil die Beschwörung eines eigenen Erlebnisses eine Rekonstruktion ist, die leicht zu einer ganz neuen Konstruktion wird, wenn es einem gelingt, sie in eine neue Atmosphäre zu verlegen. Sie verliert dabei nicht den Saft und die Kraft der Erinnerung, nicht einmal ihre Wehmut.»

Und wer ist er nun, möchte man fragen: Ettore Schmitz, Italo Svevo oder Zeno Cosini? Und die Reihe könnte sich fortsetzen lassen. In jeder erfundenen Figur steckt auch ein Stück des Autors, der im Alltag ein Geschäftsmann war. Und wer weiß, ob wir den Schriftsteller Italo Svevo heute noch lesen würden, wäre sein Werk nicht auch geprägt von den vielschichtigen Lebenserfahrungen des Bürgers Ettore Schmitz, seinen Zweifeln, Opfern und den zahllosen vergeblichen Versuchen, sich das Rauchen abzugewöhnen?

Wahrscheinlich würden wir jedoch heute den Schriftsteller Italo Svevo überhaupt nicht kennen, wäre der Industrielle Ettore Schmitz nicht durch die Gründung der englischen Filiale seiner Firma in dem Londoner Vorort Charlton gezwungen gewesen, seine Englischkenntnisse zu verbessern, und hätte er dazu nicht ab 1907 in Triest Privatstunden bei einem jungen irischen Lehrer genommen, der James Joyce hieß. Was nun kommt, ist zwar schon oft erzählt worden, aber es ist im wahrsten Sinne des Wortes so märchenhaft, daß es auch hier nicht ausgespart werden soll: Der Englischunterricht in der Villa Veneziani drehte sich weniger um Grammatik als um Literatur, und als Joyce anfing, Manuskripte von sich mitzubringen, kramte Svevo eines Tages auch seine beiden rund zwanzig Jahre zuvor geschriebenen glücklosen Romane verschämt hervor, wie um zu sagen: Auch ich war einmal ein Schriftsteller! Joyce erkannte sofort die literarische Begabung dieses so seriös wirkenden ältlichen Geschäftsmanns und war von der Lektüre vor allem des zweiten Romans so begeistert, daß er ganze Passagen daraus auswendig lernte. Das machte Svevo Mut, offener weiterzuschreiben, und ohne diesen Ansporn wäre vielleicht der Roman *Zeno Cosini* gar nicht entstanden, vor allem aber hätte er – zumindest zu Lebzeiten des Autors – keine Leser gefunden. Als nämlich das Erscheinen dieses Romans 1923 – jetzt immerhin in einem kleinen Bologneser Verlag (wenn auch natürlich mit Kostenzuschuß des Autors) – wiederum von der Kritik mit völligem Stillschweigen übergangen wurde, war es aufs neue James Joyce, der Svevo beruhigte («Warum regen Sie sich auf? Sie müssen wissen, daß das bei weitem Ihr bestes Buch ist») und die französische Literaturszene auf diesen ungewöhnlichen Autor aufmerksam machte. Und so kam Italo Svevo in seinen letzten Lebensjahren noch zu einem späten, doch, wie es ihm gebührt, internationalen Ruhm, und sein Werk ist heute bekannter und lebendiger denn je.

Ettore Schmitz selbst starb am 13. September 1928 – durch einen Autounfall. Auf dem Totenbett bat er seinen Neffen, einen jungen Arzt, um eine Zigarette, die dieser ihm, aus falscher Fürsorge oder Gewohnheit, verweigerte. Daraufhin meinte Svevo, der kaum mehr sprechen konnte: «Das wäre jetzt wirklich meine letzte Zigarette gewesen.»

◆◆◆

Italo Svevo hat auch im deutschsprachigen Raum längst seine begeisterte Leserschaft gefunden, aber dennoch umgibt ihn für viele noch die Aura eines «schwierigen» oder eines altmodischen, eines «klassischen» Autors, der uns nichts mehr zu sagen hat und höchstens noch für die Literaturwissenschaft interessant ist. Elias Canetti war da, wie er 1969 in einem Funkinterview äußerte, ganz anderer Meinung: «Svevo ist für mich einer der wichtigsten modernen Schriftsteller, einer von denen, die man immer wieder liest und die sich nie erschöpfen. Ich glaube, ich habe jedes Buch von Svevo mindestens fünf- oder sechsmal gelesen, ohne jemals davon genug zu bekommen. Das ist der beste Beweis für einen großen Autor.»

Aus dem Bedürfnis, die obengenannten Vorurteile abzubauen und «Svevo-Anfängern» Gelegenheit zu bieten, unkompliziert

Bekanntschaft mit diesem Autor zu schließen, entstand dieses «Lesebuch». Doch auch die «Svevo-Kenner» sollen nicht zu kurz kommen: Sie finden darin eine Reihe bisher noch nie ins Deutsche übersetzter Texte, darunter einen frühen Artikel *Über das Rauchen*, die allererste publizierte und erst 1971 wiederentdeckte Erzählung *Ein Kampf* sowie die lange, stark von Dostojewski beeinflußte Geschichte vom *Mord in der Via Belpoggio*. Da, wie bereits erwähnt, außer bei den Romanen, Briefen und ein paar Erzählungen keine Datierungen möglich sind, wurden die Texte zu drei großen Themenkomplexen zusammengefaßt, wobei es im einzelnen natürlich zu thematischen Überschneidungen kommt. Bis auf knappe Zusatzinformationen und Erläuterungen im Anhang wurde auf jede Form der Kommentierung und Interpretation verzichtet: Das Bändchen möchte nichts anderes sein als im wahrsten Sinn des Wortes ein «Lesebuch».

R. M. G.

I.
«Ein Mensch mit deinem Kopf hat bei Geschäften nichts zu suchen»

Täter und Träumer in Triest

Ein Leben in der Bank

Um Punkt 6 Uhr legte Luigi Miceni die Feder hin und schlüpfte in seinen Überrock, der nach der damaligen Mode betont kurz war. Etwas auf seinem Schreibtisch schien seinen Sinn zu stören. Er brachte einen Stoß Papiere haarscharf mit der Tischkante in Übereinstimmung, warf noch einen kurzen Blick darauf und fand, daß die Ordnung nun hergestellt sei. Die Papiere in den einzelnen Fächern waren so sorgfältig aufeinandergeschichtet, daß sie wie gebundene Hefte aussahen, und die Federhalter neben dem Tintenfaß waren alle in gleicher Höhe aneinandergereiht.

Alfonso saß seit einer halben Stunde untätig an seinem Platz und sah bewundernd zu Miceni hinüber. Ihm gelang es nie, Ordnung in seine Papiere zu bringen. Da und dort konnte man wohl den Versuch erkennen, sie zu geregelten Stößen zu vereinen, in den Schreibtischfächern aber herrschte heilloses Durcheinander. Das eine Fach war wahllos vollgestopft, das andere leer. Miceni hatte ihm genau das System erklärt, wie die Papiere je nach Inhalt oder Bestimmungsort zu sortieren waren. Alfonso hatte alles begriffen, aber wenn der Arbeitstag zu Ende war, konnte er sich nicht dazu aufraffen, noch irgend etwas zu tun, wenn es nicht unbedingt sein mußte.

Miceni, schon im Fortgehen, fragte ihn: «Herr Maller hat dich noch immer nicht in sein Haus geladen?»

Alfonso schüttelte den Kopf. Nun, da er sich in dem Brief an seine Mutter das Herz erleichtert hatte, wäre ihm die Einladung nur noch lästig und überflüssig erschienen.

Die in dem Brief an seine Mutter enthaltene Anspielung auf

den Hochmut der Vorgesetzten ging auf Miceni zurück. Der nämlich brachte die Rede immer wieder auf die ausgebliebene Einladung. Bisher war es üblich gewesen, jeden neuangestellten Beamten im Hause Maller einzuführen. Im Falle Alfonsos war die Einladung zum erstenmal unterblieben. Miceni bedauerte es, er sah darin den Anfang vom Ende eines Brauches, auf den er offenbar viel hielt.

Miceni war ein schmächtiger junger Mensch mit einem ungewöhnlich kleinen Kopf. Sein gelocktes schwarzes Haar trug er kurz geschnitten. Für seine Kleidung schien er an Geld nicht zu sparen. In seinem ganzen Äußeren herrschte die gleiche peinliche Ordnung wie auf seinem Schreibtisch.

Nicht nur in der Kleidung unterschied sich Alfonso von seinem Kollegen. Was er trug, war wohl stets sauber, aber angefangen von dem gelblichen Hemdkragen bis zu dem grauen Sakko verriet alles einen nicht sehr raffinierten Geschmack und das Bestreben, möglichst wenig Geld auszugeben. Der eitle Miceni warf ihm vor, daß er seine einzigen Luxusobjekte, die tiefblauen Augen, durch einen allzu üppig wuchernden, braunen, ungepflegten Bart um ihre Wirkung bringe. Alfonso war groß und kräftig; aber wenn er stand, sah er aus wie übermäßig in die Länge gezogen, dabei hielt er den ganzen Körper vornübergeneigt, als suche er eine Stütze, um nicht das Gleichgewicht zu verlieren. So machte er einen schwachen und unsicheren Eindruck.

Der Chefkorrespondent Sanneo kam ins Zimmer gelaufen. Ein Mann um die Dreißig, groß, mager, mit fahlblondem Haar. Alle Teile seines langen Körpers waren in ständiger Bewegung; hinter der Brille zuckte unruhig ein Paar blasser Augen.

Er wollte von Alfonso ein Adreßbuch, und da er nicht gleich das richtige Wort finden konnte, deutete er, vor Ungeduld zitternd, die Form des Buches mit den Händen an. Als er es endlich hatte, blätterte er nervös darin, wobei er gleichzeitig Miceni zulächelte und ihn bat dazubleiben, er habe noch Arbeit für ihn. Miceni zog prompt seinen Überrock wieder aus, hängte ihn mit Sorgfalt auf den Kleiderhaken, setzte sich, nahm die Feder zur Hand und wartete auf Instruktionen.

Herr Sanneo war seiner brüsken Art wegen Alfonso unsympathisch, aber er mußte ihn bewundern. Eine unglaubliche Leistungskraft steckte in Herrn Sanneos schwachem Organismus, er hatte ein eisernes Gedächtnis, kannte jedes Detail auch der kleinsten Transaktion, selbst wenn sie zeitlich noch so weit zurücklag. Alles an ihm war wach. Die Feder führte er mit blitzartiger Geschwindigkeit und nicht ohne stilistische Gewandtheit. Es gab Tage, an denen er zehn Stunden ohne Unterlaß im Büro verbrachte, unermüdlich damit beschäftigt, die Dinge zu ordnen und zu registrieren. Alfonso konnte dem Kopierbuch, das er manchmal durchblättern mußte, entnehmen, daß Sanneo oft geringfügigster Kleinigkeiten wegen die erbittertsten Polemiken entfachte.

«Warum schindet er sich so?» fragte sich Alfonso, der nicht begreifen konnte, daß man für diese Arbeit soviel Leidenschaft aufbringen konnte.

Von Miceni erfuhr Alfonso, daß Sanneo einen Charakterfehler hatte. Er war launenhaft, unberechenbar in der Verteilung seiner Gunst und verfolgte alle, die seine Sympathie momentan nicht genossen. Es war, als könne er in dem ganzen Büro seine Sympathie jeweils nur einem einzigen Menschen zuwenden. Zur Zeit bevorzugte er Miceni.

Herr Maller öffnete die Tür, und nachdem er sich vergewissert hatte, daß Sanneo da war, trat er ein. Alfonso hatte ihn bisher nie gesehen. Maller war kräftig, dick und von hoher Gestalt. Manchmal konnte man ihn schnaufen hören, obwohl er sonst nicht an Atemnot litt. Er war fast kahl, um so dichter war sein nicht allzulanger, rötlich blonder Vollbart. Er trug eine Brille mit goldenen Bügeln. Sein rotes Gesicht wirkte gewöhnlich.

Er sah die beiden Beamten, die aufgestanden waren, nicht an und dankte nicht für ihren Gruß. Er überreichte Sanneo ein Telegramm, lächelte und sagte: «Hypothekenbank. Wir sind mit vom Syndikat.»

Dieses Telegramm, das aus der Hauptstadt kam und seit Tagen erwartet wurde, besagte, daß die Durchführung der Subskriptionen für die neue Hypothekenbank auch dem Hause Maller anvertraut wurde.

Sanneo begriff und erblaßte. Das Telegramm brachte ihn um die Freizeit, mit der er gerechnet hatte. Aber er riß sich zusammen, beherrschte sich und hörte aufmerksam die Instruktionen an, die ihm erteilt wurden.

Die Aktien sollten zwar erst in zwei Tagen ausgegeben werden, doch mußte das Haus Maller die Namen der Subskribenten schon am Abend des folgenden Tages kennen. Herr Maller nannte ein paar Firmen, an denen ihm besonders lag und an die Offerten zu richten waren. Die übrigen Adressen deckten sich mit denen jener Kunden, die bereits entsprechende Angebote erhalten hatten. An diesem Abend mußten ungefähr hundert Telegramme abgehen. Sie lagen seit Tagen vorbereitet, es handelte sich nur darum, die Adressen einzusetzen sowie die Aktienanzahl, die je nach der Bedeutung des Unternehmens schwankte, an das die Einladung erging. Die Arbeit jedoch, die die Bürozeit so verlängerte, bestand in der Abfassung der Bestätigungsschreiben, die sofort abgesandt werden mußten.

«Ich komme um elf Uhr wieder», schloß Herr Maller seine Ausführungen, «und ich bitte Sie, die Listen der Firmen, an die Sie telegrafiert haben, und die Aufstellung der angebotenen Aktienmenge auf meinen Schreibtisch zu legen. Ich werde dann die Briefe unterschreiben.»

Er ging mit einem höflichen Gruß, von dem man allerdings nicht genau wußte, an wen er gerichtet war.

Sanneo, der sich mittlerweile mit den gegebenen Tatsachen abgefunden hatte, sagte fröhlich zu den beiden jungen Beamten: «Ich hoffe, daß wir bis zehn Uhr fertig sind, vielleicht sogar schon früher, und daß Herr Maller bei seiner Rückkehr die Räume leer vorfindet. Los, los jetzt!»

Er beauftragte Miceni, die übrigen Beamten der Korrespondenz von der neuen Arbeit in Kenntnis zu setzen; Alfonso sollte den Leiter der Expedition benachrichtigen. Dann lief er aus dem Zimmer.

Miceni öffnete wieder das Tintenfaß, nahm aus dem Fach einen Stoß Briefpapier und warf ihn heftig auf den Tisch.

«Wenn ich gleich meiner Wege gegangen wäre, dann hätte man mich lange suchen können! Statt dessen muß ich jetzt hier die Nacht verbringen.»

Alfonso machte sich gähnend auf den Weg. Ein kurzer, enger, finsterer Gang verband das Zimmer mit dem großen Korridor. Die Büros links und rechts waren noch erleuchtet. Die Türen glichen alle einander, sie bestanden aus schwarz eingefaßtem Milchglas, und an jenen, die in die Zimmer des Herrn Maller und des Herrn Cellani, des Prokuristen, führten, waren außerdem Namenstafeln – schwarze Buchstaben auf goldenem Grund – angebracht. Die Bemalung der Wände sollte Marmor vortäuschen. In dem schattenlosen, gleichmäßigen Licht, das überall herrschte – nur die erleuchteten Türen gaben einen stärkeren Schein –, erinnerte der verlassene Korridor an die Vorlagen, die man in den Schulen für das Studium der Perspektiven verwendet und die nur aus Licht und Linien bestehen.

Eine einflügelige Tür am Ende des Korridors war niedriger als die anderen. Alfonso öffnete sie, lehnte sich an den Türrahmen und rief hinein: «Herr Sanneo läßt sagen, heute wird bis zehn Uhr dageblieben.»

«Wie bitte?»

Diese Frage kam einer Antwort gleich. Alfonso trat ein und befand sich einem untersetzten jungen Mann gegenüber, mit gelocktem braunem Haar über der niedrigen, aber sehr regelmäßigen Stirn. Der Mann erhob sich und stützte sich in herausfordernder Haltung mit geballten Fäusten auf den langen Tisch, an dem er geschrieben hatte.

Herr Starringer hatte auf alle weiteren Aufstiegsmöglichkeiten in der Bank verzichtet und den frei gewordenen Posten eines Leiters der Expedition angenommen, um rasch zu einer Gehaltserhöhung zu kommen, die er dringend brauchte.

«Bis zehn Uhr? Und wann soll ich zu Abend essen? Ich habe den ganzen Tag gearbeitet und habe das Recht wegzugehen. Ich bleibe nicht!»

«Soll ich es Herrn Sanneo bestellen?» fragte Alfonso schüchtern. Er war schüchtern allen Menschen gegenüber, die es selbst nicht waren.

«Ja ... das heißt, ich werde es ihm selber sagen!» Das Ja hatte entschlossen geklungen, so als wolle Starringer auf der Stelle fortgehen, geschehe was auch immer ... den Rest des Satzes hatte er leiser hinzugefügt. Als ihm klar wurde, daß es unmöglich war, sich der lästigen Mehrarbeit zu entziehen, brach er unvermittelt in blinden Zorn aus. Nur die Beamten der Korrespondenz, schrie er, seien schuld, daß er jetzt dableiben müsse. Zu seiner Zeit, als er noch Beamter gewesen (er spielte öfters auf diese Zeit an), arbeitete man den ganzen Tag ohne Unterlaß, am Abend jedoch ging man zur gewohnten Stunde nach Hause. Heute zum Beispiel habe er beobachtet, wie Miceni im Korridor stundenlange Gespräche führte und wie Ballina sich an einem Schloß zu schaffen machte. Warum vertrödelten diese Menschen ihre Zeit? Er lief rot im Gesicht an, die Stirnadern schwollen ihm. Während er von den Beamten sprach, ging er auf Alfonso zu, streckte seinen Arm aus und wies mit dem Zeigefinger auf die Korrespondenzabteilung. Alfonso erklärte ihm, daß die Korrespondenz keine Schuld an der Mehrarbeit trage, sondern daß im letzten Augenblick ein neuer Auftrag gekommen sei. Starringers Zorn wurde dadurch nicht geringer, aber er brach seinen Redeschwall ab. «Ach so!» sagte er nur und zuckte verächtlich mit den Achseln. Er übertrieb diese Bewegung, als wolle er damit Ungesagtes ausdrücken.

Auf dem Tisch lagen die Briefe, die während des Tages geschrieben worden waren. Einige waren bereits gesiegelt. Ohne sich weiter um Alfonso zu kümmern, nahm Starringer einen dieser Briefe und trug mit zitternder Hand die Adresse in ein vor ihm liegendes Buch ein.

Im Korridor hatte inzwischen der junge Giacomo, der einen Tag nach Alfonso in die Bank eingetreten war, Platz genommen. Er zählte vierzehn Jahre, aber seine gutgepolsterte, rosigweiße Säuglingshaut und seine niedrige Gestalt verliehen ihm das Aussehen eines Zehnjährigen. Er lachte und scherzte den ganzen Tag mit den übrigen Dienern, dennoch bildete Alfonso sich ein, der Junge sei unglücklich, so fern von seinem Heimatort Magnano leben zu müssen. Darum gewann er ihn gleich lieb.

«Heute abend bis um zehn», sagte er zu ihm und streichelte ihm das Kinn.

Der Junge lächelte geschmeichelt.

Herr Maller trat aus seinem Zimmer. Er war im Mantel, die Kapuze hing ihm bis zu den Schultern hinab. In dieser Bekleidung wirkte seine Gestalt noch größer, dafür schlanker. Alfonso grüßte. Herr Maller dankte mit einem kurzen Kopfnicken, das ihm und Giacomo zugleich galt. Er verteilte stets kollektive Grüße.

Herrn Mallers Diener Santo begleitete den Prinzipal durch den ganzen Korridor und öffnete ihm die Ausgangstür. Ein schmächtiges Männlein. Obwohl Santo noch gar nicht alt war, verlor sein üppiger, blonder Bart doch schon dort und da die Farbe, und sein Schädel war vorzeitig kahl geworden. Er führte, wie man sagte, ein privilegiertes Leben, denn er hatte nichts weiter zu tun, als auf die persönlichen Befehle Herrn Mallers zu warten, während alle übrigen Diener dem Büro zugeteilt waren.

Als Alfonso in sein Zimmer zurückkehrte, war Miceni bereits mit Feuereifer bei der Schreibarbeit. Da er sehr kurzsichtig war, berührte er mit der Nase fast das Papier.

Auf Alfonsos Tisch lagen die vervielfältigten Telegramme noch ohne Adressen, ferner ein von Sanneo verfaßter Brief, der den Inhalt der Telegramme bestätigte und abgeschrieben werden mußte, schließlich eine Liste mit den Namen von fünf Firmen, an die Offerten zu richten waren.

«Nur fünf?»

«Ja», antwortete Miceni. «Auch die Buchhalter sind für die Schreibarbeit eingespannt worden. Um halb zehn ungefähr sind wir fertig.»

Er hatte den Kopf nicht erhoben, seine Feder lief ohne Unterlaß über das Papier.

Alfonso schrieb die Adresse auf eines der Telegramme und

übertrug dessen Inhalt auf Briefpapier. Er las das Telegramm. Mit knappen Worten wurde der Zweck der zu gründenden Hypothekenbank geschildert, die versprochene Regierungshilfe angedeutet sowie auf die Schwierigkeit hingewiesen, Teilnehmer am Syndikat zu werden: «Wir möchten Ihnen unser besonderes Entgegenkommen beweisen und offerieren Ihnen …» Hier folgte ein leerer Raum, in den Alfonso die Zahl der angebotenen Aktien eintrug. Das Bestätigungsschreiben war detaillierter. In ihm war von dem Bedarf an großen Bankunternehmen in Italien die Rede, der Gewähr dafür bot, daß die neue Bank ein reiches Arbeitsfeld finden werde.

Miceni ermahnte Alfonso, den ersten Brief rasch abzuschreiben, denn er sollte an die anderen Schreibkräfte weitergeleitet werden und ihnen als Muster dienen. Alfonso aber war außerstande, rascher zu arbeiten. Er mußte jeden Satz mehrmals lesen, ehe er ihn abschrieb. Bei jedem Wort schweiften seine Gedanken ab, wandten sich anderen Dingen zu, während er mit der Feder in der Hand dasaß. Er mußte immer wieder eine Wendung durchstreichen, die nicht genau der Vorlage entsprach. Auch als es ihm gelang, seine Aufmerksamkeit wieder ganz der Arbeit zuzuwenden, brachte er doch nicht das gleiche Tempo auf wie Miceni, denn es war ihm unmöglich, mechanisch zu kopieren. Gerade weil er sich zur Aufmerksamkeit zwang, beschäftigten sich seine Gedanken mit der Bedeutung der Worte, die er abschrieb, und das hielt ihn auf. Eine Viertelstunde lang hörte man nichts als das kratzende Geräusch der Federn und, dann und wann, das Knistern eines Papierbogens, den Miceni umwandte.

Die Tür wurde lärmend aufgerissen. Auf der Schwelle erschien Ballina. Er blieb im Türrahmen ein paar Augenblicke wie aufgepflanzt stehen. Er war es, an den Alfonso Sanneos Brief zur weiteren Abschrift leiten sollte.

«Wo bleibt der Brief?»

Ballina war ein schöner Mann. Seine Augen blickten intelligent und zugleich listig drein. Er trug einen langen Schnurrbart à la Victor Emanuel, im übrigen war er unrasiert. Er war ein starker Raucher, und da er den Rauch nicht fortzublasen pflegte

– am liebsten hätte er ihn verschluckt, um den Nikotingenuß zu erhöhen –, verfingen sich die Rauchwolken in seinem Schnurrbart, stiegen von da weiter auf und hüllten sein Gesicht bis zu den Augen ein. Sein ursprünglich weißer Arbeitsmantel wirkte jetzt gelb; nur die Ärmel waren bis zum Ellbogen schwarz, denn er säuberte an ihnen die Federn. Er arbeitete in einer kleinen Kammer, deren Tür sich in dem gleichen Gang befand wie Micenis Zimmer.

Miceni hob den Kopf mit einem freundschaftlichen Lächeln. Ballina war seines Witzes wegen gerne gesehen. Er galt als der Spaßmacher der Bank. An diesem Abend aber war er nicht zum Spaßen aufgelegt. Im Gegenteil, er begann zu jammern. Bis jetzt habe er in seiner eigenen Abteilung, der Informationsabteilung, gearbeitet, und nun diese zusätzliche Schinderei. Noch dazu mit leerem Magen. Er übertrieb mit Vorliebe seine Geldnöte. Einmal erzählte er, daß er sich gegen Monatsende ausschließlich von ‹Emulsion Scott›, einem Lebertranpräparat, ernähre, das ihm einer seiner Verwandten, ein Arzt, geschickt habe. Alfonso, der, wie Ballina selbst sich einmal ausdrückte, allerhand vertrug, schauderte bei dieser Vorstellung. Ballina schien reiche Verwandte zu haben, die ihn unterstützten, denn er sprach stets gut von ihnen.

Sanneo kam wie immer im Laufschritt ins Zimmer. Hinter ihm Giacomo. Sein Jungengesicht war ernst. Er trug einen Stoß Papiere, auf den er übereifrig dauernd den Blick gerichtet hielt.

Sanneo fragte Ballina in grobem Ton, warum er noch nicht bei der Schreibarbeit sei.

Ballina zuckte die Achseln. «Tja ... ich warte auf den Brief, um ihn abschreiben zu können.»

«Was? Sie haben ihn noch nicht?»

Plötzlich entsann er sich, daß es Alfonso war, der den Brief weiterleiten sollte. «Sie haben noch keine einzige Abschrift fertig?»

Als Alfonso den finsteren Blick Sanneos auf sich gerichtet fühlte, erhob er sich verstört. Miceni, der sitzen blieb, sagte, auch er habe noch keinen Brief fertig. Sanneo kehrte Alfonso den Rücken, betrachtete Micenis Brief und bat, ihn unverzüglich, sowie er fertig sei, Ballina zu übergeben. Er verließ das Zimmer ebenso hastig, wie er gekommen war. Ballina eilte ihm voran, gleichsam um zu zeigen, daß er keine Zeit verlieren wolle. Hinter Sanneo stolzierte Giacomo einher und schlug mit seinen Füßen stramm den Boden, um seinem kurzen Kinderschritt Bedeutung zu verleihen.

Wenige Minuten darauf trug Miceni den Brief zu Ballina. Alfonso hörte aus dem Nebenzimmer Ballinas laute Flüche. Er schrie vor Zorn, als er feststellen mußte, daß der Brief vier Seiten lang war.

In einer knappen Stunde war Miceni mit seiner Arbeit fertig. In aller Ruhe nahm er wieder seinen Mantel und setzte sich den Hut mit einer Sorgfalt auf, als würde er ihn nie mehr vom Kopf nehmen. Er griff nach seinen Briefen und Telegrammen, die er im Vorübergehen Sanneo übergeben wollte, und nahm aus Gefälligkeit auch die zwei Briefe mit, die Alfonso geschrieben hatte. Dann ging er trällernd hinaus.

In der absoluten Stille, die Alfonso nun umgab, ging die Arbeit rascher vonstatten. Um seine Aufmerksamkeit besser auf den Text zu konzentrieren, begann Alfonso, den Brief mit lauter Stimme zu deklamieren. Dieser Brief war dazu auch bestens geeignet, denn es wimmelte in ihm von pathetischen Worten und enormen Zahlen. Wie er so die Sätze laut vor sich hin sprach und sie dann beim Abschreiben wiederholte, bereitete ihm die Arbeit weniger Mühe, denn er hatte noch den Klang der Worte im Ohr, und der lenkte seine Feder.

Als er zu seiner eigenen Überraschung fertig war, ging er sofort zu Sanneo. Er fürchtete schon, sich allzusehr verspätet zu haben. Sanneo nahm die Telegramme entgegen und sagte Alfonso, die Briefe möge er auf Herrn Mallers Tisch legen.

Im Winter war Herrn Mallers Zimmer mit grauen Teppichen belegt. Auch die Möbel waren von dunkelgrauer Farbe, nur die Armlehnen und Sesselbeine waren aus schwarzem Holz. Von den drei Gasbrennern brannte bloß einer, und der war halb herabgedreht. In dem Halbdunkel wirkte das Zimmer besonders ernst und streng. Alfonso fühlte sich hier immer unbehaglich. Er legte die Briefe auf einen Stoß anderer Briefe, die zur Unterschrift bereitlagen, und schlich sich vorsichtig hinaus, bedacht, kein Geräusch zu erzeugen, als sei der Prinzipal persönlich anwesend.

Zenos Schwiegervater

Das Gelungenste ist, daß mein Eheabenteuer damit begann, daß ich zufällig die Bekanntschaft meines künftigen Schwiegervaters machte. Für ihn empfand ich Freundschaft und Bewunderung, noch ehe ich wußte, daß er der Vater heiratsfähiger Töchter war. Daraus ersieht man, daß nicht mein Wille mich zu einem Ziel führte. Ich wußte gar nichts von so einem Ziel. Ich vernachlässigte plötzlich das Mädchen, für das ich mich zu interessieren vermeinte, und kam von meinem zukünftigen Schwiegervater nicht mehr los. Fast möchte ich an Schicksal glauben.

Giovanni Malfenti, der von mir und von allen Leuten, zu denen ich bisher Beziehungen suchte, so sehr verschieden war, befriedigte meinen stets gehegten Wunsch, Neues zu erleben. Ich war genügend gebildet. Ich hatte mich auf zwei Fakultäten herumgetrieben, aber für noch viel lehrreicher halte ich meinen langen Müßiggang. Er hingegen war ein großer Geschäftsmann, ungebildet und stets aktiv. Aus seiner Unbildung kam seine ganze Kraft und seine heitere Ruhe. Das alles faszinierte mich, und darum beneidete ich ihn.

Malfenti war ungefähr fünfzig Jahre alt, von ungeheurem Körperbau und eiserner Gesundheit. Er wog mehr als zwei Zentner und verfügte über riesige Körperkräfte. Die wenigen Gedanken, die sein dicker Schädel erzeugte, wurden mit solcher Klarheit erwogen, mit solcher Präzision zerlegt und bei den täglichen Geschäften weiterentwickelt und angewandt, daß sie Teile seiner selbst wurden. Sie bildeten seine Glieder und seinen Charakter. An derartigen Gedanken war ich äußerst arm, und ich klammerte mich an ihn, um reicher zu werden.

Ich besuchte das Tergesteum auf Anraten Olivis, der der Ansicht war, die Börse sei ein guter Anfang für meine kaufmännische Tätigkeit. Auch hoffte er, daß ich ihm von dort Nachrichten bringen würde, die für ihn wichtig sein konnten. So setzte ich mich an den langen Tisch, an dem mein zukünftiger Schwiegervater thronte, und rührte mich nicht mehr fort. Es schien mir, als sei dies der richtige kaufmännische Lehrsaal, den ich so lange gesucht hatte.

Er bemerkte bald die Bewunderung, die ich für ihn hegte, und erwiderte sie mit einer Freundschaft, die mich väterlich anmutete. Hat er damals schon geahnt, wie sich die Dinge entwickeln würden? Als ich ihm eines Abends, angefeuert durch das Vorbild seines großartigen Wirkens, erklärte, daß ich mich von Olivi befreien und fürderhin selber meine Angelegenheiten führen wolle, riet er mir davon ab; ja, er schien durch mein Vorhaben geradezu beunruhigt zu sein. Er meinte, ich könne mich wohl dem Handel widmen, solle mich aber doch dabei an Olivi halten, den er kannte.

Er war sehr gerne bereit, mich zu belehren. Er schrieb sogar eigenhändig drei Leitsätze fürs Leben in mein Notizbuch, deren Befolgung er für ausreichend hielt, um jedes Unternehmen einem glücklichen Gelingen zuzuführen: 1. Man muß nicht unbedingt selber arbeiten; wer es aber nicht versteht, andere für sich arbeiten zu lassen, geht zugrunde. 2. Es gibt nur eine Gewissensqual, den Vorwurf gegen sich selbst, es bei irgendeiner Gelegenheit nicht verstanden zu haben, seine Interessen zu wahren. 3. Im geschäftlichen Leben ist die Theorie äußerst nützlich; aber erst dann, wenn die Geschäfte schon abgewickelt sind.

Diese und viele andere Lehrsätze habe ich auswendig gelernt. Ich kann nicht sagen, daß sie mir nützlich gewesen sind.

Wenn ich jemanden bewundere, so trachte ich sofort, ihm ähnlich zu werden. Ich ahmte auch Malfenti nach. Ich wollte so klug sein wie er und fühlte mich auch manchmal so. Einmal glaubte ich sogar, noch klüger zu sein als er und in seiner Handelsorganisation einen Fehler entdeckt zu haben. Das wollte ich ihm sofort mitteilen, um mir seine Achtung zu erwerben. Ich trat also eines Tages an seinen Tisch im Tergesteum und kam gerade dazu, wie er seinem Gesprächspartner das Wort «Vieh!» entgegenschrie. Ich zog ihn beiseite und teilte ihm mit, ich hielte es für falsch, daß er die Leute seine große Klugheit merken lasse. Der wirklich Kluge müsse in geschäftlichen Dingen sich selber als möglichst dumm hinstellen.

Er lachte mich aus. Der Ruf seiner Klugheit sei ihm äußerst vorteilhaft. Es kämen so viele zu ihm um Rat und brächten ihm auf diese Weise die neuesten Nachrichten, während er ihnen Ratschläge erteile, die auf allgemeinen Erfahrungen, die sich schon seit dem Mittelalter bewährt hatten, beruhten. Manchmal käme er dadurch zu doppeltem Vorteil: die Leute, die ihm Nachrichten brachten, kauften auch seine Ware. Und schließlich – hier begann er zu schreien, weil er endlich das Argument gefunden hatte, das mich überzeugen sollte –, schließlich wende sich jeder, der günstig kaufen oder verkaufen will, an den Klügsten. Beim Dummen habe man nur die Chance, ihn um seinen Vorteil zu bringen. Die Ware des Dummen sei aber jedenfalls teurer als die des Klugen. Denn der Dumme ist ja schon in dem Augenblick übervorteilt, da er sich selber die Ware beschafft.

Am Börsentisch war ich seine Vertrauensperson. Er gab mir seine Geschäftsgeheimnisse preis, ich habe sie niemals verraten. Sein Vertrauen zu mir war also berechtigt. Er konnte mich sogar zweimal betrügen, später, als ich schon sein Schwiegersohn war. Das erste Mal war der eigentlich Betrogene Olivi, und so schmerzte mich die Sache, obwohl sie mich Geld kostete, nicht allzusehr. Olivi sandte mich zu ihm, um hintenherum irgendeine Information zu erlangen. Diese Information, die ich ihm richtig hinterbringen konnte, war derart, daß er sie mir nie verzieh. Sooft ich später den Mund öffnete, um ihm etwas mitzuteilen, fragte er: «Von wem haben Sie das? Von Ihrem Schwiegervater?» Ich mußte Giovannis Partei ergreifen, um mich selber zu verteidigen. Schließlich fühlte ich mich mehr als Betrüger denn als Betrogener. Ein höchst angenehmes Gefühl!

Das andere Mal fiel die Rolle des betrogenen Esels mir höchstpersönlich zu. Aber selbst da konnte in mir kein Groll gegen meinen Schwiegervater aufkommen. Ich reagierte auf ihn entweder mit Neid oder mit Heiterkeit. Mein Unglück erschien mir als ein Exempel für die präzise Anwendung seiner Prinzipien, die mir nie klarer geworden sind als damals. Er verstand es auch, mit mir gemeinsam über die Geschichte zu lachen. Freilich gab er nicht zu, mich hinters Licht geführt zu haben. Er sagte, er lache nur über den drolligen Anblick, den ich in meinem Mißgeschick bot. Nur ein einziges Mal gestand er, mir diesen Streich mit Absicht gespielt zu haben, und zwar gelegentlich der Hochzeit seiner Tochter Ada (der Bräutigam war allerdings nicht ich), als er schon so viel Sekt in sich gegossen hatte, daß sein großer, gewöhnlich nur mit frischem Wasser angefüllter Körper ins Wanken kam.

Damals erzählte er den wahren Sachverhalt mit überlauter Stimme, wie um das Lachen zu überschreien, das ihn am Sprechen hindern wollte:

«Da kommt also dieses Dekret heraus. Ich kalkuliere gerade ganz niedergeschmettert, wieviel mich diese Bescherung kosten wird. In dem Augenblick kommt mein Schwiegersohn daher und erklärt wieder einmal, daß er sich dem Handel widmen will. Ich sage ihm: ‹Da hast du gleich eine gute Gelegenheit.› Er stürzt sich sofort auf das Papier, um zu unterschreiben, er hat Angst, der Olivi könnte noch rechtzeitig erscheinen und ihn davon abhalten. Das Geschäft war gemacht.» – Dann begann er, mich sehr zu loben: «Er kennt die Klassiker auswendig, er weiß, was der und was der andere gesagt hat, aber er ist nicht imstande, eine Zeitung zu lesen.»

Das ist wahr. Hätte ich das Dekret bemerkt, das in den fünf Zeitungen, die ich täglich lese, an ziemlich unauffälliger Stelle abgedruckt war, so wäre ich nicht in diese Falle gegangen. Freilich, ich hätte dieses Dekret und seine ganzen Konsequenzen auch sofort verstehen müssen, was durchaus nicht so leicht war. Es verfügte nämlich die Ermäßigung eines Zollsatzes, wodurch die betreffende Ware entwertet wurde.

Am andern Tag konnte sich mein Schwiegervater an sein Geständnis nicht mehr erinnern. In seinem Mund bekam das Geschäft wieder jene Form, die es vor dem Hochzeitsmahl hatte. «Der Wein macht eben erfinderisch», sagte er heiter, und es blieb dabei, daß dieses Dekret erst zwei Tage nach dem Abschluß jenes Geschäftes herausgekommen sei. Die Möglichkeit, daß ich den Sinn des Dekretes hätte mißverstehen können, wäre es mir rechtzeitig zur Kenntnis gekommen – diese Möglichkeit existierte für ihn nicht. Ich fühlte mich dadurch sehr geschmeichelt. Aber er schonte mich nicht aus Höflichkeit, er konnte sich wirklich nichts anderes vorstellen, als daß jeder Mensch sein eigenes Interesse ununterbrochen im Auge behält, wenn er eine Zeitung liest. Ich hingegen verwandle mich sofort in die öffentliche Meinung, wenn ich eine Zeitung in der Hand halte, und wenn ich von einer Zollermäßigung lese, denke ich sofort an Cobden und an den Liberalismus. Das ist ein so wichtiger Gedanke, daß ich Waren und Preise gänzlich vergesse.

Einmal jedoch gelang es mir, die Bewunderung meines Schwiegervaters zu erwecken, und zwar für mich, wie ich wirklich bin, und gerade für meine schlechtesten Eigenschaften. Wir besaßen einige Zeit lang gemeinsam Aktien einer Zuckerfabrik, von denen man sich Wunder erwartete. Diese Aktien fielen nun, zwar nicht bedeutend, aber beständig. Giovanni, der nicht der Mann war, in irgendeiner Sache gegen den Strom zu schwimmen, stieß seine Aktien bald ab und redete mir zu, ein Gleiches zu tun. Ich war natürlich damit einverstanden und nahm mir vor, die Verkaufsorder zu erteilen. Vorläufig schrieb ich mir das in mein Notizbuch, das ich damals wieder bei mir zu tragen pflegte. Da man seine Tasche während des Tages nicht ununterbrochen ausräumt, erlebte ich an mehreren aufeinanderfolgenden Abenden immer dieselbe Überraschung, die Notiz noch vorzufinden, und zwar gerade, wenn ich zu Bett ging und es somit zu spät war, an diesem Tag noch irgend etwas zu veranlassen. Einmal schrie ich vor Verzweiflung darüber laut auf. Um meiner Frau nicht viel Erklärungen geben zu müssen, sagte ich ihr, ich hätte mich zufällig in die Zunge gebissen. Das nächste Mal biß ich mir in die Hände, als ich wieder von meiner Gedankenlosigkeit überrascht wurde. Meine Frau sagte lachend: «Jetzt Achtung auf die Füße!» Aber es kam zu keinen weiteren Zwischenfällen, denn ich hatte mich schon daran gewöhnt. Stumpfsinnig sah ich allabendlich das vermaledeite Notizbuch an, das zu leicht war, um sich während des Tages durch sein Gewicht bemerkbar zu machen. Bis zum nächsten Abend hatte ich es wieder vergessen.

Eines Tages zwang mich ein plötzlicher Wolkenbruch, ins Tergesteum zu flüchten. Dort traf ich zufällig meinen Agenten, der mir mitteilte, daß der Preis meiner Aktien fast auf das Doppelte gestiegen war.

«Also jetzt verkaufe ich!» rief ich triumphierend.

Ich lief zu meinem Schwiegervater, der von der Hausse bereits wußte und es sehr bedauerte, seinen Anteil verkauft zu haben. Den Rat, den er mir gegeben hatte, gleichfalls zu verkaufen – den bedauerte er weniger.

Er sagte lachend: «Nur Geduld! Es ist das erste Mal, daß du verlierst, weil du dich an meinen Rat gehalten hast.»

Jenes erste Geschäft, von dem ich erzählte, war nicht auf seinen Rat, sondern auf seinen Vorschlag hin geschehen: darin sah er einen großen Unterschied.

Ich begann herzlich zu lachen.

«Aber ich habe mich doch gar nicht an deinen Rat gehalten!»

Das Glück allein genügte mir nicht; ich suchte mir noch ein persönliches Verdienst daraus zu machen. Ich erklärte ihm, daß ich meine Aktien erst am nächsten Tag verkaufen würde, und wollte ihm mit bedeutsamer Miene weismachen, mir seien gewisse Informationen zugekommen, die ich vergessen hätte, ihm mitzuteilen, und die mich veranlaßt hätten, seine Ratschläge nicht zu befolgen.

Mit finsterem und beleidigtem Gesicht antwortete er, ohne mich anzusehen: «Ein Mensch mit deinem Kopf hat bei Geschäften nichts zu suchen. Wenn man aber schon so eine Gemeinheit begangen hat, dann gesteht man sie nicht nachher ein. Du hast da noch verschiedenes zu lernen.»

Es tat mir leid, ihn geärgert zu haben. Es war viel amüsanter, wenn er mich benachteiligte. So sagte ich ihm sofort und aufrichtig, wie sich alles zugetragen hatte.

«Siehst du, gerade ein Mensch mit meinem Kopf hat bei Geschäften sehr viel zu suchen.»

Sofort versöhnt, lachte er herzlich:

«Es ist ja kein Gewinn, der dir aus dem Geschäft erwächst. Es ist bloß eine Entschädigung. Dieser Kopf hat dich schon so viel gekostet, daß es nur gerecht ist, wenn du einmal einen kleinen Teil davon zurückbekommst!»

Ich weiß nicht, warum ich mich so lange damit aufgehalten habe, unsere Zwistigkeiten zu erzählen, deren es doch nur wenige gab. Ich mochte ihn so gerne, daß ich seine Gesellschaft suchte, obwohl er die Gewohnheit hatte zu schreien, um klarer denken zu können. Aber mein Trommelfell hielt sein Geschrei aus. Seine unmoralischen Theorien wären verletzender gewesen, hätte er sie weniger laut vorgebracht, und seine Kraft wäre mir weit geringer vorgekommen, wäre er besser erzogen gewesen. Obwohl ich von ihm derart verschieden war, glaube ich doch, daß er meine Zuneigung erwidert hat. Mit größerer Sicherheit könnte ich dies vielleicht sagen, wenn er nicht so frühzeitig gestorben wäre. Auch nach meiner Heirat belehrte er mich beharrlich und stattete seine Belehrungen mit Geschrei und Frechheiten aus, die ich akzeptierte, überzeugt, sie zu verdienen.

Ich heiratete seine Tochter. Mich lenkte dabei der unergründliche Wille der Natur mit heftigstem Zwang. Das wird man gleich sehen. Heute prüfe ich manchmal die Gesichter meiner Kinder und forsche, ob nicht neben meinem zu kleinen Kinn, dem Zeichen der Schwäche, und neben den von mir vererbten Träumeraugen irgendein kleiner Zug der Brutalität zu finden sei, über die der Großvater, den ich ihnen ausgesucht hatte, verfügte.

Am Grabe meines Schwiegervaters weinte ich, obwohl auch sein letztes Lebewohl nicht allzu zärtlich genannt werden kann. Er sagte mir auf seinem Sterbebett, wie er mich um mein unverschämtes Glück der freien Bewegung beneide, während er unter Martern an das Bett gefesselt sei. Erstaunt fragte ich ihn, was ich denn angestellt hätte, daß er mir diese Krankheit an den Hals wünsche. Er erwiderte wörtlich:

«Wenn ich dir meine Krankheit geben und dadurch gesund werden könnte, wäre ich sofort damit einverstanden. Auch wenn ich sie dir doppelt geben müßte. Ich kenne nicht den Menschlichkeitsdusel, an dem du zu leiden scheinst!»

Begegnung alter Freunde

Roberto Erlis stammte aus einer guten, aber keineswegs reichen Familie. Er hatte sein dreißigstes Lebensjahr in ziemlich bescheidener Stellung erreicht und überschritten. Dann hatte ihn – wie er sich auszudrücken pflegte – die Wut gepackt, er hatte Hirngespinste und Träume über Bord geworfen und sich mit der Entschlossenheit eines Menschen, der keine Zeit mehr vergeuden will, in das Geschäftsleben gestürzt. Er machte gute Geschäfte, zunächst mit etwas Glück und später durch gezielt eingesetzte Schläue und durch Praxis. Kurz und gut, er wurde Millionär, und das aufgrund von Geschäften, von denen ihm jedes den Eindruck vermittelte, er sei nicht klug genug dabei vorgegangen. Man versteht, daß er es mit einem so anspruchsvollen Lehrmeister weit bringen mußte. Er heiratete, besaß Pferde, ein luxuriös eingerichtetes Haus, und es schien ihm, als habe er sein Lebensproblem gelöst. Zwar weiß man, daß der Reichtum kein solches Problem löst, aber der Erwerb des Reichtums und die Befriedigung durch den Erfolg können selbst das leerste Leben ausfüllen.

Mit vierzig Jahren hatte er auch das Problem gelöst, immer mehr zu verdienen und dabei weniger zu arbeiten. Er verfügte über einen Stab von Angestellten, die seine Anweisungen ausführten. Es war nicht Faulheit, daß er aufgehört hatte, sich persönlich um seine Korrespondenz und seine Buchhaltung zu kümmern, sondern die Überzeugung, daß ihm die Beschäftigung mit einem Detail den Blick für all die Möglichkeiten nehme, die sich ihm auf dem Markt eröffneten. In der Vergangenheit hatte er von Philosophie und Literatur geträumt. Jetzt träumte er von Geschäften, aber die realisierte er sofort. Man hat im allgemeinen keine Vorstellung davon, wie ein guter Träumer zu einem großen Geschäftsmann werden kann. Das Risiko bleibt im Traum, und das Sichere gelangt in die Wirklichkeit. Indem man so das Risiko träumt, erkennt und sieht man es besser voraus und vermeidet es. Erlis mußte nicht die harten Lektionen der Realität hinnehmen. Er träumte zu oft vom Ruin, als daß er ihn hätte erleiden müssen. Auch bestimmte Gewohnheiten des Literaten waren ihm nützlich. Im Kurszettel stößt man auf die Geschäfte wie im Wörterbuch auf die Ideen. Außerdem, wenn man lange gewillt ist, ein Meisterwerk zu schaffen, nimmt man wie selbstverständlich die Gewohnheiten der Ameise an, und die sind bei den Geschäften sehr nützlich.

Häufig ging er allein durch die Straßen, wie früher, als er hinter den Visionen her war. In seiner bildschönen Frau hatte er eine freundliche Gefährtin, die ihm gern zuhörte, wenn er über seine Geschäfte redete. Als guter Literat sagte er nie genau die Wahrheit, und das machte die Darlegung seiner Geschäfte weniger langweilig. Während er darüber redete, überdachte er sie noch einmal, und nicht selten lief er, nachdem er sie seiner Frau gegenüber ausgeschmückt hatte, weg, um sie zu korrigieren, da er sie nun besser verstand. Doch es ist nicht sein Erfolg, über den ich reden will. Ich wollte nur sagen, daß er, nachdem er so arm gewesen war, jetzt sehr reich war und daß er sich darüber freute. Man soll nicht glauben, daß ein Erfolg, der das Leben eines Menschen verändert, nur eine Freude von kurzer Dauer schenkt. Diese Freude erneuert sich bei jeder Gelegenheit. Für Erlis erneuerte sich die Freude jedesmal, wenn er Leute, nach deren Gruß er sich früher gesehnt hatte, nun von oben herab grüßen konnte; jedesmal, wenn er einen Freund, der sich früher als seinesgleichen oder als ihm überlegen gedünkt hatte, als bescheidenen Bittsteller zu sich kommen sah. Erlis tat eine Menge guter Werke, ohne die Öffentlichkeit zu suchen. Es war eine Art, besser zu spüren, daß er es geschafft hatte. Er verlieh Geld an seine alten, armen Freunde, ohne je eine Quittung zu verlangen. Die großzügige Geste unterstrich und akzentuierte seinen Erfolg.

Er hatte einen kleinen Jungen, mit dem er sich wenig abgab, den er aber sehr liebte. Auch nachdem er sich in einen Geschäftsmann verwandelt hatte, war ihm die Egozentrik des Literaten geblieben. Er hatte keine Zeit für andere, und er konnte sich daraus keinen Vorwurf machen, denn er war zu allen gut. Er hatte Ideen von Freiheit für seine Frau und für seinen Sohn ausgearbeitet, die ihn davon befreiten, zu intim in ihr Schicksal einzugreifen. Er sah sein Kind einmal am Tag. Er duldete nicht, daß es in seiner Nähe spielte, denn seine Gedanken wurden durch die unkontrollierten kindlichen Laute gestört. Er liebte seinen Sohn, wünschte für ihn alles nur erdenklich Gute und ließ ihn von anderen sorgfältig beaufsichtigen, pflegen und unterweisen.

Noch eine Gewohnheit des ehemaligen Literaten hatte Erlis beibehalten: Er ging viel durch die Straßen. Seine Gedanken liebten den Rhythmus des Schritts: Auf diese Weise wurden sie vorangetrieben, gezügelt und präziser analysiert.

Eines Tages auf dem Corso sah er zerstreut um sich und überschlug, wie der Preis bestimmter Verpackungen in bestimmten Augenblicken den Preis einer Ware verändern könne. Er bezog gewisse Waren per Waggon, ließ sie an Ort und Stelle verpacken und führte sie wieder aus. Jetzt war die Verpackung teurer geworden, aber das konnte nichts anderes zur Folge haben, als ihn zur Suche nach einem höheren Gewinn anzuspornen, und er lächelte leicht beim Gedanken an seinen Gewinn und seinen Erfolg.

«Du in Triest?» sagte plötzlich jemand zu ihm, den er vielleicht angesehen, aber nicht wahrgenommen hatte. Er erkannte ihn wieder: der alte Miller. Er hatte ihn seit etwa zehn Jahren nicht mehr gesehen. Und doch waren sie einmal sehr vertraut miteinander gewesen, vor vielen Jahren, als Erlis ein Knabe und der Alte, der jetzt über siebzig sein mußte, ein reifer Mann gewesen war. Miller war der Vater eines Schwagers von Erlis. Erlis Schwester war ganz jung im Kindbett gestorben und hatte ein kleines Mädchen zurückgelassen, das wenige Jahre später ebenfalls starb, an Diphtherie. Der Witwer hatte danach die Stadt verlassen und ein zweites Mal geheiratet, und so war es noch zu Lebzeiten von Erlis' Eltern zu einer völligen Distanz zwischen den beiden Familien gekommen. Auch der alte Miller mußte einige Jahre fern von Triest, im Haus des Sohnes gelebt haben. Ein wenig wunderlich und anspruchsvoll, war der alte Mann jedoch – wie Erlis von gemeinsamen Freunden wußte – nicht mit der Schwiegertochter ausgekommen und nach Triest zu-rückgekehrt, wo er von einer Pension lebte, die zwar nicht groß war, aber seinen Bedürfnissen genügte. Die Millers hatten im Leben des jungen Erlis eine wichtige Rolle gespielt. Dieser Alte hatte ihn als Mann der Praxis manchmal zu überreden versucht, seine literarischen Träume aufzugeben und sich dem praktischen Leben zu widmen. Auch der junge Schwager hatte ihn zu größe-rem Ernst im Leben angespornt. Erlis hatte ihre Belehrungen, die er damals für falsch hielt, über sich ergehen lassen, weil er wußte, daß sie es gut mit ihm meinten. Seinerseits hatte er ihnen brüderlich bei ihren vielen Unglücksfällen beigestanden. Der letzte, der Tod des kleinen Mädchens, hatte einen unauslösch-lichen Eindruck auf Erlis gemacht, und er hatte ihn verschie-dentlich beschrieben und analysiert: in Entwürfen zu Erzäh-lungen, die nie fertiggeschrieben worden waren, aber dennoch unzerstört in einer seiner Schubladen ruhten und von deren Exi-stenz nicht einmal die Ehefrau etwas wußte. [...]

Das Leben war über all das hinweggegangen, und inzwischen gab es zwischen ihm und den Millers keine Berührungspunkte mehr. Trotzdem, als er plötzlich den Alten vor sich sah, emp-fand Erlis eine leichte Emotion: Er erinnerte sich nicht mehr sonderlich an den alten Miller, aber bei seinem Anblick erinnerte er sich an sich selbst, wie er damals gewesen war. Er erinnerte sich an seine Jugend.

Der alte Mann schien bewegt, ihn wiederzusehen, und Erlis fiel es leicht, einen ähnlichen Eindruck zu erwecken. Sie drück-ten einander lange die Hand und sahen sich in die Augen. Das Alter hatte wirklich in jenem ehemals so kräftigen Organismus gewütet. Miller war klein und auffallend schmächtig, während er vor Jahren ziemlich stark gewesen war. Die Haut seines Gesichts war trocken und zerfurcht, die Augen etwas zu feucht. Das hohe Alter ist eine Krankheit, die mehr als alle anderen unser Mitleid hervorruft, und Erlis vergaß die Frage über das Verhältnis zwischen seiner Ware und deren Verpackung, die ihn so beschäftigt hatte.

Sie gingen nebeneinander her. Der alte Mann hatte erzählt, daß er gute Nachrichten von seinem Sohn habe, und informierte sich: «Bist du verheiratet? Wieviel Kinder hast du?» Und dann plötzlich, ein bißchen hämisch: «Und die Literatur?» Erlis lächelte. Die Literatur schmerzte ihn nicht mehr. Er erzählte mit betonter Bescheidenheit von seinen Geschäften und klagte, daß er zuviel zu tun habe. Seine Firma trug nicht seinen Namen, und er nannte den Firmennamen dem Alten, der als ehemaliger Kaufmann sofort dessen Bedeutung begriff und hochfuhr: «Du bist der Eigentümer dieser Firma?» Die Bewunderung war offensichtlich, und Erlis genoß sie. So fand er leicht zu der früheren Zuneigung zurück, und sie gingen lange zusammen. [...]

Es war Sonntag, aber trotzdem wurde Erlis auf der Straße von Freunden angesprochen. Er verabschiedete sich von ihnen, nachdem er mit Souveränität die an ihn gerichteten Fragen beantwortet hatte. Der Alte bewunderte ihn ganz offen. «Du bist ein richtiger Mann geworden, du!» rief er. «Wenn dein Vater das sehen könnte, wie würde der sich freuen!» Auch Erlis schien zu glauben, daß sein verstorbener Vater erfreut wäre, wenn er in seinem Sohn einen solchen Geschäftsmann entdeckte. Ehrlich gesagt hatte sich der alte Erlis in seinen letzten Jahren zwar von Robertos Ambitionen überzeugen lassen und gehofft zu erleben, daß er sich in der schönen Literatur einen Namen mache. Aber als der gute Tote, der er war, protestierte er nicht, und Miller redete sicher in bestem Glauben. Und doch gab es keinen Zweifel, daß es dem alten Erlis genügt hätte zu hören, daß Roberto ein starker Mann geworden war. Das Gelingen war das Wichtige, auf welchem Gebiet es auch sein mochte. [...]

Das Leben eines Menschen erhält ja seinen Wert vor allem durch die Bedeutung, die andere ihm beimessen.

◆◆◆

Ich erinnere mich, daß vor ein paar Jahren ein Geschäftsmann die ernsthaften Verhandlungen unterbrach, in denen wir uns befanden, um mich zu fragen: «Stimmt es, daß Sie der Autor von zwei Romanen sind?» Ich errötete so, wie nur ein Autor bei solchen Anlässen zu erröten weiß, und da mir an diesem Geschäft viel gelegen war, sagte ich: «Nein, nein! Es ist ein Bruder von mir.» Dieser Herr wollte jedoch, ich weiß nicht warum, den Autor der beiden Romane kennenlernen und wandte sich an meinen Bruder, dem diese Unterstellung nicht sehr schmeichelte, weil sie eindeutig seine berufliche Respektabilität untergrub.

An das Verlagshaus Morreale
in Mailand

Ich muß Ihnen jedoch ins Ohr sagen, daß der Mondschein, der den Buchhandel erleuchtet, auch die anderen Handelszweige erhellt. Und ich füge dem meine aufrichtige Befriedigung darüber hinzu, daß ich mein Leben nicht vom Erfolg meiner Bücher abhängig gemacht habe.

Nieder mit den Dichtern

Murano, 10. 4. 1908

Liebste Letizia,
ich habe Deinen lieben Brief erhalten, für den ich Dir vielmals
danke. Ich erkenne so viele und so gute Gefühle in diesen Versen, die für ein zehnjähriges Mädchen gar nicht so holperig sind,
daß ich mich recht darüber freue. Nur möchte ich Dir bei dieser
Gelegenheit etwas sagen, das ich Dir vielleicht schwer erklären
kann: Du bist der einzige Dichter, den ich mag; alle anderen sind
mir sehr unsympathisch. Bis hierher hast du mich sicherlich verstanden, aber jetzt würde ich Dir gern den Grund für meine Abneigung erklären und Dich womöglich so weit bringen, daß Du
mit mir in den Ruf einstimmst: «Nieder mit den Dichtern.» Ich
kannte einmal zwei Schreiner: Der eine war zwar heiter, aber
schweigsam; er machte wunderschöne Schränke, die allen gefielen, und arbeitete den ganzen Tag. Der andere litt aber auch
keine Not, denn er hatte ein neues Handwerk erfunden: Anstatt
Schränke zu bauen, was ihm zu anstrengend war, hatte er angefangen, Schränke zu beschreiben, und alle hörten ihm zu und
bezahlten ihn. Anscheinend lohnte es sich, denn er konnte sehr
gut beschreiben, ganz besonders das Braun und das Gelb des
Holzes und all die anderen Farben, die in einen Schrank hinein-
kommen können. Und auch die Linien, die an einem Schrank
sind, konnte er sehr gut beschreiben, die Schnörkel und Bögen
und all die Verzierungen, die an einem Schrank sein können.
Und so ging das jahrelang: einer, der die Schränke baute, und
der andere, der sie beschrieb. Auch nach längerer Zeit noch
machte der, der die Schränke baute, schöne und gute Schränke,

47

in denen die Leute gern ihre Wäsche und Kleider aufbewahrten. Das Braun war immer Braun und die Farbe des Holzes immer die Farbe des Holzes. Der andere dagegen, der die Schränke beschrieb, fing an, zunächst um die Leute zu amüsieren, kleine Abschweifungen zu machen. Er beschrieb das Braun, als ob es die Farbe von Blut wäre, dem Blut, das im Körper der Lebewesen kreist, und die Holzfarbe, als ob sie die Farbe von Fleisch wäre, menschlichem Fleisch, weißem oder braunem, aber immer rosig durch die Färbung, die ihm das Leben gibt, das darunter pulsiert. Dann, als er sah, daß sich die Leute amüsierten, fing er an zu behaupten, er habe lebendige Schränke kennengelernt. Sie gingen zwar ein bißchen langsam mit ihren kleinen Füßchen, doch anstatt zu warten, daß die Sachen in sie hineingelegt würden, kämen sie selber, um sie sich zu holen. Das Haus werde sehr lebendig mit all den Schränken, die darin herumliefen. Ein reicher Mann, der einer solchen Beschreibung zuhörte, sagte zu dem Schreiner, daß er einen von diesen Schränken haben wolle. «Das würde ich Euch nicht raten», sagte der Spaßvogel, «denn ich fürchte, daß meine Schränke die Sachen verdauen, die man in sie legt.» Der Reiche, dem an den Sachen gar nichts lag, bestand auf seinem Wunsch, und da sagte der Spaßvogel zu ihm: «Geht zu meinem Nachbarn. Der baut wirkliche Schränke, während es mein Handwerk ist, sie zu beschreiben.» Du kannst Dir vorstellen, was für ein Gesicht der echte Schreiner machte, als er hörte, daß man von ihm verlangte, er solle einen lebendigen Schrank bauen: «Ich kann keine lebendigen Dinge machen», sagte er, «und wenn ich das könnte, würde ich keine Schränke machen.»

Ich zweifle nicht, daß Du begreifst, was für ein dummer Mensch dieser Beschreiber von lebendigen Schränken gewesen ist. Und ohne daß ihn eine große Schuld träfe, weißt Du! Aber wenn man heute beschreibt, morgen beschreibt und nie etwas mit den Händen schafft, weder heute noch morgen, dann endet es immer damit, daß man nichts mehr so beschreibt, wie es ist. [...]

Meuchlings

Herr Maier ging zu Herrn Reveni, ohne noch recht zu wissen, ob er bei ihm Trost oder Hilfe suchen sollte. Die beiden verband eine lebenslange Freundschaft. Beide hatten sich zur gleichen Zeit aus dem Nichts ein riesiges Vermögen geschaffen, sie hatten von früh bis spät gearbeitet, aber jeder in einer anderen Branche, so daß sie nie zu Konkurrenten wurden, und obwohl es zwischen ihnen auch nie eine Zusammenarbeit gegeben hatte, hielt die in jungen Jahren geschlossene Freundschaft bis ins späte Alter unverändert an. Unverändert, aber nicht sehr rege. Ihre Ehefrauen sahen sich nie. Sie selbst sahen sich täglich eine Viertelstunde lang auf der Börse. Nunmehr hatten beide das sechzigste Lebensjahr überschritten.

Maier hatte sich nach einer schlaflos verbrachten Nacht entschlossen, seinem alten Freund zu schreiben und ihn um eine Unterredung zu bitten. Und während er zu ihm ging, hatte er einen ungefähren Vorschlag im Kopf, wie der alte Freund eine Hilfe für ihn organisieren könnte. Er wollte den Vorschlag so vorbringen, daß er völlig risikolos erschien. Hilfe aber, so fand er, stand ihm zu. So viele Jahre ehrlicher und erfolgreicher Arbeit waren durch einen einzigen Augenblick der Unbedachtheit zunichte geworden! Das war nicht zulässig. Um sein Tätigkeitsfeld zu erweitern, hatte sich der alte Geschäftsmann dazu verleiten lassen, einen Vertrag zu unterzeichnen, der ihn dritten Personen auslieferte, und die waren, nach Ausschöpfung des ganzen Kredits, den seine Unterschrift ihnen verschafft hatte, aus Triest regelrecht geflüchtet, ohne mehr zu hinterlassen als ein paar wertlose Möbelstücke. Maier war entschlossen gewesen, allen Verpflichtungen nachzukommen, wie es seine Ehre gebot. Jetzt aber hielt er es für ungerecht, all diese Verpflichtungen, die nicht die seinen waren, auf sich nehmen zu müssen. Wenn sich Reveni, ein bekannt guter Mensch, bereit fand, wenigstens vorübergehend einen Teil zu übernehmen, würde dies sein Los erleichtern. Maier konnte sich nicht erinnern, ähnliche Vorschläge je zurückgewiesen zu haben. Er erinnerte sich vielmehr (mit aller Deutlichkeit), auch jenen Vertrag (so schien es ihm) als Beweis seines Vertrauens in die Menschheit unterzeichnet zu haben. Daran aber, daß sein erster Gedanke dem Wunsch entsprungen war, sein Vermögen zu vergrößern, erinnerte er sich nicht mehr.

Wenn ihm das Schicksal günstig war, dann würde ihm Reveni bestimmt von sich aus Hilfe anbieten, ohne darum gebeten zu werden. Das erwartete er vom Schicksal. Dann erst wollte er mit seinem Plan herausrücken, wie die Hilfe durchzuführen wäre, ein für Reveni akzeptables Projekt, falls der innerlich bereit war, das Risiko auf sich zu nehmen. Nach Ansicht Maiers gab es freilich kein Risiko. Alles in allem verlangte er nichts als einen langfristigen Kredit, und er wußte, daß er ihn verdiente. Wenngleich schon betagt, war er doch immer noch arbeitsam, und wenn er sich dieses eine Mal auch hatte betrügen lassen, so konnte er dafür Hunderte anderer Fälle anführen, in denen er auf keinerlei Betrug hereingefallen war. Was ihn betraf, gab es also kein Risiko.

Er stieg die Treppen im Hause Reveni hinauf. Es lag im Zentrum der Stadt, und von dem Augenblick an, da der Diener ihm die Tür geöffnet hatte, empfand er nichts als Neid. In diesem Augenblick hatte zwar auch er noch Gobelins im geräumigen und reich ausgestatteten Vorzimmer und einen ebensolchen dicht mit Teppichen belegten kleinen Salon wie der, in dem Reveni und dessen Gattin ihn jetzt zum Kaffee empfingen. Aber nicht mehr für lange Zeit. Seine Frau, die Ärmste, war bereits auf der Suche nach einer viel kleineren und viel bescheideneren Wohnung. Hier strahlte alles noch die Solidität und die Sicherheit eines Hauses aus, das schon seit langer Zeit bestand und noch lange Zeit bestehen würde. Bei ihm hingegen schien alles im Begriff zu sein, sich zu verflüchtigen. Alles, außer dem Schmuck seiner Frau, befand sich zwar noch an seinem Platz, aber es war, als schickten sich alle Gegenstände an davonzulaufen.

Reveni war dicker als er, sein Haar war weißer, obwohl sie beide gleichaltrig waren. Wie er ihm so gegenübersaß, in dem großen Armsessel, während er, Maier, schüchtern nur auf dem Rand eines ebenso großen Armsessels Platz genommen hatte, erschien ihm dieser Mensch, der Vermögen auf Vermögen gehäuft und sich niemals hatte verleiten lassen, einen ruinösen Vertrag zu unterschreiben, geradezu furchterregend.

Frau Reveni servierte den Kaffee. Sie war eine Dame, die sich auch zu Hause mit einem gewissen Luxus kleidete; sie trug ein über und über mit Spitzen besetztes Vormittagskleid, und es wäre reizend gewesen, hätte es eine schönere und jüngere Person umhüllt.

Maier begann seinen Kaffee zu schlürfen und dachte: Wird sie uns allein lassen?

Die Dame aber hielt es anscheinend für nötig, ihn sofort darauf aufmerksam zu machen, daß sie sie nicht allein lassen würde.

Sie sagte, ihr Giovanni fühle sich seit einigen Tagen nicht wohl, er verbringe die Nachmittage zu Hause und werde von ihr betreut.

Maier fand es merkwürdig, daß ein Mann, der so gesund aussah und der soeben vom Mittagstisch aufgestanden war, nicht nur das Haus hüten, sondern auch noch von seiner Frau überwacht werden müsse. Er glaubte daraus folgern zu müssen, daß Reveni und seine Frau bereits vereinbart hatten, ihm keine Hilfe zu gewähren. Von den beiden, so erinnerte er sich, war sie als die Härtere bekannt. Reveni selbst hatte ihm einmal erzählt, wie sie es verstanden habe, ihn von einem armen Verwandten zu befreien, der ihn mit Bitten um Geld belästigte. Da leistete sie ihm also prompt Assistenz, als sie von seinem Wunsch nach dieser Unterredung erfahren hatte.

Er fühlte sich erniedrigt, geradezu beleidigt. Man konnte ihn doch nicht mit einem armen und zudringlichen Bittsteller auf eine Stufe stellen. Er kam doch, ganz im Gegenteil, um ein Geschäft vorzuschlagen, das Reveni keinen geringen Nutzen eintragen würde, wenn er bereit wäre einzusteigen. Er wollte sich von jedem Anschein der Minderwertigkeit reinwaschen, sich darüber erheben. Er machte es sich ebenfalls in seinem Sessel bequem und nahm genau die gleiche Stellung ein wie Reveni. Mit einer leichten Kopfbewegung deutete er einen Dank an, als Frau Reveni ihm das Täßchen Kaffee reichte. Das bedeutete für ihn eine solche Anstrengung, daß er sich tatsächlich von allen Minderwertigkeitsgefühlen reingewaschen fühlte. Er würde Reveni gar nichts vorschlagen. Er würde so tun, als hätte er um die Unterredung aus einem ganz anderen Grund gebeten. Aus welchem? Es war nicht leicht, einen zu finden, denn in ihren Geschäften hatten die beiden alten Freunde nie irgendeine Berührung miteinander gehabt. Von Geschäften konnte er also nicht reden. In welcher anderen Hinsicht aber konnte ihm an Revenis Rat gelegen sein? Vor wenigen Wochen, so fiel ihm ein, hatte einer seiner Freunde bei ihm vorgefühlt, ob er bereit wäre, die Funktion eines Gemeinderats zu übernehmen. Vielleicht könnte er Reveni darüber um Rat fragen.

Reveni selber aber schnitt jetzt das Thema an, dessentwegen Maier hier war. «Dieser Barabich!» rief er aus. «Aus einer guten alten Triestiner Familie, und läßt sich zu so etwas hinreißen! Wo mag er jetzt stecken? Es heißt, er habe bereits nach Korfu entkommen können.»

Maier konnte das keineswegs als Ankündigung eines Hilfsangebots empfinden, wie er es sich vom Schicksal erwartet hatte. Ganz im Gegenteil! Reveni schien mehr Mitleid mit dem Dieb zu haben als mit ihm, dem Bestohlenen.

Er machte es sich auf seinem Sessel noch bequemer, darauf bedacht, das Täßchen Kaffee in seinen unsicheren Händen festzuhalten. Er zwang sich, den Ausdruck betonter Gleichgültigkeit anzunehmen: «Du wirst begreifen, daß ich die Anzeige erstatten mußte. Jetzt aber ist es mir egal, ob er sich dem Arm der Gerechtigkeit entzieht.»

Frau Reveni hatte ihrem Mann Kaffee nachgegossen und reichte ihm das Täßchen. Den Blick darauf gerichtet, machte sie die paar nötigen Schritte zu ihm hin und wandte sich dann sofort Maier zu: «Es ist ja auch eine Mutter da!» sagte sie in bedrücktem Ton. Wie in ihrer Kleidung, dem Ton ihrer Stimme und jeder ihrer Bewegungen war sie bestrebt, auch dem Sinn ihrer Worte eine große Sanftheit zu verleihen. Somit galt ihre Sorge in dieser Affäre, die Maier ruinierte, vor allem der Mutter des Diebes. Und zu denken, daß sie, die sich da als große Dame aufspielte, in ihrer Jugend als Sängerin in einem Nachtcafé aufgetreten war und sich vor jedem nackt ausgezogen hatte, wenn es die Mühe lohnte! War sie ihm vielleicht immer noch böse, weil er seinerzeit versucht hatte, Reveni von dieser Heirat abzuhalten?

Es war nicht länger möglich, Gleichgültigkeit vorzutäuschen. Rot vor Zorn und bitter lächelnd rief Maier aus: «Sie werden einsehen, daß mir diese Mutter egal ist, da ihres Sohnes wegen eine andere Mutter schwer zu leiden hat, meine Frau nämlich.»

«Ich verstehe, ich verstehe», murmelte Frau Reveni immer noch sanft, setzte sich auf einen Stuhl neben dem kleinen Tisch und füllte nun ihr eigenes Täßchen aus der dampfenden Espressokanne.

Sie verstand anscheinend erst jetzt, aber sie verstand doch nicht alles, denn hätte sie es, dann hätte sie entweder sagen müssen, daß sie oder ihr Mann bereit waren, ihm zu helfen, oder aber, daß sie nichts davon wissen wollten.

Jetzt sprach Reveni. Es schien ihm aufgegangen zu sein, daß die Geschichte nur von einem einzigen Standpunkt zu betrachten war, von dem seines armen Freundes. Mit einem gewissen Unbehagen streckte er sich in seinem Sessel, schaute in die Luft und brummelte: «Eine böse Sache, eine sehr böse Sache!» Er seufzte und fügte, indem er Maier endlich ins Gesicht sah, hinzu: «Da ist dir eine sehr böse Geschichte zugestoßen!»

Das hieß in Wirklichkeit, die Geschichte war so böse, daß niemand daran dachte, helfend einzuspringen, um sie erträglicher zu machen. Keine Hilfe also, und Maier konnte sich die Erniedrigung ersparen, darum zu bitten. Er stand auf, stellte das Täßchen ab, das er offenbar geleert hatte, ohne etwas vom Kaffeegeschmack zu spüren, und sagte, nachdem er seine Stellung im Armsessel wieder eingenommen hatte, mit einer lässigen Handbewegung: «Es handelt sich um Geld, um viel Geld, aber nicht um das ganze Geld. Es tut mir für meinen Sohn leid, daß mein Vermögen zusammenschrumpft, aber er bekommt nach meinem Tode immerhin mehr Geld, als ich nach dem Tode meines Vaters besaß.»

Reveni gab nun die unbeteiligte Haltung eines Mannes auf, der nur soviel hören will wie unbedingt nötig, und sagte im Ton aufrichtiger Freude: «Es stimmt also, was ich angenommen habe! Du hast durch diese böse Geschichte doch nicht den Riesenschaden erlitten, wie man sich in der Stadt erzählt. Laß mich deine Hand drücken, mein guter Freund. Ich bin darüber glücklicher, als wenn ich einen noch so großen Gewinn erzielt hätte.» Er war jetzt hellwach. Er hatte sich sogar aus dem Sessel erhoben, um Maier die Hand drücken zu können. Der aber war außerstande, bei dieser Freudenkundgebung besondere Dankbarkeit zu heucheln, und ließ seine Hand reglos in der des Freundes ruhen, der somit zu seinem Sessel zurückkehrte. Maier dachte: Sie teilen meine Freude, aber meinen Schmerz zu teilen vermochten sie in keiner Weise. Im selben Augenblick mußte er an die Bilanz denken, die er an diesem Tag aufgestellt hatte: Die Geschichte hatte sein gesamtes Vermögen aufgezehrt, ganz und gar, restlos. Dabei war er noch nicht einmal sicher, ob sich nicht in der Schublade irgendeines Unbekannten weitere Forderungen befanden, die er jetzt nicht mehr befriedigen könnte. Sein Sohn würde keinen Groschen von ihm erben, wenn er, Maier, nicht imstande sein sollte, in der kurzen Lebenszeit, die ihm noch vergönnt sein konnte, mit vollem Einsatz zu arbeiten. Solange er mit sich allein gewesen war, hatte er es verstanden, zu rechnen und zu klaren Resultaten zu gelangen. Jetzt aber, in Gegenwart dieses Freundes, sah er nicht mehr so klar. Sollte er nicht auch vor ihm seine wahre Situation verbergen, um den Kredit wiederzuerlangen, den er brauchte, um seine Arbeit fortzusetzen? Dieser noch nicht ganz durchdachte taktische Vorsatz munterte auch ihn etwas auf. Frau Reveni bot ihm ein weiteres Täßchen Kaffee an, um ihrerseits Freude über die gute Nachricht zu bekunden, und er nahm es mit einem dankbaren Lächeln an, was ihn große Anstrengung kostete. Immerhin schlürfte er zum Beweis seiner Dankbarkeit den Kaffee in einem Zug in sich hinein, und das war mehr, als er gewohnt war.

Reveni schien es, man könne nun, da man wußte, daß die Dinge für Maier doch nicht gar so schlimm stünden, offen darüber reden: «Ich gestehe, daß *ich* dem Barabich nie getraut hätte. Ich habe von dem Geschäft, das dich an ihn gebunden hat, erst erfahren, als es bereits perfekt war. Aber ganz Triest wußte, daß alle von Barabich vorher getätigten Geschäfte ein böses Ende genommen haben.»

«Ja! Aber nicht in dieser Art und Weise!» widersprach Maier. «Man konnte vielmehr den Eindruck gewinnen, daß er seine Unternehmungen stets gut geführt hat und nur jedesmal vom Pech verfolgt wurde.»

Reveni machte eine Geste des Zweifels. «Ich traue einem Menschen nicht, der immer wieder hochgespült wird und immer wieder untergeht. Es ist klar, daß er nicht schwimmen kann. Barabichs Laufbahn begann mit jenem Unternehmen, das vor ungefähr zehn Jahren zum allgemeinen Gespräch wurde: den Reisladungen aus China. Was für ein Haufen Geld ins Meer geworfen! Dann begann er, Unternehmen aus dem Stegreif zu gründen. Es ist zwar richtig, daß die von ihm geplanten Unternehmen zum Teil erfolgreich waren, aber ohne ihn, denn in einem bestimmten Moment fühlte man das Bedürfnis, ihn loszuwerden. Man sagte ihm nichts Schlechtes nach, im Gegenteil: Man sprach viel von seiner Ehrlichkeit, aber niemand wußte zu sagen, warum er an diesen Unternehmen nicht mehr beteiligt war. Und wovon lebte er dann? Bevor es ihm gelang, dich zu ködern, tat er nichts als reden und reden! Er redete von der Kolonisierung Argentiniens, von der Kolonisierung Kendykes, lauter Geschäfte, die ihm wenig eintragen konnten, da er sie nicht machte. Schließlich entdeckte er noch ein ihm fernes Land, den Bau von Automobilen, und es klingt unglaublich, daß ein Mann deiner Erfahrung ihm in dieses Land folgen wollte.»

Das furchtbare für Maier war, daß Reveni recht hatte. Er erinnerte sich, wie er mit der Aussicht auf rasche, riesige Gewinne geködert worden war. Aber um sich zu verteidigen, erinnerte er sich auch daran, wie er diesen Menschen gemocht hatte, der jünger war als er, so selbstsicher, reich an Kenntnissen, daß man ihn für einen Fachmann halten konnte. Und nur an diese Zuneigung wollte er sich erinnern: «Ich ließ mich auf das Geschäft auch deshalb ein, weil ich Barabich helfen wollte. Es tat mir leid, daß ein so begabter Mensch in einer so bescheidenen Stellung verbleiben sollte.»

Reveni schwieg einen Augenblick, als zögere er mit der Antwort. Dann betrachtete er Maier mit einem forschenden Blick, wie um sich zu vergewissern, daß er im Ernst gesprochen hatte. Da fiel ihm etwas ein, das den Ausschlag gab, und er sagte lachend und in dem vergeblichen Bemühen, auch seinen Gesprächspartner zum Lachen zu bringen: «Erinnerst du dich an den alten Almeni? Seinetwegen kamen wir zum ersten- und zum letztenmal geschäftlich zusammen. Erinnerst du dich nicht? Er ließ nicht locker, bis ich, du und noch zwei unserer Freunde zu einer Sitzung zusammenkamen, um zu entscheiden, ob man ihm das nötige Geld für die Eröffnung eines Cafés im Stadtzentrum zur Verfügung stellen sollte, das er und sein Sohn führen wollten. Es sollte sehr luxuriös, also sehr kostspielig ausgestattet werden, denn nur dann wäre der Erfolg sicher. Weder ich noch du kannten uns in einer solchen Sache aus, aber einer unserer präsumtiven Teilhaber erklärte sie uns und äußerte starke Zweifel, daß eine derartige Spekulation in unserer Stadt Erfolg haben könnte. Man kam zu dem Schluß, daß das Beste an dem Geschäft die wirksame Hilfe sei, die man Almeni damit gewähre, einem ehrenwerten alten Mann mit einer großen Familie am Hals, dem es trotz bester Fähigkeiten ebenfalls nicht gelungen war, aus einer bescheidenen Lage herauszukommen. Da meldeten wir beide, ich und du, uns zu Wort und erklärten uns sofort darin einig, daß man auf dieser Welt Geschäfte machen und auch gute Taten setzen müsse, daß aber eine gute Tat in Form eines Geschäfts unvermeidlich ein schlechtes Geschäft sei, abgesehen davon, daß es keine gute Tat mehr wäre. So beschlossen wir einstimmig, dem alten Herrn eine kleine Hilfe zukommen zu lassen, denn die verdiente er, und mehr nicht. Ich erinnere mich noch genau deiner Logik und wundere mich, daß du sie vergessen hast.»

Maier wollte sich energisch verteidigen. Daß Reveni ihm nicht nur nicht helfen wollte, sondern sich auch noch anmaßte, recht zu haben – das war zuviel. «Zwischen Almeni und Barabich besteht doch ein großer Unterschied. Almeni war irgendein alter Esel, Barabich aber ein gewitzter und gebildeter junger Mann, der nur den Fehler hatte, ein Dieb zu sein.»

Maier hatte diese Worte so leidenschaftlich vorgebracht, er war vor Zorn so rot im Gesicht geworden, daß Frau Reveni es für angebracht hielt, sich einzuschalten, um zu verhindern, daß die Auseinandersetzung zu heftige Formen annahm. Sie habe tags zuvor Frau Maier mit ihrem Töchterchen gesehen: «Ein reizendes Kind mit den unschuldigen Augen einer Gazelle.» Die Gazelle war ein sanftes Tier, und Frau Reveni hatte sie in ihrem Wortschatz.

Maier hätte sich nicht besänftigen lassen, selbst wenn man auch ihn mit dem Namen eines reizenden Tieres belegt hätte. Eine Erinnerung durchfuhr ihn. Er erinnerte sich nicht nur der Episode mit diesem Almeni, sondern er glaubte auch sicher zu sein, daß gerade er das Argument vorgebracht hatte, das Reveni jetzt als das seine ausgab. So hellsichtig war er, Maier, damals gewesen, und jetzt wurde seine Intelligenz nur erwähnt, um den Irrtum, den er begangen hatte, erst recht herauszustreichen.

Von Selbstmitleid ergriffen, sagte er geradezu mit Tränen in den Augen zu Reveni: «Das Leben ist lang, zu lang, und es besteht aus unzähligen Tagen, von denen dir jeder die Zeit für den Irrtum geben kann, der die Klugheit und den Fleiß aller übrigen Tage zunichte zu machen vermag. Ein einziger Tag ... gegen all die anderen.»

Reveni sah zur Seite, sah vielleicht auf sein eigenes Leben zurück, um darin den Tag zu entdecken, an dem er durch einen Irrtum das Werk all seiner anderen Tage hätte gefährden können. Er nickte, möglicherweise nur, um seinen Freund zu besänftigen. Er schien nicht beunruhigt bei dem Gedanken an die vergangene oder möglicherweise noch bevorstehende Gefahr. Er sagte: «Ja, das Leben ist lang, sehr lang und sehr gefährlich.»

Maier merkte, daß der andere sich nicht an seine Stelle versetzen konnte, und das hätte ihn auch nicht erbost, denn jeder weiß, wie schwer es ist, sich auch nur die Kälte vorzustellen, die andere leiden, wenn man selber behaglich in der Wärme sitzt; aber es entging ihm nicht, daß Frau Reveni ihren Mann während dessen Rede mit einem Lächeln voll Vertrauen und Hingabe betrachtete. Sie schien zu sagen: «Was für ein merkwürdiger Gedanke! Nein! Du kannst dich nicht irren!»

Und daher steigerte sich sein Widerwille gegen diese Frau derart, daß er ihre Nähe nicht mehr ertragen wollte. Er stand auf und zwang sich zu einem Akt der Höflichkeit gegen die Dame: Er reichte ihr die Hand und sagte, er müsse sich einer dringenden Angelegenheit wegen verabschieden. Er hatte beschlossen, Reveni am nächsten Tag im Büro aufzusuchen, nicht mehr, um ihn um Hilfe zu bitten, sondern ausschließlich um ihn zu überzeugen, daß das Leben lang sei und daß man einen Menschen nicht verurteilen dürfe, der an einem einzigen Tag, an einem einzigen unter unzähligen, unbesonnen gewesen ist. Während er Frau Reveni die Hand hinhielt, stand er mit dem Rücken zu Reveni, der plötzlich einen seltsamen Laut von sich gab. Leiser als sonst und völlig ruhig sagte er ein unverständliches Wort. Maier versuchte später, sich dieses Wortes zu erinnern, doch es gelang ihm nicht, denn es ist schwer, sich eine Folge sinnloser Silben ins Gedächtnis zurückzurufen. Er drehte sich neugierig um, während Frau Reveni zu ihrem Mann lief und ihn erschrocken fragte: «Was hast du?»

Reveni war in seinen Armsessel zurückgesunken. Gleich darauf aber gelang es ihm, seiner Frau eine klare Antwort zu geben, als hätte er sich wieder erholt: «Ich spüre hier einen Schmerz!» Er bewegte die Hand, die jedoch die beabsichtigte Geste nicht

mehr ausführen konnte, sondern sich nur von der Armlehne erhob. Dann nichts mehr, und er verharrte reglos, den Kopf auf
der Brust. Er stieß noch einen Seufzer aus, der nach Klage klang,
nichts weiter. Seine Frau stützte ihn und schrie ihm ins Ohr:
«Giovanni! Giovanni! Was hast du?»

Maier wischte sich die Tränen, die er über sein eigenes Unglück vergossen hatte, aus den Augen und wandte sich dem
Freund zu. Er erriet sofort, was geschehen war, aber er hing
noch so sehr seinen eigenen Angelegenheiten nach, daß sein erster Gedanke war: Er macht sich davon! Selbst wenn er wollte,
könnte er mir nicht mehr helfen.

Er mußte sich Gewalt antun, um sich mannhaft aus seinem
gemeinen Egoismus aufzuraffen. Er trat zu Frau Reveni und
sagte sanft: «Erschrecken Sie nicht, gnädige Frau, es ist nur eine
Ohnmacht, nichts sonst. Soll ich den Arzt rufen?»

Sie war vor ihrem Mann niedergekniet. Sie kehrte Maier ein
tränenüberströmtes Gesicht zu, das sich in der Hoffnung, die ihr
diese Worte gaben, merklich glättete: «Ja! Ja! Rufen Sie ihn!»
Und sie nannte ihm eine Telefonnummer.

Maier stürzte in die Richtung, aus der er gekommen war, da
schrie die Frau, die noch immer kniete, ihn an: «Auf die andere
Seite!» Ein Schrei, den ein Schluchzen höflicher machte. Nun
öffnete Maier die Tür gegenüber und stand im Speisezimmer, in
dem zwei Dienstmädchen damit beschäftigt waren, den Tisch
abzuräumen. Er sagte ihnen, sie sollten ihrer Herrin im Nebenzimmer beistehen, und verlangte am Telefon, das er sofort fand,
die Nummer, die ihm Frau Reveni gegeben hatte.

Die Verbindung kam nicht gleich zustande, und er fragte sich
in einem Anfall von Ungeduld ängstlich: «Lag er im Sterben,
oder war er schon tot?»

Aber dann stieg während der Warteminuten Mitleid in ihm
auf: «So also, so stirbt man!» Dann: «Er kann nichts mehr zusa-
gen, aber er verweigert auch nichts mehr.»

Der Arzt versprach, sofort zu kommen. Maier legte den Hö-
rer auf, ging jedoch nicht gleich zu Frau Reveni zurück. Er sah
sich um: Was für ein Luxus! Seine Beziehung zu Reveni war

nach dessen Heirat nur mehr sehr lose gewesen, und ihre Frauen verkehrten nicht miteinander. Er sah dieses Speisezimmer zum erstenmal, das Licht drang hell durch die großen Fenster, spiegelte sich in den Marmorsockeln der Wände, in den zarten Goldverzierungen der Türen, in den Kristallgläsern, die noch auf dem Tisch standen. Alles befand sich sicher an seinem Platz, denn der Ärmste im Nebenzimmer hatte nie eine Dummheit begangen und konnte auch keine mehr begehen.

Geht es mir besser, oder geht es ihm besser? dachte Maier.

Mit Hilfe der Dienstmädchen hatte Frau Reveni den Körper ihres Mannes auf das Sofa gelegt. Sie machte sich immer noch um ihn zu schaffen. Sie hatte sein Gesicht mit Essig übergossen und hielt ihm ein Fläschchen mit Riechsalz unter die Nase. Es war eine Leiche, keine Frage. Die Augen hatten sich von selbst geschlossen, der linke Augapfel aber war deutlich vorgequollen.

Maier war diese Frau so fremd, daß er es nicht wagte, mit ihr zu sprechen. Ihm fiel die Adresse der Tochter ein, und er wollte schon zum Telefon zurückkehren. Dann besann er sich aber und beschloß, sie selber zu holen. Sie wohnte nicht weit.

«Ich denke», sagte er zögernd zu Frau Reveni, «ich benachrichtige Frau Alice persönlich, daß ihrem Vater nicht wohl ist.»

«Ja, ja», schluchzte die Frau.

Er lief hinaus. Nicht weil er es so eilig hatte, denn Reveni konnte jetzt von niemandem mehr geholfen werden, sondern um von dieser Leiche fortzukommen.

Und auf der Straße wiederholte er sich die Frage: Geht es ihm besser oder mir? Wie friedlich hingestreckt er doch auf dem Sofa gelegen hatte! Seltsam! Er rühmte sich nicht mehr seiner Erfolge, die angesichts der Irrtümer Maiers noch großartiger erschienen. Er war ins Allgemeine zurückgekehrt, und von dort blickte er mit seinem vorquellenden Auge untätig herüber, ohne Freude und ohne Leid. Die Welt ging weiter, diese Geschichte aber bewies ihre ganze Nichtigkeit. Die Geschichte, die Reveni zugestoßen war, nahm der, die ihm selber zugestoßen war, jede Bedeutung.

Die Geschäfte und der Tod

Ich kannte einen großen Geschäftsmann. Sein ganzes Leben war so sehr den Geschäften gewidmet, daß der Mensch in ihm keinen anderen Ausdruck seiner Vitalität fand als den, sich ständig neue Mittel auszudenken, Geld zu scheffeln. Um ihn herum verbreitete sich aufgrund dieser außerordentlichen Aktivität eine Menge Glück; die Kinder, die Gattin wurden in eine höhere Gesellschaftsklasse gehoben als die, in der sie geboren waren, und er scheffelt auch heute noch mit immer gleichbleibender Fortune und Bravour.

Ich traf ihn auf der Beerdigung eines gemeinsamen Freundes, und zum erstenmal hörte ich ihn über etwas anderes reden als über Geschäfte. Er sagte zu mir: «Ich habe immer an den Tod gedacht, und ich glaube, daß mein ganzes Tun nur aus dem Bemühen resultiert, diesem schmerzlichen Gedanken zu entfliehen. Ich erinnere mich, daß ich als junger Mann an ein zukünftiges Leben glaubte und mir damals der Gedanke an den Tod sehr viel angenehmer war. Ich weiß nicht wie, aber dieser Glaube verschwand, und es blieb nur die Vorstellung von einem verhältnismäßig geheimnisvollen Tod. Ich muß zugeben, daß ich ein glücklicher Mensch bin, denn außer dieser Sorge habe ich keine andere, und dieser Gedanke nimmt nur einen sehr beschränkten Raum meines Tages in Anspruch. Wenn ich mich neben meine Frau an den Tisch setze, dann sehe ich sie und mich sofort als Tote. Ich schaue sie voll Mitleid an, mit mir und mit ihr, und sie hat immer geglaubt, daß das meine Liebesblicke wären. Mein Gott! Zum Lieben hatte ich nie viel Zeit. Aber um an den Tod zu denken schon! Für diesen Gedanken findet sich leider immer Zeit. Wenn ich mich in meinem Bett ausstrecke, das im Lauf meiner Tätigkeit immer luxuriöser geworden ist, probiere ich stets aus, wie meine Gliedmaßen im letzten Schlaf liegen werden. Ich wundere mich, wenn ich all die Leute mit würdevoll traurigem Gesicht auf eine Beerdigung gehen sehe. Ich glaube, daß ich immer das gleiche Gesicht mache. Ich habe vielmehr das Gefühl, an meiner eigenen Beerdigung teilzunehmen. Das ist zwar nicht lustig, aber man lebt und arbeitet trotzdem.»

Er lachte ironisch auf: «Ich weiß, wie ich es anstelle, um zu vergessen. Aber ich weiß nicht genau, wie es die anderen machen. Sich amüsieren? Aber wenn das Amüsement vorbei ist, und sei es auch anständig und schön gewesen, bleibt nichts davon übrig. Die Geschäfte dagegen verfolgen den, der sich ihnen widmet, ohne Unterlaß. Schauen Sie! Selbst jetzt, wo ich mit Ihnen rede und mich freiwillig mit dem unerfreulichen Gedanken beschäftige, selbst jetzt bin ich, sobald ich zu reden aufhöre, wieder bei diesem merkwürdigen Preisverfall des Kaffees, den wir seit vielen Monaten erleben und der mir, dank meiner Voraussicht, nichts anhaben kann, denn ich bin ein Mann, der sich den Reichtum nicht vom Glücksspiel erwartet, sondern aus einer ständigen, ermüdenden Tätigkeit, die ihn ablenken soll.»

Der Mord in der Via Belpoggio

I

So leicht war es also zu töten? Für einen kurzen Augenblick hielt er in seinem Lauf inne und schaute zurück. Auf der langen, von wenigen Laternen beleuchteten Straße sah er den Körper dieses Antonio liegen, von dem er nicht einmal den Familiennamen wußte, und er sah ihn in einer Deutlichkeit, über die er sich sofort wunderte: als habe er in diesem kurzen Moment gleichsam seine Züge erkennen können, dieses abgezehrte Gesicht eines Leidenden, und die Lage des Körpers, eine natürliche, aber ungewohnte Lage. Er sah ihn verkürzt, dort auf der Schräge des Abhangs, den Kopf auf eine Schulter geneigt, denn er war übel gegen die Mauer geschlagen; von der ganzen Gestalt lagen nur die aufgerichteten Fußspitzen, die im spärlichen Licht der fernen Laternen überlang wirkten, so als habe sich der Körper, zu dem sie gehörten, freiwillig niedergelegt; alle anderen Partien waren wirklich die eines Toten, genauer gesagt, die eines Ermordeten.

Er wählte die direktesten Straßen; er kannte sie alle und vermied die kleinen Gassen, auf denen man sich nicht in direkter Richtung entfernte.

Es war eine maßlose Flucht, so als wäre ihm die Polizei bereits auf den Fersen. Beinahe hätte er eine Frau umgerannt, und er lief weiter, ohne sich um die Verwünschungen zu kümmern, die sie ihm nachschrie.

Oben auf dem Piazzale San Giusto hielt er an. Er fühlte, wie ihm das Blut durch die Adern brauste, aber er spürte keinerlei

Atemnot, und daher war es wohl nicht das Laufen, das ihm zugesetzt hatte. Vielleicht der Wein kurz davor? Nicht der Mord, der bestimmt nicht; der hatte ihm weder zugesetzt noch Schrekken eingejagt.

Antonio hatte ihn gebeten, ihm für einen Moment jenes Paket Banknoten zu halten. Und als Antonio ihn gleich darauf bat, sie ihm wieder zurückzugeben, war ihm der Gedanke durch den Kopf geschossen, daß ihn nur eine Kleinigkeit von dem wirklichen Besitz dieses Paketes trennte: Antonios Leben! Er hatte den Gedanken nicht präzis gefaßt, als er ihn bereits in die Tat umsetzte, und er wunderte sich, daß dieser Gedanke, der noch kein Entschluß war, ihm die Energie gegeben haben sollte, diesen gewaltigen Stoß zu führen, dessen Wucht er noch in den Armmuskeln spürte.

Bevor er den Piazzale verließ, riß er die Umhüllung von dem Banknotenpaket, warf sie fort und stopfte den Inhalt wahllos in seine Taschen; dann machte er sich wieder auf den Weg, in bewußt ruhigem Schritt, der aber schon bald und so sehr er ihn auch zu zügeln versuchte, von neuem hastig wurde, denn es war schwierig, im Ebenen langsam zu gehen, nachdem er den Anstieg im Lauf genommen hatte. Schließlich geriet er so ins Keuchen, daß er stehenbleiben mußte, ausgerechnet unterhalb des Kastells mit dem Wachposten, der auf die Stadt hinunterschaute, in der gerade erst das große Verbrechen begangen worden war.

Auf der Treppe, die zur Piazza delle Legna hinabführte, fiel es ihm leichter, seinen Schritt zu mäßigen, aber nur, indem er darauf achtete, immer beide Füße auf eine Stufe zu setzen, ehe er die nächste nahm. Er wollte nachdenken, aber er kam über den Vorsatz nicht hinaus. Schon bald sagte er sich, daß er das gar nicht brauche, da jetzt jede seiner Handlungen von der Notwendigkeit diktiert werde! Von neuem beschleunigte er den Schritt. Er würde sich unverzüglich zum Bahnhof begeben und versuchen, nach Udine zu fahren; von dort wäre es ihm ein leichtes, in die Schweiz zu gelangen.

Nun war er vollkommen bei sich. In seinem Gehirn hatte sich

der leichte Nebel verzogen, den das Nachtmahl, zu dem er von dem armen Antonio eingeladen worden war, dort hinterlassen hatte. Er war nicht die Ursache des Verbrechens gewesen, aber der Wein, vom Opfer selbst spendiert, hatte ihm die Ausführung leichter gemacht.

Wären nicht diese Schwaden in seinem Kopf gewesen, dann hätte er nicht vergessen können, daß ihm nach der Ausführung des Verbrechens noch viel zu tun bliebe, ehe er sich der Beute sicher sein könnte, und bei seinem wenig tatkräftigen, trägen Charakter hätte er immer wieder nach Mitteln und Wegen gesucht und nicht gehandelt ohne völlige Sicherheit – also nie.

Wo konnte man in völliger Sicherheit töten? Und selbst wenn ein solcher Ort zu finden gewesen wäre, hätte sich Antonio hinschleppen lassen? Er mußte lachen: Dieser Antonio war ein solcher Dummkopf gewesen, daß man ihn selbst zu seiner eigenen Schlachtung hätte schicken können.

Er schritt jetzt sicher und ruhig auf der Straße dahin, doch er verhehlte sich nicht, daß seine Ruhe aus dem Bewußtsein kam, daß noch keiner der Passanten etwas von dem Verbrechen wissen konnte, das er begangen hatte. Für sie war er ohne Zweifel noch ein ehrlicher Mensch, und er sah ihnen offen ins Gesicht, fast als wolle er zum letztenmal ein Recht auszunutzen, das zu verlieren er im Begriff stand.

Am Bahnhof erfaßte ihn jedoch wieder die Erregung von kurz zuvor. Dort mußte er den Schritt tun, der eine solche Bedeutung für sein Schicksal haben sollte. Wenn man ihn fahren ließ, war er gerettet. Welche Ruhe würde es ihm bescheren, sich mit der rasenden Geschwindigkeit des Schnellzugs weit fortgebracht zu fühlen; denn mit einem Gespür, das er bis jetzt nicht an sich gekannt hatte, fühlte er vom anderen Ende der Stadt die Nachricht vom Mord und die Verfolgung näher rücken, und er wußte, wenn er nicht floh, würde er bald davon eingeholt werden.

Um ein Uhr mußte der Zug abfahren, und bis dahin fehlte noch etwa eine halbe Stunde. Er wollte nicht so lange vor der Abfahrt die leere Halle betreten, aber er hielt es auch nicht allein und im Dunkel aus, und zwar nicht aus Furcht, sondern aus Ungeduld. Lange hatte er die Bahnhofsuhr fixiert und auf ihr das Vorrücken der Zeit verfolgt, dann den sternklaren, wolkenlosen Himmel betrachtet.

Was blieb ihm noch zu tun? «Wenn ich jemanden hätte, mit dem ich reden könnte!» dachte er und war drauf und dran, einen Kutscher anzusprechen, der auf dem Bock seiner Droschke döste. Doch er beherrschte sich, weil er Gefahr lief, ihm von seinem Verbrechen zu erzählen und davon, wie er, von der großen Angst vor dem Urteil seiner Mitmenschen abgesehen, zu seiner eigenen Überraschung keinerlei Gewissensbisse fühle, sondern im Gegenteil eine Art Stolz wegen des so plötzlich gefaßten festen Entschlusses und der mutigen und sicheren Durchführung.

Er trat in die Bahnhofshalle. Er wollte die Gesichter der Anwesenden sehen, in der Annahme, aus ihnen das Schicksal ablesen zu können, das ihn erwartete.

Auf der Bank neben der Tür saßen halb schlafend zwei Frauen aus dem Friaul neben ihren Körben. Im Hintergrund waren ein paar Zöllner mit Frachtgütern beschäftigt, und links, im Lokal, saß ein einsamer dicker Mann vor einem halbleeren Glas Bier und rauchte.

Er wunderte sich wieder über die Schärfe seines Blicks, und noch nie hatte er sich so stark und gewandt gefühlt, bereit zu kämpfen oder zu fliehen. Es schien, als habe sein Organismus, gewarnt vor der Gefahr, die ihm drohte, all seine Kräfte gesammelt, um sie ihm in dieser Bedrängnis zur Verfügung zu stellen.

Sein Schritt hallte laut durch den Raum und rief ein undeutliches Echo hervor. Die beiden Friaulanerinnen hoben den Kopf und sahen ihn an.

Er klopfte an das Fensterchen des Fahrkartenschalters, um den Beamten herzurufen, und ohne Anstrengung gelang es ihm, unbeweglich die Minuten abzuwarten, bis dieser reagierte.

«Ein Billett nach Udine!»

«Welche Klasse?»

Darüber hatte er nicht nachgedacht.

«Dritte.» Er wählte die nicht aus Sparsamkeit, sondern aus Vorsicht; es war nötig, so zu reisen, daß es zu seiner zerlumpten Kleidung paßte.

«Hin und zurück», fügte er noch schnell hinzu, überrascht von der guten Idee, die ihm gekommen war.

Um zu bezahlen, zog er einen Packen Banknoten heraus, steckte ihn aber sofort wieder in die Tasche zurück; es waren welche zu tausend Gulden. Er fand ein kleines Bündel zu zehn Gulden und zahlte.

Er hatte das Gefühl, daß die Sache jetzt, wo er die Fahrkarte in der Tasche hatte, zur Hälfte geschafft sei. Ja mehr als zur Hälfte, denn er mußte mit niemandem mehr reden. Er brauchte sich nur ruhig in sein Abteil zu setzen, zusammen mit diesen Friaulanerinnen, die ihm wenig Befürchtungen einflößten, und der Rest war Sache der Lokomotive.

Irgendwie mußte er die Zeit herumbringen, die bis zur Abfahrt fehlte. Er fuhr mit der Hand in sämtliche Taschen und betastete die Geldscheine. Sie waren weich, fast als wollten sie das Leben versinnbildlichen, das sie schenken konnten.

So mit den Händen in der Tasche lehnte er sich an einen Türpfeiler, die dunkelste Stelle der Bahnhofshalle, von der aus er alles überblicken konnte, ohne gesehen zu werden. Auch wenn er sich völlig in Sicherheit fühlte, wollte er keine Vorsichtsmaßregel außer acht lassen.

Er empfand keine große Freude beim Kontakt mit den Banknoten und redete sich ein, das komme daher, daß er sich noch nicht als ihr sicherer Besitzer fühlte. Doch auch ohne diese Zweifel hätte der Gedanke an sein Verbrechen keinen Raum für andere Gefühle gelassen. Es war weder Sorge noch Reue, vielmehr hatte er den Eindruck, daß sich die Empfindung in seinem rechten Arm, mit dem er den Stoß geführt hatte, auf den ganzen Organismus ausgedehnt habe. Die so kurze, jähe Tat hatte Spuren in dem Körper hinterlassen, der sie ausgeführt hatte. Seine Gedanken kamen nicht mehr davon los.

«Gib mir mein Geld wieder», hatte Antonio zu ihm gesagt und war ganz plötzlich stehengeblieben. Da ihm bereits der Gedanke gekommen war, das Paket nicht zurückzugeben, schöpfte er den Verdacht, Antonio könnte diesen erraten haben, und er machte zunächst nichts anderes als eine Geste, die diesen Argwohn beseitigen sollte. Er streckte ihm mit der Linken das Paket hin, wohl wissend, daß sie zu weit voneinander entfernt waren, als daß sich ihre Hände hätten treffen können. Antonio kam sogleich zu nahe heran, und zum Teil rührte die Wucht des Stichs, den er erhielt, daher, daß er regelrecht auf das Messer zustürzte. Schon krümmte er sich und hatte noch nicht begriffen, was mit ihm passierte. Mit beiden Händen griff er sich an die Wunde und zog sie voll Blut wieder zurück. Er stieß einen Schrei aus und schlug zu Boden, wo er reglos liegen blieb. Seltsam! In diesem Schrei war Antonios Stimme ernst und feierlich geworden; es war nicht mehr die, die bis dahin Worte eines Dummkopfs und Betrunkenen gelallt hatte. «Es ist dem armen Antonio ja auch etwas sehr Ernstes passiert», dachte Giorgio seinerseits ernst.

Unvermittelt wurde er aus seinen Gedanken gerissen. Mit raschem Schritt war ein Schutzmann in die Halle gekommen und direkt an den Fahrkartenschalter gegangen. Giorgio erstarrte das Blut in den Adern. Suchten sie ihn schon? Er blieb stehen, die instinktive Bewegung, mit der er sich auf die Straße stürzen wollte, abfangend, aber als er dann die Lebhaftigkeit beobachtete, mit der der Schutzmann auf den Schalterbeamten einredete, glaubte er zu erraten, daß der Polizist eigens herbeigeeilt sei, um Anweisung zu geben, ihn nicht abfahren zu lassen, und er schlich so leise hinaus, daß nicht einmal die beiden gleich neben der Tür sitzenden Friaulanerinnen etwas merkten.

In der Dunkelheit des Vorplatzes wurde er so ruhig, daß ihm Zweifel kamen, ob seine Flucht gerechtfertigt gewesen sei, aber doch wieder nicht so, daß er in die Bahnhofshalle zurückgekehrt wäre. Er beschloß, sich für eine Weile nicht vom Fleck zu rühren, in der Hoffnung, daß sein Glück ihm irgendeinen Wink geben würde, nach dem er sich richten könnte. Es war kein geringer und auch kein leicht ausführbarer Entschluß, hier einfach stehenzubleiben, denn ruhig hätte er sich nur gefühlt, wenn er seinem Instinkt gefolgt und, so schnell ihn die Beine trugen, davongelaufen wäre. Der Anblick eines Menschen, der vielleicht mit dem Auftrag gekommen war, ihn festzunehmen, hatte genügt, ihm die ganze Verwegenheit zu nehmen, deren er sich kurz zuvor gerühmt hatte. Er versuchte eine natürliche Stellung einzunehmen, um möglichst wenig aufzufallen, und setzte sich auf eine Stufe. Zwar fühlte er sich dabei unbehaglich, aber er wußte, daß das eine natürliche Stellung war, weil er sich vor wenigen Tagen, nachdem er einmal in achtundvierzig Stunden ausreichend gegessen hatte, auf die Stufen vor einer Kirche gesetzt und dabei beobachtet hatte, daß die Passanten ihn übersahen.

Wegfahren? Die Kühnheit so weit treiben und aufs Geratewohl losfahren, ohne sich darum zu kümmern, ob er gleich bei der Abfahrt oder an der nächsten Station festgenommen würde? Mehr noch als solche Bedenken hielt ihn die Furcht vor diesen Stunden, voll von einer Angst, die er erst seit kurzem kannte, zurück.

Er verkleidete seine Angst in eine Überlegung:

Wegfahren bedeutete fliehen, und die Flucht war ein Geständnis. Wenn man ihn auf der Flucht ergriffe, war er erbarmungslos verloren.

Er würde dableiben, und es fehlte ihm auch nicht an Argumenten, seinen Wunsch, sich nicht aus der Stadt zu entfernen, vernünftig erscheinen zu lassen. Wer konnte ihn ausfindig machen? Lediglich zwei oder drei Personen, die ihn nicht kannten, hatten ihn mit Antonio zusammen gesehen, und zwar in einem Teil der Stadt, der dem, wo er wohnte, genau entgegengesetzt lag.

Aber nach dieser ersten Feigheit fühlte er sich nicht mehr fähig zu Kühnheiten. Sein unbeständiges Gehirn riet ihm zwar zu einer zweckmäßigen Kühnheit, aber auch während er mit dem Gedanken spielte, hatte er nicht für einen Moment die Absicht, sich darauf einzulassen. Ihn quälte eine große Neugier zu erfahren, was die Leute über den Mord wußten und welche Vermutungen sie über den Mörder anstellten. Er hätte sich wieder an den Ort der Missetat begeben und sich vorsichtig informieren können. Aber zu diesem Zweck mußte man natürlich über den

Mord reden und womöglich noch mit Polizisten ... Alles Sachen, die einem die Haare zu Berge stehen ließen.

Nein! Er würde unverzüglich in jene Art Höhle zurückkehren, die ihm seit über einem Jahr als Wohnstatt diente, und sie für längere Zeit nicht verlassen. Er würde fortfahren, so zu leben wie bisher, und sich nur die Annehmlichkeiten gönnen, die nicht auffallen konnten.

Um zu seiner Behausung im Viertel Barriera Vecchia zu gelangen, hätte er durch die breite Via del Torrente gehen müssen. Eine unüberwindliche Angst vor dem Licht hinderte ihn daran, und indem er sich selbst erklärte, daß seine Angst Vorsicht sei, bog er in eine einsame Gasse ein, die ihn auf dem benachbarten Hügel zu einer zwar nicht schmalen, aber abgelegenen und um diese Stunde wenig begangenen und wenig erleuchteten Straße führte. Dann, mit einem riesigen Umweg, immer unter Bevorzugung der dunkelsten Routen, gelangte er in den anderen Teil der Stadt. Vor einer Tür, zu der von der Straße aus eine Stufe hinunterführte, blieb er stehen. Er trat ein, schloß die Tür hinter sich, und in dem tiefen Dunkel fühlte er sich sofort ruhig. Mit diesem Gang zum Bahnhof hatte er einen Irrtum begangen, und nun, heil nach Hause gekommen, schien es ihm, er habe ihn ungeschehen gemacht.

Hier wußte niemand etwas von seinem Fluchtversuch; in einer Ecke des Zimmers hörte er Giovanni schnarchen, wahrscheinlich betrunken.

Tastend suchte er seine Matratze, legte sich hin und zog sich aus. Die Jacke, in der das Geld war, schob er unter das Kopfkissen, und nach einem Taumel von wirren Phantasien schlief er ein. Er hatte nicht das Gefühl, der Mörder zu sein. Diese entlegene Straße, die er fliehend noch einmal betrachtet hatte, der Ermordete, den er nur so kurz gekannt hatte, und diese Flucht zum Bahnhof, das alles ging ihm zwar im Kopf herum, aber ohne ihn zu bewegen oder zu ängstigen. In seiner ungeheuren Müdigkeit schien es ihm, als würde sich die Dunkelheit, in der er sich befand, nie mehr erhellen. Wer sollte schon kommen und ihn hier suchen?

Giorgio wurde in der tristen Gesellschaft, in der er lebte, der «Signore» genannt. Diesen Spitznamen verdankte er weniger seinen Manieren, obwohl sie besser waren als die der anderen, als der Verachtung, die er für die Gewohnheiten und Vergnügungen seiner Kameraden an den Tag legte. Die waren in der Osteria glücklich, während Giorgio nur widerwillig hinging, dann meist schweigend dasaß und um so trauriger wurde, je mehr er trank. Das einfache Volk hat großen Respekt vor den Leuten, die sich nicht amüsieren, und als Giorgio begriff, welchen Eindruck er hervorrief, heuchelte er noch größere Traurigkeit, als er tatsächlich empfand.

Im Grunde war seine Geschichte sehr einfach und gewöhnlich, und er hatte auch nicht die glänzende Vergangenheit, die er glauben machen wollte. Die Studien, deren er sich rühmte, bestanden aus zwei Klassen Gymnasium, zu deren Absolvierung er fünf Jahre gebraucht hatte. Danach war er von der Schule gegangen und hatte in kürzester Zeit die kargen Ersparnisse der Mutter durchgebracht. Er unternahm diverse Versuche, um die Position eines gebildeten Bürgers, in die die Mutter ihn zu bringen versucht hatte, zu halten, doch vergebens, denn er fand keine andere Arbeit als die eines Lastträgers. Da er für seine Mutter nicht aufkommen konnte, hatte er sie verlassen und lebte in diesem Stall, zusammen mit einem anderen Lastträger, einem gewissen Giovanni, und wenn er sehr aktiv war, arbeitete er zwei oder drei Tage in der Woche.

Er war unzufrieden mit sich und den anderen. Er arbeitete murrend, murrte auch, wenn er den Lohn erhielt, und verstand es nicht einmal, in seinen langen Mußestunden zur Ruhe zu kommen.

Reich war er nie gewesen, aber er hatte sich in Verhältnissen befunden, in denen er davon träumen konnte, zu einem besseren Status aufzusteigen, und um ihn herum hatten andere, allen voran seine Mutter, mit ihm davon geträumt, und sicher waren es diese Träume und die Bitterkeit, ihre Verwirklichung in immer weitere Ferne gerückt zu sehen, die Antonio das Leben gekostet hatten.

Er erwachte jäh durch ein lautes Geräusch. Giovanni war dabei, sich anzuziehen, und da er versehentlich in einen Stiefel von Giorgio geschlüpft war, hatte er ihn fluchend wieder ausgezogen und krachend auf den Boden geworfen.

Giorgio tat, als schliefe er noch, und während er absichtlich geräuschvoll atmete, dachte er voll Überraschung wieder an sein Verbrechen. Wenn es nicht bereits begangen gewesen wäre, hätte er wahrscheinlich nicht mehr den Mut gehabt, es zu begehen, aber da es nun einmal geschehen war und er sich mit vom langen Schlaf beruhigten Nerven an diesem von allen vergessenen Ort befand, in Sicherheit, den Kopf auf seinem Schatz, empfand er weder Bedauern noch Reue. Das war sein erstes Gefühl an diesem langen Tag.

Giovannni, inzwischen fertig angezogen, packte ihn am Arm und schüttelte ihn:

«He, gehst du nicht auf Arbeitssuche, du Faulpelz?»

Giorgio öffnete die Augen, und während er sich räkelte, als wäre er eben aufgewacht, brummte er: «Heute findet man sowieso keine. Ich bleib noch ein bißchen im Bett.»

«Oh, der Signore!» rief Giovanni. «Ruhen Sie ruhig weiter.» Er ging weg und warf die Tür hinter sich zu.

Bereits so konnte man ohne Schlüssel von draußen nicht hereinkommen, aber Giorgio genügte das nicht. Er stand auf und schob auch noch den Riegel vor. Dann zog er die Geldscheine aus den Taschen und zählte sie.

Der Anblick dieses Geldes vermittelte ihm alles andere als ein heiteres Gefühl: Es war die Erinnerung an sein Verbrechen und konnte zum Beweis dafür werden. Der Anblick der von der Morgensonne erhellten Straße hatte ihn aufgeregt, und es nützte nichts, daß er sich, um wieder mit seiner Tat zufrieden zu sein, verbissen daran machte auszurechnen, wie viele Jahre er mit dieser Summe frei und reich leben könne. Die größere Sorge unterbrach Rechnung und Genugtuung. Wo es verstecken?

Der Fußboden war mit Brettern belegt, die nur außen ein bißchen verleimt und sonst einfach auf den Estrich gelegt waren. Gute Verstecke gab es also genug, aber kein sicheres, denn da in dem ganzen Zimmer nur ein einziger Schrank stand, und der ohne Schlüssel, hatten die beiden Bewohner die Gewohnheit, immer wieder auf diese Bodenbehältnisse zurückzugreifen.

Doch an guten Ideen fehlte es Giorgio nicht. Er versteckte die Banknoten unter Giovannis Matratze.

Während er, mit einem selbstzufriedenen Lächeln auf den Lippen, bei der Arbeit war, ließ ihn ein leises Geräusch, das aus einem Winkel des Zimmers kam, zusammenfahren; das Brett, das er eben hochgehoben hatte, fiel ihm auf die Hand und quetschte sie so, daß er sich auf die Lippen beißen mußte, um nicht vor Schmerz zu schreien. Das Ganze hatte für ihn Ähnlichkeit mit einem Zweikampf, und sein Schrecken war so groß, daß er sich, als er wieder zur Ruhe gekommen war, niedergeschlagen eingestehen mußte, daß es ihm zwar nicht an guten Ideen fehlte, dafür aber an etwas, das ihm unter diesen Umständen wesentlich nützlicher hätte sein können.

Er beschloß, vorläufig nicht das Haus zu verlassen. Es fiel ihm leichter, sich hier im Halbdunkel aufzuhalten, als in die Sonne, auf die Straße hinauszugehen. Er sah das Licht, das durch das einzige Fenster hereindrang, und malte sich aus, welche Gefühle es in ihm hervorrufen würde, am Tag durch die Straßen zu gehen, nachdem er sich so schlecht gefühlt hatte, als er sie nachts gegangen war.

Giovanni würde ihm Nachrichten bringen, die Gerüchte, die über den Mord in Umlauf waren. Er hatte die Angewohnheit, täglich den *Piccolo Corriere* zu lesen, und so wäre er gut informiert.

Wahrscheinlich war das wichtigste Ereignis des Vortages seine Untat!

Das wichtigste! Er fühlte ein Übelsein, als ob sich ihm etwas Schweres jäh aufs Herz lege.

Auch seine Kameraden würden sich mit diesem Ereignis beschäftigen.

Wie sollte er den Mut aufbringen, über sein Verbrechen mitzureden, wozu er früher oder später gezwungen sein würde? Den Schauspieler machen in einer solchen Rolle, er, der bei der geringsten Aufregung einen roten Kopf bekam?

Er studierte seine Rolle. Dabei wurde ihm sofort klar, daß er unter den gegebenen Umständen gezwungen war, dem Verbrechen gegenüber eine große, ja riesengroße Entrüstung an den Tag zu legen. Weder Ruhe noch Gleichgültigkeit, denn das zu heucheln wäre zu schwierig gewesen. Die Entrüstung würde auch die Röte, das Zittern der Hände erklären und die gespannte Aufmerksamkeit, die er jedem noch so kleinen Detail, das man ihm über das Verbrechen berichtete, nicht versagen könnte.

Er kleidete sich an, und um elf Uhr, zu der Zeit, in der die Arbeiter sich dort noch nicht breitmachten, ging er in die nahegelegene Osteria. Ehe er seine Höhle verließ, betrachtete er sie lange; sie sah aus wie immer, nachdem er den Staub neben Giovannis Bett, unter dem die Bretter bewegt worden waren, entfernt hatte.

Niemand könnte vermuten, daß in diesem Zimmer ein Schatz verborgen lag.

In der Osteria sah er niemanden außer der Kellnerin. Mit ihr, einem schönen, wenn auch schon etwas verblühten Weib, hatte er hin und wieder gern geschäkert; an diesem Tag war ihm das unmöglich.

Er blieb an seinem Platz sitzen und fuhr bei jedem Geräusch zusammen, das die Ankunft anderer Personen ankündigen konnte.

Noch hatte er kein einziges Wort über den Mord gehört! Er wollte versuchen, dieses erste Wort zu hören.

Er war bereits am Hinausgehen, als er noch einmal zu Teresina, die gerade Geschirr in die Nebenkammer trug, zurückkehrte. Er faßte sie unterm Kinn und sah ihr fest in die Augen. «Keine Neuigkeiten, Teresina?» fragte er, da ihm nichts Passenderes einfiel, und in seiner Stimme zitterte eine Erregung, die ihn überraschte.

«Oh, na endlich!» rief sie und rückte von ihm ab, da sie zu

74

nahe an der Tür standen. «Ich hatte schon Angst, Sie wären krank, weil Sie heute so ein ernstes Gesicht machen.»

«Es geht mir nicht gut!» sagte er, und damit sie ihm leichter glaubte, wiederholte er den Satz mehrmals. Sie warteten auf einen Kuß, jetzt, wo sie sich eigens ins Dunkel gestellt hatte, aber er trat auf sie zu, faßte sie freundschaftlich bei der Hand und wiederholte seine Frage: «Keine Neuigkeiten?»

«Was anderes fällt Ihnen heute wohl nicht ein?» fragte Teresina, und da sie die Gekränkte spielen wollte, riß sie sich von ihm los und sprang weg.

Auf der Straße ging er mit einem Schritt, der sicher und zielgerichtet wirken sollte, zu seiner Behausung. Er fühlte sich sehr schwach, in überraschender Weise feige. Der Gedanke an seine Untat hatte ihm jede Natürlichkeit genommen. Sein Verhalten war nicht mehr natürlich, nicht einmal mehr dieser Schenkmagd gegenüber! Warum bildete er sich ein, daß sich die ganze Stadt mit dem Mord beschäftige? Er hatte Teresina gefragt, ob sie keine Neuigkeiten wisse, und erwartet, daß sie ihm auf seine vage Frage sofort alles erzähle, was sie über das Verbrechen gehört hatte. «Oh! Das Verhalten muß geändert werden», sagte er und biß sich wildentschlossen auf die Lippen, «es geht ums Leben.» Er hatte sich bei Teresina so blöd benommen, daß sie womöglich imstande war, als Zeugin gegen ihn auszusagen.

Vielleicht wußte man in der Stadt gar nichts von dem Mord! Diese Hoffnung, so unsinnig sie auch war, minderte seine Niedergeschlagenheit. Es war die einzige glückliche Aussicht für ihn, denn er hatte begriffen, daß er nicht ungestraft davonkommen würde, selbst wenn man ihn nicht entdeckte; diese ständige entsetzliche Angst war schon für sich eine schwere Strafe. Wer konnte es wissen? Durch irgendein Phänomen konnte Antonios Leiche vom Erdboden verschwunden sein. Wahrscheinlich ist es immer die Hoffnung gewesen, die in der Natur das Wunder vermutet hat.

Doch nur allzubald wurde diese Hoffnung zerstört. Um zwölf Uhr kam Giovanni, und auch ihm sagte er, daß er sich nicht wohl fühle, als Entschuldigung dafür, daß er nicht zur Arbeit gegangen war.

«Ach so», sagte Giovanni, und solange er nicht weiterredete, schrieb Giorgio das ironische Lächeln, das er über seine Lippen huschen sah, einem Verdacht zu. «Die übliche Krankheit, wie?»

Tatsächlich war es nicht das erste Mal, daß Giorgio Krankheit vortäuschte, um seine Faulheit zu entschuldigen.

Gleich darauf, ohne anderen Übergang als ein zerstreutes: «Hast du schon gehört?», fing Giovanni an, von dem Mord in der Via Belpoggio zu erzählen. Er aß sein Brot, das er sich als Mittagessen mitgebracht hatte, und die von Giorgio mit fieberhafter Ungeduld erwarteten Worte kamen einzeln und in langen Intervallen aus seinem Mund. «Sicher, Antonio Vacci... es scheint, daß es sich um über dreißigtausend Gulden handelt. Ein Volltreffer! Das Herz regelrecht gespalten! Wenn er nach diesem Stich noch zehn Sekunden gelebt hat, dann ist das viel.»

Giorgio erregte sich nicht darüber, daß seine letzte Hoffnung zusammenbrach. Es war dieses gespaltene Herz gewesen, das ihm den Schmerz im Arm beigebracht hatte; vielleicht hatte er in seinem Arm die letzten Zuckungen der sterbenden Eingeweide gespürt, und die Vorstellung von diesem unmittelbaren Kontakt ließ ihn erschaudern. Man wußte sogar von allen Einzelheiten des Verbrechens; es mußte ungeheuerlich erscheinen. An Antonios Körper war keine Spur von der Plötzlichkeit der Tat zurückgeblieben, wohl aber von der Gewalttätigkeit.

Er wagte nicht, den Mund aufzumachen. Er wägte jedes Wort, das ihm auf die Lippen kam, genau ab und schluckte es wieder hinunter, weil er bei jedem das Gefühl hatte, es müsse Verdacht erregen. Gab es denn kein Mittel, dieses ganz mit seinem kärglichen Mahl beschäftigte Individuum zum Reden zu bringen, das bei den vielen Betrachtungen, die es von sich gab, noch nichts über die Vermutungen gesagt hatte, die in der Stadt über ihn angestellt worden sein mußten?

Endlich fand Giorgio einen Satz, der ihm als ein Meisterwerk an Natürlichkeit erschien: «Und der Mörder, wer ist der?» Um diesen Satz zu finden, hatte er erst genau prüfen müssen, wieviel von der Tat, um die es ging, ihm nur deshalb bekannt war, weil er sie begangen hatte, und dann, wieviel an Unverständlichem in Giovannis Worten lag, denn es war gefährlich zu zeigen, daß man alles zu schnell verstanden hatte. «Ja, der Mörder, wer ist der?»

Zu seiner großen Freude beobachtete er, daß der andere ungeduldig wurde. Wenn er seine ganze Aufmerksamkeit aufbot, dann verstand er es also, ziemlich geschickt zu täuschen, und dieses Mal reute ihn nur eines: In der Freude, diesen Satz gefunden zu haben, hatte er ihn fast unbewußt wiederholt.

«Hab ich dir das nicht schon gesagt? Sie haben ihn noch nicht gefunden. Man weiß nicht, wer es ist.»

Und mehr konnte er aus Giovanni nicht herausbringen, daher gab er es auf. Um die Nachrichten zu erhalten, die Giovanni ihm geben konnte, war es nicht nötig, sich der Marter eines Gesprächs zu unterziehen. Er würde sich eine Zeitung besorgen.

Eine Viertelstunde nachdem sein Kamerad gegangen war, verließ er, mit einem Mut, den er selbst bewunderte, das Haus, nicht ohne ein paar Augenblicke gezaudert zu haben. Aber mit dem Wunsch nach Nachrichten, den Giovanni in ihm geweckt hatte, konnte er nicht länger warten.

Um zum nächsten Zeitungskiosk zu kommen, mußte er ungefähr fünf Minuten gehen. Zunächst ging er eng an den Hausmauern entlang, dann, aus der allgemeinen Überlegung heraus, daß der Anschein, sich verstecken zu wollen, Verdacht erregen könnte, mitten auf der Straße, mit einem Schritt, der ungezwungen sein wollte, sich jedoch immer wieder verheddderte. Hatte er denn das Gehen verlernt?

Sobald er die Zeitung bekommen hatte, verkroch er sich wieder in seiner Höhle. Er warf sich auf die Matratze, die er unter das einzige Fenster geschleift hatte, und fing zu lesen an. In seinem ganzen Leben hatte noch kein bedrucktes Stück Papier sein Interesse so sehr geweckt, noch nie hatte er es verstanden, einem solchen Papier seine ganze Aufmerksamkeit zu widmen und dabei seine Umgebung zu vergessen, so daß es ihm nach Beendigung der Lektüre vorkam, als erwache er aus einem langen Traum.

Der Mord war das wichtigste Ereignis des Lokalteils und füllte ihn fast gänzlich aus. Dem Bericht über das Verbrechen gingen einige von der Zeitung angestellte Überlegungen über die Häufigkeit, mit der sich solche Bluttaten in der Stadt ereigneten, voraus, und mit einem Ton von Bitterkeit, die sicherlich den lesenden Mörder mehr beeindruckte als die Obrigkeit, der sie galt, beklagte man sich über die Nachlässigkeit, mit der man auf die öffentliche Sicherheit bedacht war.

Während er las, hatte er das Gefühl, die Zeitung zu hassen! Warum diese Verbissenheit? Auch wenn er bestraft würde, könnte man den anderen damit bestimmt nicht mehr zum Leben erwecken. Genügte nicht bereits die Verbissenheit, mit der die Obrigkeit natürlicherweise nach ihm suchen würde?

Aus dem ganzen Artikel ging hervor oder wollte man hervorgehen lassen, daß der Mord das größte Aufsehen in der Stadt hervorgerufen hatte. Es handle sich um ein Verbrechen, schrieb der Journalist, das mit einer unerhörten Dreistigkeit begangen worden sei, in einer Straße der Stadt, die ziemlich nahe beim Zentrum liege, und zu zwar später Stunde, aber doch nicht so spät, daß dieses Viertel als besonders ausgestorben hätte gelten können. Ein beliebiger Passant war aus dem einzigen Grund, daß er Geld bei sich führte, meuchlings ermordet worden.

Sie täuschten sich, und Giorgio hätte sich darüber freuen müssen, weil es auf diese Weise noch unwahrscheinlicher war, daß der Verdacht auf ihn fiel; niemand hatte das Opfer in Begleitung des Mörders gesehen. Doch in dieser Weise beschrieben, als das Werk eines Straßenräubers, der einen beliebigen Passanten tötete, nur weil er in seinen Taschen Geld vermutet hatte, wurde das Verbrechen noch viel schrecklicher; Giorgios Unbehagen vergrößerte sich dadurch. Diejenigen, die über ihn redeten, wußten ja gar nicht, in welche Versuchung er durch den Dummkopf Antonio geführt worden war.

Es war leicht zu verstehen, daß der Mord, in dieser Weise beschrieben, die ganze Stadt aufwühlen mußte. Jeder fühlte seine geliebte eigene Person bedroht und würde gegebenenfalls zu einem nützlichen Helfer der Polizei werden.

Über den Mörder kein einziges richtiges Wort.

Kurz nach der Tat, berichtete die Zeitung, hätten sich in jener Gegend zwei Individuen von sehr verdächtigem Aussehen herumgetrieben, vermutlich die Verbrecher.

Dieser Irrtum war unbedingt tröstlich für Giorgio, und er wunderte sich selbst, daß er beim Lesen nicht ein wenig Ruhe in sein Herz einkehren fühlte.

Der Artikel hatte ihn zutiefst aufgewühlt. Er hatte mit erfolgreicheren Nachstellungen gerechnet, aber sowenig sie auch vom Erfolg begünstigt waren, jetzt, wo er mit ihnen konfrontiert wurde, regten sie ihn auf und ängstigten ihn. Vielleicht existiert in unserem Organismus irgendeine so empfindliche Stelle, daß sie schon bei bloßen Verwünschungen schmerzt. Er fühlte eine solche Woge von Haß auf sich zukommen, daß es ihn, so machtlos sie ihm im Moment auch scheinen mußte, niederdrückte.

Die Zeitung, die kein Wort über den Mörder sagen konnte, erging sich dafür in einer detaillierten Lebensbeschreibung des Ermordeten.

Antonio Vacci war verheiratet und Vater von zwei Mädchen. Die Familie hatte arm gelebt, bis vor ein paar Monaten, als ihr unerwartet eine ansehnliche Erbschaft zugefallen war. Vacci selbst wurde als ein Mensch von wenig Verstand beschrieben, der, seit er reich geworden war, die Gewohnheit angenommen hatte, einen großen Betrag des Geldes bei sich zu führen und es jedem zu zeigen, der es sehen wollte.

Es gehe daher nicht an, den Verdacht auf all die Menschen zu richten, die von diesem wandelnden Tresor wußten, denn es seien ihrer zu viele. «Inzwischen», fügte das Blatt hinzu, «stellt die Obrigkeit unverzüglich Verhöre mit sämtlichen Bewohnern des Hauses an, in dem der arme Vacci wohnte.»

«Wäre ich nur geflohen», dachte der Mörder voll Bedauern. Aus allem, was er gelesen hatte, ging deutlich hervor, daß der Verdacht bis jetzt nicht auf ihn gefallen war, und wenn er am vorigen Abend aus Triest weggefahren wäre, hätte er die

Schweiz erreichen können, ehe er Verfolgungen zu fürchten gehabt hätte. Er war fest davon überzeugt, daß ihn das tiefe Unbehagen, das ihn so unglücklich machte, nicht erfaßt hätte, wenn er sich fern von dem Ort befände, an dem er getötet hatte.

Gegen Abend begab er sich noch einmal ins Freie. Er ging ungezwungener und beeilte sich, diesen Mut der Gewißheit zuzuschreiben, daß er sich unbeobachtet fühlen konnte. Aber die Angst regierte unumschränkt in seinem Organismus. Um ihn zusammenfahren zu lassen, genügte etwas Plötzliches und Unvorhergesehenes, zum Beispiel, sich unvermittelt irgendeiner Uniform gegenüberzusehen, die womöglich eine auch nur entfernte Ähnlichkeit mit der eines Schutzmanns hatte. Es war nicht die Lektüre der Zeitung, die Sicherheit, sich noch nicht verdächtigt fühlen zu müssen, die ihm Mut gab, und das sah er schließlich selbst ein. Es war die Gewöhnung an den neuen Zustand, die es ihm erlaubte, sich freier zu bewegen. Ein großer Teil von dem, was wir Mut nennen, ist nichts anderes als die Erfahrung der Gefahr und die Gewöhnung an sie.

III

Als Giovanni um sieben Uhr abends heimkam, betrachtete er ihn mit spaßhaft finsterer Miene: «Weißt du, daß man dich in Verdacht hat, daß du der Mörder von Antonio Vacci bist?» sagte er unvermittelt.

Giorgio befand sich im Dunkeln, auf seinem Lager. Er spürte, wäre das nicht der Fall gewesen, hätte der andere beim bloßen Anblick seiner Züge, die sich entsetzlich verändert haben mußten, begriffen, daß dieser Verdacht, von dem er im Scherz redete, wohlbegründet war. Wo waren seine Vorsätze von Kaltblütigkeit und Ungezwungenheit geblieben? «Wer?» stammelte er. Man konnte keine dümmere Frage stellen, aber er hatte sie allen anderen vorgezogen als die kürzeste, die ihm eingefallen war.

Giovanni erwiderte, daß alle ihre Freunde darüber redeten. Nach dem, was der *Piccolo Corriere della Sera* berichtete, hatte eine Frau den Mörder vom Ort des Verbrechens fliehen sehen, ja beinahe hätte er sie umgerannt, und sie hatte ziemlich präzise Einzelheiten über sein Aussehen angeben können: in erster Linie einen üppigen schwarzen Lockenbart und einen Schlapphut.

Der Schrecken, den ihm Giovannis erste Worte eingejagt hatten, wurde durch diese letzten etwas gemildert. Zwar nur ganz wenig, aber etwas Beruhigung konnte er immerhin aus ihnen schöpfen. Giorgio erinnerte sich an diese Frau, die ihn in der Dunkelheit und für einen kurzen Augenblick gesehen hatte, so kurz, daß es ihr sicherlich nicht möglich war, außer dem Schlapphut und dem schwarzen Bart noch etwas anderes an ihm zu beobachten. Im übrigen hatte sie ihn nicht töten sehen, und selbst wenn sie ihn entdecken und wiedererkennen würde, war er noch nicht ganz verloren; er konnte sich durch Leugnen retten. Sicher, seine Situation war furchtbar, und dessen war er sich bewußt, aber noch keineswegs verzweifelt. Den Bart konnte man abschneiden und den Hut wechseln.

«Sieh mal an, was für ein Zufall!» sagte er prompt zu Giovanni, mit einer Dreistigkeit, deren er sich kurz zuvor nicht für fähig gehalten hätte. «In den freien Stunden heute hatte ich gerade beschlossen, mir den Bart zu stutzen, weil er mir zu schwer wird, und auch ... auch diesen Schlapphut zu wechseln, der mir nicht mehr gefällt!»

Das war nicht schlecht, aber die Angst klang, wenn nicht aus den Worten, so doch aus dem Ton der Stimme, und einem begabteren Beobachter als Giovanni wäre dies nicht entgangen. Dennoch bemerkte er durchaus intelligent: «Wenn du keine Scherereien mit der Polizei willst, dann tust du gut daran, für den Moment weder deinen Bart noch deinen Hut zu wechseln.»

«Aber wenn du doch bestätigen kannst, daß ich diese Veränderungen schon vornehmen wollte, ehe vom Hut oder vom Bart des Mörders die Rede war.»

Oh, wenn er doch Giovanni auf seine Seite ziehen, ihn zum Komplizen machen könnte! Wäre nicht diese schreckliche Angst gewesen, ihn als ersten Ankläger sich erheben zu sehen, er hätte ihm die Arme um den Hals geworfen und sich ihm anvertraut und ihm die Hälfte seines Schatzes angeboten unter Auferlegung der Hälfte seiner Qualen. Es wäre ihm als Befreiung erschienen, einen Komplizen zu haben, denn er glaubte, seine wahnsinnige Angst würde sich ändern, wenn er sie in Worte fassen könnte. Dieser ständige Gedanke an seine Verfolger erschien ihm um so schrecklicher, weil er nicht ausgedrückt werden konnte. Wegen des fehlenden vernünftigen Wortes, glaubte er, habe er keine tatkräftige Entscheidung treffen können, die ihn gerettet hätte. Es fiel ihm so schwer, vernünftig zu denken, mit diesen flüchtigen Ideen, die ihm durch den Kopf gingen, ohne eine Spur zu hinterlassen, wenige Augenblicke nach ihrer Entstehung schon nicht mehr faßbar.

Er unternahm einen leisen Versuch, von Giovanni Hilfe zu erhalten, jedoch nicht, indem er mit einem Geständnis an seine Freundschaft appellierte, sondern indem er auf sein schwaches Gehirn setzte. «Im übrigen», sagte er wie nebenbei, «weißt du genau, daß ich zu der Zeit, in der das Verbrechen angeblich begangen wurde, schon im Bett lag, du hast mich ja beim Heimkommen begrüßt.»

«Daran erinnere ich mich nicht!» erwiderte Giovanni mit einem Zögern, das Giorgio endgültig den Mund verschloß; es erinnerte stark an einen Verdacht.

Und er schwieg, auch als Giovanni dann eigens zu reden schien, um ihm den Mut wiederzugeben, den er ihm genommen hatte.

Kurz bevor er ging, sagte er noch: «Das war ein Messerstich, der dem braven Mann, der ihn getan hat, schön was einbringt. Wenn ich hundert Jahre leben und immer arbeiten würde, könnte ich nicht so viel verdienen, wie der in einem einzigen Augenblick erbeutet hat. Im Grund sind es Vorurteile, die uns davon abhalten, in unserem Interesse zu handeln. Peng! Ein gut geführter Stoß, und man hat alles, was man braucht.»

Während er ihm nachsah, dachte Giorgio, daß Giovanni vielleicht imstande wäre, ihn an einem sicheren Ort umzubringen, um an seinen Schatz zu gelangen, aber daß er keine Komplizenschaft in einer gefährlichen Angelegenheit akzeptieren würde. Er kam sich so viel besser vor als Giovanni, der kaltblütig den Mord predigte. Er hatte ihn zwar begangen, aber in einem bestimmten Moment, besiegt von der Versuchung, in den Besitz dieses Geldes zu kommen, das ihn von seinem unglücklichen Leben erlöste. Er hatte nicht vernünftig überlegt, und selbst wenn er in jenem Augenblick die Strafe, die ihn für diese Tat erwarten könnte, vor Augen gehabt hätte, den Galgen, den Scharfrichter, er hätte sich nicht zurückhalten lassen. Er hatte also sein eigenes Leben riskiert, um sich das des anderen zu nehmen, und nicht, wie es Giovanni feige tat, mit dem Gedanken gespielt, auf Nummer Sicher zu töten.

Oder hatte er es inzwischen vielleicht vergessen? Die Tat, deren Plötzlichkeit ihm jetzt vor Augen stand, war nicht das Produkt einer momentanen Verirrung gewesen, das bewies die Befriedigung, die er lange empfunden hatte, als er sich in ebendieser Tat als stark und tatkräftig entdeckte. Dunkel erinnerte er sich dann, daß irgendwelche Ideen, die den von Giovanni geäußerten sehr ähnlich waren, auch ihm durch den Kopf gegangen sein mußten. Was für eine seltsame Schwächung des Gedächtnisses! Der Mord hatte sein Leben in zwei Teile geteilt, und jenseits dieses Ereignisses erinnerte er sich nur noch dunkel an die eigenen Ideen, die eigenen Gefühle, das eigene Individuum, als ob es sich nicht um erlebte Dinge handelte, sondern um solche, die er vor vielen, vielen Jahren erzählen gehört hatte.

Jetzt, das mußte er allmählich einsehen, war er ein Individuum, dessen Beseitigung von einer ganzen Gesellschaft gefordert wurde.

Wie einem solchen Haß entfliehen, wie ihn weniger verdient erscheinen lassen? Wenn man ihn aufriefe, einen Grund für sein Verbrechen anzugeben, was würde er sagen, um in den Augen der anderen die Grausamkeit zu verringern, sie davon zu überzeugen, daß er besser war, als er scheinen mußte, wenn man ihn allein nach dieser Tat beurteilte? Er würde erzählen, daß ihm ein Kerl, den er kaum kannte, Geld in Obhut gegeben habe, gleichsam mit den Worten: «Wenn du mich tötest, gehört es dir!», und daß er ihn, dieser Aufforderung folgend, getötet habe.

Etwas anderes würde ihm nicht einfallen? Sicher genügte das nicht, um den Mord zu rechtfertigen und seine Schuld geringer erscheinen zu lassen, und als er entdeckte, daß es unmöglich war, andere von seiner Unschuld zu überzeugen, sah er schließlich ein, daß sein Gefühl nicht normal, unsinnig war. Tatsächlich seltsam, das Gefühl von Unschuld bei einem Menschen, der getötet hatte, und zwar nicht aus Liebe oder aus Haß, sondern aus Habgier.

Er konnte sich nicht mehr selbst betrügen, aber es lag ihm so viel daran, den Haß und die Verachtung seiner zukünftigen Richter zu verringern, daß er sein ganzes Denken und Trachten auf dieses Ziel richtete, und als er glaubte, die Mittel, es zu erreichen, gefunden zu haben, verwendete er soviel kostbare Zeit darauf, in der er sich vielleicht sogar hätte retten können.

Seit Jahren hatte er sich nicht mehr um seine Mutter gekümmert, und jetzt dachte er an sie, um sich bei einer Täuschung helfen zu lassen, die er sich ausgedacht hatte. Wenn man sein Verbrechen entdeckte – und es lag nicht in seiner Macht, das zu verhindern –, würde er behaupten, er habe es begangen, um sich in die Lage zu versetzen, seine alte Mutter zu unterstützen.

Bei Einbruch der Dunkelheit machte er den langen Spaziergang nach San Giacomo, wo er seine Mutter antreffen mußte. Unterwegs dachte er beileibe nicht an die Freude, sie wiederzusehen; er wiederholte sich vielmehr die Szene, in der er sich, wie bereits ausgedacht, vor seinen Richtern rechtfertigen würde.

Sein Verbrechen hatte kein anderes Ziel gehabt, als die letzten Jahre einer armen alten Frau zu veschönen, seiner Mutter. Daran zweifelte er nicht mehr. Es würde ihm ein leichtes sein, das Entsetzen, das seine Tat hervorgerufen hatte, in gerührte Nachsicht zu verwandeln.

Er war sicher, seine Mutter dazu bringen zu können, die Komödie mitzuspielen. Sie war eine intelligente Frau, die ihn zwar nicht mehr liebte, seit er die Hoffnungen, die sie in ihn setzte, enttäuscht hatte, ihn aber ans Herz drücken würde, sobald sie wüßte, daß er reich war. Für ihn war diese Hoffnung auf Zuneigung ein großer Trost, und er wollte sie mit allen Kräften seiner Seele erwidern. In dieser Zuneigung würde sich seine Erregung beruhigen, würde das, was er fälschlich als Gewissensbisse bezeichnete, vergehen. Er würde seine Mutter sanftmütig behandeln, sich ihr anvertrauen wie sich selbst und ihr das ganze Geld überlassen. Diese Liebe entbrannte geradezu heftig in seinem Herzen. Nichts dergleichen war ihm jemals durch die Seele gegangen. Er war immer egoistisch und hart gewesen, und jetzt gefiel er sich in dem Gedanken, ein schwaches Wesen zu liebkosen und sich zu dessen Sklaven und Verteidiger zu machen.

Er entdeckte einen Jungen, der neben dem ersten Arbeiterhaus saß. Er erkannte ihn und empfand ein freudiges Gefühl: Es war Giacomino, der Sohn eines Nachbarn seiner Mutter.

Der Junge rauchte voll Wollust im Halbdunkel; als er Giorgio sah, wurde er rot, stand auf und verbarg die Zigarette im Innern der Hand.

Giorgio lächelte ihm zu und wollte ihn beruhigen, ihm sagen, daß er ihn bestimmt nicht bei seinem Vater verpfeifen werde, aber er hatte keine Zeit und beschränkte sich daher auf dieses Lächeln.

«Wo ist meine Mutter?» fragte er mit einer Eile, als müsse er ihr eine ganz dringende Nachricht überbringen.

Mehr beruhigt von diesem Lächeln als betrübt über die Auskunft, die er geben mußte, sagte der Junge: «Ihre Mutter?», und nachdem er lediglich diese zwei Worte aufgewendet hatte, um Giorgio vorzubereiten, fügte er rasch hinzu: «Ihre Mutter ist vor acht Tagen im Hospital gestorben. Ja, Papa wird froh sein, wenn er Sie sieht, weil er Ihnen etwas von der Signora Annetta zu sagen hat. Ich hole ihn gleich!»

«Nicht nötig, nicht nötig», sagte Giorgio mit tonloser Stimme, und schon im Weggehen, so daß der Junge ihn vielleicht gar nicht mehr hören konnte, fügte er hinzu: «Ich komme morgen wieder. Addio.»

So verlor er diese Hoffnung, die er wenige Stunden lang mit solcher Intensität gehegt hatte, daß er zum Schluß genauso daran festhielt wie an der Hoffnung, nicht entdeckt zu werden. Es war nicht der Schmerz um den Tod der Mutter, der ihn taumeln ließ und ihm den Blick vernebelte. Er sah nicht das jetzt erbleichte Gesicht der Verstorbenen vor sich oder rief sich die Stimme, die er nie mehr hören würde, ins Gedächtnis zurück oder die Gebärden, die so oft voll Zärtlichkeit für ihn gewesen waren. Diese Alte war zur Unzeit gestorben, und ihr Tod machte aus ihm wieder einen gemeinen Raubmörder.

Es war diese überraschende Nachricht, die ihm die Fähigkeit zu denken nahm und ihn in die Arme seiner Verfolger warf. In den Stunden, in denen er sich in dem Traum gewiegt hatte, seinem Verbrechen einen edlen Zweck anzudichten und sich im Fall, daß er gefaßt würde, damit das Mitleid seiner Mitmenschen zu gewinnen, hatte er nicht an die schwierige Aufgabe gedacht, der Strafe zu entfliehen. Nachdem diese Hoffnung verloren war, hatte ihn die Angst wieder völlig übermannt, und es entging ihm jetzt auch, daß er sich, indem er in die Stadt zurückkehrte, immer mehr der Gefahr näherte.

In der Dunkelheit, neben der Piazza della Barriera, hatte er eine seltsame Vision.

Mit dem gleichen schnellen Schritt wie er ging vor ihm ein kleines, krummes, armseliges Männchen, die Hände beharrlich in den Taschen, kurz: Antonio Vacci. Er sah ihn deutlich, entdeckte alle Einzelheiten der kläglichen Person, sogar die wenigen grauen, an den Schläfen akkurat glattgestrichenen Haare, und für einen Augenblick hegte er keinerlei Zweifel: Antonio lebte!

Er blieb nicht stehen, um darüber nachzudenken, wie das sein könne, nachdem er ihn doch leblos auf der Erde hatte liegen sehen. Antonio lebte, und er hatte ihn nicht getötet. Mit einem Schrei stürzte er vor. Er wollte ihm die Rückgabe des ganzen Geldes anbieten, ja sich sogar verpflichten, ihm in Zukunft noch mehr zu geben und nichts anderes von ihm dafür zu erbitten, als durch sein Leben zu bezeugen, daß er ihn nicht getötet habe.

Verblüfft sah er ein elendes Gesicht mit ledern gelber Haut vor sich, das ihm jedoch völlig unbekannt und nicht Antonios Gesicht war, und er fiel wieder in seine Verzweiflung zurück; dazu kam, daß er sich, nachdem er soeben Antonios Leben mit größter Intensität herbeigesehnt hatte, für noch weniger hassens- und verfolgenswert hielt und großes Mitleid mit sich selbst empfand, das ihm die Tränen in die Augen trieb.

Er sah sich als einen Menschen, der durch eigenes Verschulden auf einen steilen Abhang geraten ist und abstürzt, und alle seine Anstrengungen, sich zu halten, bleiben nutzlos, weil das Erdreich unter seinen Füßen wegrutscht und die Büsche, an die er sich klammert, nicht standhalten. Als solche Anstrengung, sich zu halten, erschienen ihm dieser Gang auf der Suche nach seiner Mutter und die Hoffnung, Antonio lebend wiederzufinden!

Dagegen unternahm er erst jetzt, in der Aufregung, in der er sich befand, den einzigen Versuch, sich zu retten, aber so einfältig, daß es gerade dieser Versuch war, mit dem er verspielte. Der Mann auf dem Abhang hatte nichts Besseres gefunden, um sich zu retten, als dem Hang noch entgegenzukommen und sich von selbst zu Tal zu stürzen.

Er mußte diesen Schlapphut loswerden, der auf seinem Kopf lastete wie das Verbrechen selbst. Uneingedenk der intelligenten Bemerkung Giovannis trat er entschlossen in einen Hutladen. Um diese Zeit wurde man sicherlich weniger beobachtet, weil das Geschäft gerade am Schließen war, aber er dachte nur, daß, verschwitzt vom Laufen und aufgewühlt von so vielen Emotionen, wie er war, ein einziger Verdacht genügte, um in ihm den Übeltäter zu sehen, der flieht.

Ein Mädchen, das bereits angezogen war, um das Geschäft zu verlassen, behandschuht, elegant, die schwarzen Augen besessen vor Ungeduld, fragte ihn, was er wünsche, und als sie hörte, daß er einen Hut wollte, kehrte sie mit einer Grimasse hinter den Ladentisch zurück. Der Besitzer, ein großer, hagerer junger Mann, erhob sich von einem kleinen Tisch, der im Hintergrund des Ladens stand.

Ehe er sich erhob, hatte Giorgio ihn nicht bemerkt, und jetzt sah er ihn nicht an, doch er fühlte, wie der andere ihn beobachtete, und das verwirrte ihn.

«Schnell», murmelte er mit bittendem Unterton, der dem Mädchen unangebracht erschien.

Sie legte ihm einen neuen Schlapphut vor. «Nein!» sagte er mit einiger Lebhaftigkeit.

Sie reichte ihm einen anderen Hut, den er in die Hand nahm, entschlossen, nicht länger in diesem Licht stehenzubleiben, beobachtet mit intensiver Neugier von dem Mädchen, dem Besitzer und dem Ladenburschen, der aufgehört hatte, die ausgestellten Hüte wegzuräumen, offensichtlich nur, um ihn zu begaffen.

Giorgio hätte gern darauf verzichtet, den neuen Hut anzuprobieren, ehe er ihn bezahlte, aber er begriff, daß ihn die primitivste Vorsicht dazu verpflichtete. Er nahm seinen Schlapphut ab, und der Schweiß rann ihm übers Gesicht.

«Heiß?» fragte das Mädchen spöttisch.

Er zögerte einen Augenblick, ehe er antwortete. Ihm schien, als werde ihm mit dieser Frage die Gelegenheit geboten, zu erklären, daß er sich nach einem langen Weg, den er hinter sich hatte, in diesem Zustand befand und nicht aus einem anderen Grund. Aber er konnte soviel Kühnheit nicht aufbringen. «Ja, sehr heiß!» murmelte er und wischte sich die Stirn ab.

Er zahlte und verließ den Laden, wobei er vergaß, seinen Schlapphut mitzunehmen. Der neue, zu kleine Hut saß ihm wackelig auf dem Kopf und war ihm eine schreckliche Plage.

Auf der Piazza della Barriera, die er wieder überqueren mußte, sah er Giovanni mit drei anderen Arbeitern. Er näherte sich ihnen zögernd, denn er wußte inzwischen aus Erfahrung, daß jedes seiner Worte, jede seiner Gesten merkwürdig genug waren, um Verdacht zu erregen.

Sie empfingen ihn mit eisigem Gruß und musterten ihn mißtrauisch. Das war keine Täuschung seiner Angst; so hatten sie ihn noch nie behandelt. Sie betrachteten ihn voll Neugier, und keiner richtete das Wort an ihn.

Halb trunken vor Angst machte er einen letzten Versuch, unbefangen zu erscheinen.

«Gehn wir in die Osteria? Heut abend zahle ich.»

Giovanni sagte zu ihm: «Die haben den Verdacht, daß du der

Mörder von der Via Belpoggio bist, und solange du dich nicht von diesem Verdacht reingewaschen hast, wollen sie nicht mit dir gehen!» Er begriff, daß er, wäre er unschuldig gewesen, den ersten, der einen solchen Verdacht äußerte, hätte zu Boden schlagen müssen. Aber was konnte er tun, mit diesem Zittern, das durch seine Glieder lief und ihm sogar das Wort verwehrte?

Die vier Arbeiter entfernten sich voll Abscheu. Ihr Verdacht war zur Gewißheit geworden.

Taumelnd ging er weg.

Kaum hatte er ein paar Schritte gemacht, fühlte er sich gewaltsam an beiden Armen ergriffen und hörte, wie jemand ganz nah an seinem Ohr schrie: «Im Namen des Gesetzes!»

Er hatte eine überwältigende Halluzination, während der ihm genügend Bewußtsein blieb, um zu begreifen, daß es sich um nichts anderes als um eine Halluzination handelte. Er hörte einen ungeheuren Lärm, das Krachen von riesigen Gegenständen, die zusammenstürzen, die Verwünschungen einer bewaffneten Menge, und vor sich sah er Antonio, der schallend lachte, die Hände in den Taschen, in die er sicher seinen zurückeroberten Schatz gesteckt hatte. Dann nichts mehr.

Er fand sich ausgestreckt auf seinem Lager wieder. Im Raum war ein einziger Schutzmann.

Zwei Männer in Zivil, von denen einer, klein und gedrungen, mit einem dicken und sanften Gesicht, der Vorgesetzte zu sein schien, zählten das Geld, das sie bereits unter Giovannis Matratze gefunden hatten.

Der hatte ihnen geholfen und stand in respektvoller Haltung in einer Ecke des Zimmers. Unter der Tür war ein weiterer Schutzmann postiert, der die andrängende Menge zurückhielt.

«Mörder!» schrie eine alte Frau, der es gelungen war, bis zur Türschwelle vorzudringen, und spuckte aus.

Er war verloren! Er konnte nicht leugnen, aber was noch schlimmer war, er würde nie die Worte finden, um die Qualen zu beschreiben, die er durchgemacht hatte und die seine Schuld verringerten. Für alle die hier war er eine ruchlose Maschine, deren Bewegungen jeweils eine böse Tat oder den Wunsch, sie zu tun, bedeuteten, während er sich als ein klägliches Spielzeug fühlte, einer launenhaften Hand ausgeliefert.

Mit sehr sanfter Stimme fragte ihn der Mann mit dem sanften Gesicht, ob es ihm besser gehe, dann nach seinem Namen. In diesem Gesicht lag kein Zeichen von Haß oder Verachtung, und während Giorgio seinen Namen sagte, blickte er starr darauf, um nicht die Menge an der Tür sehen zu müssen.

Dann befahl dieselbe Person dem Schutzmann, jene Frau und den Hutmacher zur Gegenüberstellung hereinzuholen.

«Nein!» bat Giorgio, und die Tränen liefen ihm übers Gesicht. «Sie kommen mir gütig vor und werden mich nicht unnötig quälen; ich werde alles sagen, die ganze Wahrheit.»

Dann zögerte er etwas, fast als wolle er auf eine Eingebung warten, die ihm helfen könnte zu schweigen, sich zu retten, doch es genügte ein kleines Anzeichen von Ungeduld seines Befragers, um jedes Zögern zu beenden. «Ich bin der Mörder von Antonio», sagte er mit halberloschener Stimme.

Vier Fabeln

Ein Missetäter, der durch sein böses Naturell so weit getrieben worden war, daß er einen Wehrlosen umbrachte, wurde sich der Ungeheuerlichkeit seiner Schuld bewußt; er bereute und ging in eine Kirche, um zu beten.

Mitten in seinem inbrünstigen Gebet wurde er durch einen Prediger abgelenkt, der von der Kanzel schrie: «Freut euch, daß es die Schwachen und die Armen gibt, denn indem ihr ihnen Gutes tut, könnt ihr euch das Himmelreich erobern.»

«O du Lügner!» dachte der Sünder. «Die Armen und die Schwachen sind unser Unglück. Wäre mein Opfer nicht schwach gewesen, so hätte es sich verteidigt und mich daran gehindert, es umzubringen und meinen Seelenfrieden zu verlieren.»

◆◆◆

Der liebe Gott wurde Sozialist. Er schaffte die Hölle und das Fegefeuer ab und versetzte alle gleichrangig ins Paradies. Dort ging es einem gut, in ewiger Seligkeit.

Zu eben der Zeit starb ein Krösus und wunderte sich, daß er ins Paradies kam. Er gewöhnte sich jedoch sofort an die neue Existenz, ja er fing schon bald an, sich zu beklagen.

«Was fehlt dir denn?» fragte der Herr ärgerlich.

«Ach Herr! Schick mich wieder auf die Erde! Das hier ist nicht das wirkliche Paradies: Hier sieht man keinen leiden.»

◆◆◆

Der liebe Gott war eines Tages guter Laune und sagte: Ich will die sogenannten Entrechteten befreien. Von Stund an sollen jene, die nichts besitzen, Verstand haben, die Besitzenden dagegen einen gänzlich leeren Kopf. Dann wird der Besitz wenigstens zum Teil ohne Zweifel bald in andere Hände übergehen.

Nach einer Generation erlebte der alte Herr eine große Überraschung. Diejenigen, denen er den Verstand geschenkt hatte, waren ärmer als je zuvor, und die, denen er ihn genommen hatte, waren immer noch reicher geworden.

◆◆◆

Ein Held rettete eine Fee aus großer Gefahr. Die dankbare Fee sagte zu ihm: «Erbitte von mir, was du willst, und es soll dir gewährt werden.»

Sogleich erwiderte der Held: «Gib mir den Ruhm!»

Die Fee reichte ihm Gold: «Damit wirst du es leicht haben, ihn dir zu verschaffen.»

Der Held überlegte und sagte schließlich: «Dann gib mir die Liebe.»

Die Fee erwiderte mit der gleichen Geste: «Das wird dir Liebe verschaffen, soviel du willst.»

«Wenn Ruhm und Liebe nichts als Gold sind», erklärte der Held, «dann will ich weder Ruhm noch Liebe. Mir würde das ruhige Glück, das beschauliche Leben genügen. Gewähre mir das!»

«Du Narr!» sprach die Fee lächelnd. «Nimm dieses Gold, denn das brauchst du auch für die bloße Beschaulichkeit.»

Der Fabeldichter Mario

Der Schriftsteller Mario Samigli war fast sechzig Jahre alt. Vor vierzig Jahren hatte er einen Roman veröffentlicht, den man wohl mit Recht hätte tot nennen dürfen, wenn sterben könnte, was nie gelebt hat. Mario indessen erfreute sich trotz seiner weißen Haare noch immer eines beschaulichen Daseins, soweit ihm sein Beruf die Zeit dazu ließ. In seiner bescheidenen Stellung hatte er freilich keinen Anlaß, über zuviel Arbeit zu klagen, und sein Einkommen war zwar nicht bedeutend, aber doch sicher. Ein solches Leben ist gesund, und es wird noch gesünder, wenn es von einem so schönen Traum begleitet und gewürzt wird wie das Marios. Er hatte nämlich, obgleich doch wirklich nicht mehr jung an Jahren, den Glauben noch immer nicht verloren, daß er vom Schicksal zum Ruhme ausersehen sei. Nicht etwa weil er meinte, etwas Besonderes geleistet zu haben, auch nicht weil er hoffte, noch etwas Besonderes leisten zu können, sondern nur deshalb, weil ein gewisser Mangel an Entschlossenheit ihm jede Auflehnung gegen sein Geschick verwehrte und ihn hinderte, eine Überzeugung mühsam wieder zu zerstören, die er sich vor so vielen Jahren gebildet hatte. So erwies sich, daß auch die Macht des Schicksals ihre Grenzen hat. Das Leben hatte Mario wohl diesen oder jenen Knochen brechen können, die wichtigsten Organe aber waren unversehrt geblieben: die Achtung vor sich selbst und auch ein wenig Achtung vor den Mitmenschen, von denen der Ruhm doch letzten Endes abhängt. Und so begleitete ihn auf seinem Lebenswege stets ein Gefühl innerer Zufriedenheit.

Wenige Menschen nur ahnten etwas von Marios Einbildung,

denn er wußte sie mit jener fast unbewußten Schlauheit des Träumers zu verheimlichen, die ihm hilft, seinen Traum vor dem Zusammenprall mit der harten Wirklichkeit zu bewahren. Manchmal freilich ließ er doch etwas von seinen Träumen durchblicken, und dann bestärkte ihn, wer ihm wohlgesinnt war, in dieser unschuldigen Anmaßung, während die anderen wohl lachten, wenn sie Mario über tote oder lebende Autoren mit entschiedenen Worten urteilen oder gar sich selber den Wegbereiter einer neuen Zeit nennen hörten, ihre Heiterkeit aber zügelten, sobald sie ihn erröten sahen. Denn auch ein Sechzigjähriger kann wohl noch erröten, wenn er ein Schriftsteller ist und wenn es ihm wie dem armen Mario ergeht. Aber auch das Lachen ist gesund und keine schlechte Sache. So waren denn alle ganz zufrieden: Mario, seine Freunde und selbst seine Feinde.

Mario schrieb nur äußerst wenig, ja, lange Zeit hatte er mit einem Schriftsteller nichts weiter gemein als die Feder und das immer weißbleibende Papier, das aufnahmebereit auf seinem Schreibtisch lag. Diese Jahre waren die glücklichsten seines Lebens. Sie waren reich an schönen Träumen und frei von jeder beschwerlichen Mühewaltung. Sie waren wie eine zweite fröhliche Kindheit und köstlicher selbst als die Reifezeit des glücklicheren Schriftstellers, der, von dem Worte mehr getrieben als gehemmt, alles zu Papier bringt und dann einer leeren Schale gleicht, während er noch immer glaubt, eine schmackhafte Frucht zu sein.

Dieser glückliche Zustand konnte nur Bestand haben, solange Mario sich mühte, ihm ein Ende zu machen, und Mario mühte sich ständig, wenngleich er keine allzu gewaltsamen Anstrengungen machte. Zu seinem Glück gelang es ihm aber nie, einen Weg zu finden, der ihn in das Ungewisse geführt hätte. Noch einmal etwa einen Roman zu schreiben wie in seinen jungen Jahren, als er noch das Leben jener Leute bewunderte, die an Besitz und Rang so hoch über ihm standen, daß er nur mit Hilfe eines Fernrohrs zu ihnen emporzublicken vermochte, wäre ein unmögliches Unterfangen gewesen. Zwar liebte er seinen Roman noch immer, denn dazu bedurfte es ja keiner besonderen

Anstrengung, und er schien ihm ebenso lebensfähig wie alles auf dieser Welt, das vorgibt, einen Anfang und ein Ende zu haben. Wenn er sich aber aufs neue daranmachen wollte, jenen Schattengestalten durch die Macht des niedergeschriebenen Wortes Leben einzuhauchen, empfand er einen heilsamen Schauder. Die volle, wenngleich unbewußte Reife seiner sechzig Jahre verbot ihm ein derartiges Werk. Das Leben gewöhnlicher Sterblicher aber zu beschreiben, etwa das eigene, das vorbildlich tugendhaft und in seiner schlichten und stillen Selbstbescheidung nicht ohne Größe war – das kam ihm nicht in den Sinn. Denn dazu fehlten ihm die technische Sicherheit und die Liebe zum Gegenstande. Gewiß war dieser Mangel an richtiger Selbsteinschätzung bedauerlich, aber man weiß ja, daß er sich bei denen häufig findet, die niemals auf den Höhen des Lebens wandeln durften. Schließlich interessierten ihn die Menschen – mochten sie auf den Höhen oder in den Niederungen des Lebens wandeln – überhaupt nicht mehr. Jedenfalls glaubte er, sein Interesse hätte sich von ihnen abgewandt, um sich nun ganz den Tieren zuzuwenden. Er begann daher Fabeln zu schreiben, und so entstanden in seinen Mußestunden kleine, leblose Geschöpfe seiner Phantasie, die freilich eher einbalsamierten Mumien als mit Verwesungsgeruch behafteten Leichen glichen. Kindlich wie er war – nicht etwa wegen seines Alters, denn er war es immer gewesen –, hatte er an diesen Fabeln seine Freude und erblickte in ihnen einen neuen Anfang, eine gute Übung, eine Vervollkommnung, und fühlte sich jünger und glücklicher denn je.

Anfangs machte er den gleichen Fehler wie in seiner Jugendarbeit. Denn er schrieb von Tieren, die er wenig kannte, und seine Fabeln erdröhnten von dem Gebrüll des Löwen und dem Trompetengeschmetter des Elefanten. Dann wurde er menschlicher, wenn man so sagen darf, und nun schrieb er von Tieren, die er zu kennen glaubte. So lieferte ihm die Fliege eine stattliche Anzahl von Fabeln und zeigte sich auf diese Weise nützlicher, als man glauben sollte. In einer seiner Fabeln bewunderte er die Schnelligkeit dieses Zweiflüglers, die wahrhaft vergeudet ist da sie weder dazu dient, die Beute zu erjagen, noch sich selber vor

Schaden zu bewahren. Die Moral dieser Geschichte legte er einer Schildkröte in den Mund. In einer anderen Fabel lobte er die Fliege, weil sie die schmutzigen Dinge vernichtet, die sie so liebt. In einer dritten wunderte er sich darüber, daß die Fliege, dieses Tier mit den Facettenaugen, so unvollkommen sieht. In einer vierten endlich ließ er einen Mann, der eine lästige Fliege zerquetscht hatte, zu der Ermordeten sagen: «Ich habe dir eine Wohltat erwiesen, denn siehe, nun bist du keine Fliege mehr.» – Auf diese Weise war es nicht schwer, täglich bis zum Morgenkaffee eine neue Fabel fertig zu haben. Der Krieg mußte kommen, um ihn zu lehren, daß die Fabel ein Ausdruck seiner eigenen Seele werden konnte. Da erwachte die Mumie aus ihrer Starre und wurde ein wesentlicher Bestandteil seines Lebens.

Beim Ausbruch des italienischen Krieges fürchtete Mario, daß die kaiserliche und königliche Polizei in Triest nichts Eiligeres zu tun haben könnte, als ihm, einem der wenigen italienischen Schriftsteller, die in der Stadt geblieben waren, den Prozeß zu machen, der vielleicht damit enden würde, ihn an den Galgen zu bringen. Dieser Gedanke war voller Schrecken, barg aber zugleich eine süße Hoffnung, so daß er bald frohlockte, bald vor Angst erblich. Er stellte sich vor, daß seine Richter – ein ganzes Kriegsgericht, das sich aus Vertretern aller militärischen Rangstufen vom General abwärts zusammensetzte – verpflichtet wären, seinen Roman zu lesen und, wenn sie über ihn ein Urteil fällen wollten, aufmerksam zu studieren. Dann würde zweifellos ein etwas schmerzlicher Augenblick kommen. Aber wenn das Kriegsgericht nicht aus lauter Barbaren bestand, war wohl zu hoffen, daß man ihm, zum Dank für die genußreichen Stunden der Lektüre, das Leben schenken würde. Deshalb schrieb er fleißig, solange der Krieg dauerte, und er schwebte immer zwischen Furcht und Hoffnung wie ein Schriftsteller, der weiß, daß er ein Publikum hat, das auf sein Wort wartet, um darüber zu Gericht zu sitzen. Aber er war vorsichtig genug, nur Fabeln zu schreiben, deren Sinn nicht eindeutig war, und zwischen Furcht und Hoffnung erwachten seine kleinen Mumien aus ihrer Todesstarre zu wirklichem Leben. Sicher hätte das

Kriegsgericht ihn nicht leicht verurteilen können, weil er etwa die Fabel von dem starken Riesen schrieb, der auf sumpfigem Boden gegen Tiere kämpfte, die leichter waren als er, bis er, immer siegend, in dem Boden versank, der ihn nicht tragen konnte. Wer hätte wohl beweisen wollen, daß Deutschland gemeint war? Und weshalb mußte unbedingt Deutschland mit dem Löwen gemeint sein, der immer siegte, weil er sich nicht zu weit von seiner großen, schönen Höhle entfernte, bis man eines Tages entdeckte, daß die große, schöne Höhle sehr einfach auszuräuchern war?

So gewöhnte sich Mario daran, alles, was er erlebte und fühlte, in das Gewand der Fabel zu kleiden. Diese Entwicklung seiner literarischen Fähigkeiten verdankte er der Polizei, die indessen von den einheimischen Schriftstellern nicht die geringste Notiz nahm. Solange der Krieg dauerte, blieb Mario daher unbehelligt, was ihn zwar beruhigte, zugleich aber auch ein wenig enttäuschte.

Einen weiteren Fortschritt machte Mario insofern, als er sich nun geeignetere Helden für seine Fabeln aussuchte: nicht mehr Elefanten, die in fernen, unbekannten Ländern lebten, nicht mehr Fliegen, die mit ausdruckslosen Augen in die Welt blickten, sondern die kleinen Sperlinge, die er in seinem Hof mit Brotkrumen fütterte – was zu jener Zeit in Triest eine unerhörte Verschwendung war. Täglich pflegte er eine Weile ihrem Treiben zuzuschauen, und dieser Teil des Tages war der schönste, weil er so ganz von Poesie erfüllt war – wie vielleicht nicht einmal die Fabeln, die ihm doch ihre Entstehung verdankten. Er war in seine kleinen Freunde so verliebt, daß er sie am liebsten geküßt hätte. Wenn er sie des Abends auf den Dächern der Nachbarhäuser und auf dem verkümmerten Bäumchen im Hof zwitschern hörte, dachte er, daß sie sich nun, bevor sie das Köpfchen zum Schlafe auf den Rücken legten, erzählten, was sie am Tage erlebt hatten. Des Morgens dasselbe lebhafte und melodische Geplauder. Dann erzählten sie sich wohl, was sie in der langen Nacht geträumt hatten. Wie er selber, kannten auch sie ein doppeltes Leben: das der Wirklichkeit und das der Träume.

Sie waren doch schließlich Tiere, in deren Köpfchen Gedanken wohnen konnten. Dazu waren sie hübsch gezeichnet und sehr drollig in ihren Bewegungen. Sie waren so schwach, daß sie einem leid tun konnten, dafür aber hatten sie Flügel, um die man sie beneiden mußte. Es waren ungemein lebendige Tiere. Die Fabel freilich blieb noch immer eine kleine Mumie, die in Axiomen und Theorien erstarrte. Aber man konnte sie nun doch wenigstens mit einem Lächeln schreiben.

Marios Leben war reich an solchem Lächeln. Eines Tages schrieb er: «Mein Hof ist klein, aber wenn man Übung hat, könnte man dort zehn Kilogramm Brot täglich verfüttern.» Solche Träume kann nur ein Dichter träumen. Wie hätte man in jener Zeit wohl zehn Kilogramm Brot für die Vöglein beschaffen sollen, da sie doch keine Brotkarten bekamen? An einem andern Tage schrieb er: «Jeden Abend bricht auf dem kleinen Kastanienbaum in meinem Hofe der Krieg aus, wenn die Sperlinge den besten Platz für die Nacht suchen. Ich wünschte, ich könnte einmal Frieden stiften. Das wäre von guter Vorbedeutung für die Zukunft der Menschheit.»

Nochmals Fabeln

Im Tal Josaphat wurde dem Menschen der Prozeß gemacht, und alle Tiere wurden aufgerufen, als Zeugen auszusagen. Und das Seltsame ist, daß der Mensch freigesprochen wurde. Aus der Aussage der Raubtiere ergab sich, daß zwischen ihnen und dem Menschen erklärter Krieg herrsche, also Unrecht auf beiden Seiten. Die Haustiere sagten alle zu seinen Gunsten aus. Der Hund voll Begeisterung, das Pferd räumte resigniert ein, daß der Mensch, der es führe, oft kein besseres Leben habe als es selbst. Die Hühner und die Schweine gaben zu Protokoll: Er gab mir immer die besten Brocken, und ich führte ein recht angenehmes Leben. Nur ist er ein Tier, das von Zeit zu Zeit verrückt wird, denn nachdem er mich so gut behandelt hatte, brachte er mich eines schönen Tages um.

Kleine Geheimnisse

Der Spatz ist ein kleiner Vogel und unterscheidet sich dem Gewicht nach wahrscheinlich nicht von der Schwalbe. Fragte man jemanden, ob die beiden Tierchen uns, ich meine uns Menschen, gleich fern seien, so würde er zweifellos antworten, daß die beiden kleinen Geschöpfe, geflügelt, wie sie sind, und die schönsten, aber gleichermaßen unverständlichen Sprachen sprechend, sich in gleicher Weise von uns unterscheiden. Immer wieder habe ich mich in meinem Leben mit Spatzen und Schwalben befaßt, aber ich muß gestehen, daß es mir nicht gelang, den letzteren näherzukommen, während ich über die Psyche der Spatzen einiges weiß. Und ich will auch sofort damit herausrücken, damit meine Leser nicht auf die Folter gespannt werden. Die Schwalbe frißt im Flug, und nur im Flug. Das schafft einen solchen Unterschied zu uns, daß ich glaube, es gibt in der Natur keinen größeren. Mir erscheint nicht einmal der, daß die Fische die Gewohnheit haben, mit Kiemen zu atmen, größer. Ganz sicher bedeutet er einen größeren als die Gewohnheit des Haifischs, sich zum Essen auf den Rücken zu legen, denn mit ein bißchen Übung brächten auch wir das fertig.

Zur Schwalbe fehlt also die grundlegende Beziehung, weil wir nicht in der Lage sind, sie zu füttern. Dank des Fütterns von Spatzen habe ich deren Seele erraten, das heißt, ich habe darin Ähnlichkeiten mit unserer Seele entdeckt, ja Übereinstimmungen. Meiner Ansicht nach ist die elementare Seele so einfach wie eine gerade Linie. Sobald sie kompliziert wird, ist sie nicht mehr die Seele. Wenn ich nun feststelle, daß sich diese gerade Linie aus mehreren Punkten zusammensetzt, kann die Linie zwar länger oder kürzer sein, ihre Richtung wird jedoch die gleiche bleiben.

Sobald Schnee liegt, wird der Spatz äußerst mutig. An Orten, die von ihm frequentiert werden, könntet ihr keinen Brosamen fallen lassen, ohne zu sehen, wie er sogleich fortgeschafft wird. Es genügt jedoch, daß der Schnee schmilzt und die Wahrscheinlichkeit steigt, anderswo etwas zu finden, um den Hunger zu stillen – und schon läßt der Spatz beim geringsten Risiko jedwedes Futter, das ihr ihm anbietet, liegen, wenn ihr es im Umkreis eines Hauses ausstreut, aus dem Gefahr drohen könnte. Es lag Schnee, und meine Spatzen fraßen mir beinahe aus meinen Mörderhänden. Ich war darüber glücklich und dachte, das sei eine ein für allemal geschlossene Freundschaft. Doch der Schnee verging, und obwohl der Winter anhielt und die Nahrung knapp blieb, wollte sich die alte Vertrautheit nicht wieder einstellen. Oh! Die großen Hungerleider sind voll Vertrauen und Anhänglichkeit.

Aber ich brachte noch etwas anderes über dieses perverse Seelchen heraus, und das erfüllte mich regelrecht mit Abscheu.

Ich fand mich mit der ganzen Familie in ein einsames Häuschen versetzt, und wir hatten immer mehr als reichlich Brot im Haus. Aus einem kleinen Fenster, das auf ein Wäldchen hinausging, warf ich den Vögeln Brotkrumen zu. Ich wurde von etwa vier, fünf Spatzen entdeckt, aber es waren zu wenige für mein Brot, das auf der Erde verschimmelte. Ich wußte nicht, was ich tun sollte, um mehr anzulocken, und lange Zeit kamen nur diese fünf, die sich, wenn sie Hunger hatten, herbeiließen, aus dem reichen Fundus zu schöpfen.

Der Zufall kam mir zu Hilfe. Ich holte mir eine Grippe, die mich für eine Woche ans Bett fesselte. Als ich mit meinem Brot wieder zu meinem kleinen Fenster kam, wurde ich von einem Freudengeschrei empfangen. Hunderte von Spatzen hatten sich dort versammelt. Zunächst kam mir die Sache merkwürdig vor, doch als ich länger darüber nachdachte und mich an die Erfahrungen meines Lebens erinnerte, begriff ich: Solange das Brot regelmäßig kam, hatten meine fünf Spatzen das Geheimnis eifersüchtig gehütet und sich die fette Beute untereinander geteilt. Als das Brot ausblieb, ließ sie der Schmerz geschwätzig werden. Und wer sich beklagt, macht Lärm. Sie hatten allen erzählt, daß immer Brot dagewesen sei und jetzt nicht mehr. Daher wurde mein kleines Fenster bei den Spatzen berühmt, und als das Brot wiederkam, waren alle da, es aufzupicken.

◆◆◆

Das Käfigtürchen war offen geblieben. Mit einem leichten Satz war der kleine Vogel an der Öffnung, und von dort betrachtete er die weite Welt, zuerst mit einem Auge und dann mit dem andern. Seinen winzigen Körper durchzuckte das Verlangen nach den weiten Räumen, für die seine Flügel geschaffen waren. Aber dann dachte er: Wenn ich hinausfliege, könnten sie den Käfig zumachen, und ich bliebe als Gefangener draußen. Der kleine Vogel machte kehrt, und kurz darauf sah er mit Befriedigung, wie sich das Türchen wieder schloß, das seine Freiheit besiegelte.

II.

«Meine Braut ist ein Bonbon ... und ich rauche die letzte»

*Von der Liebe,
den Zigaretten und wie alles mit
allem zusammenhängt*

Poesie in schlechter Prosa

Meine Braut ist ein Bonbon, und ich hoffe, daß meine kaputten Zähne wieder gesund werden, wenn ich es esse. Meine Braut ist eine Blume, und mein Egoismus wird sie so umschließen, daß ihr Duft allein meiner Nase vorbehalten bleibt. Meine Braut ist eine reife Frucht, die mir Mutter Natur in den Schoß warf, und da soll sie bleiben. Alle die Teile, die meine Zähne und mein alter Magen nicht zu schätzen wissen werden, sollen dort verbleiben, ungenutzt, vergeblich geschaffen, meine Verdammnis, denn ich werde dort Wache halten, leidend und leiden lassend. Meine Braut weiß noch nicht, daß sie so sehr mein ist, und ich werde es ihr in den langen Jahren, die vor uns liegen, beibringen; aber sie weiß auch noch nicht, wie ich außer ihren Schritten auch ihre Gedanken zu überwachen wissen werde. Mag sie mich lieben oder nicht, ich werde sie halten, um zu leiden und sie leiden zu lassen.

19. Januar 1896

Die Kunst, sich das Rauchen
nicht abzugewöhnen

An Livia

29. 12. 95   6 nachm.

Ich erkläre meiner Allerliebsten, daß die Zigarette, die ich eben rauche, meine letzte ist, wenigstens bis zu dem Tag, an dem es mir durch ihre Güte und ein höchst freundliches Schicksal vergönnt sein wird, sie ganz, ganz mein zu nennen.

Ettore Schmitz.

◆◆◆

30. Januar 1896
11 Uhr vorm.

Ich habe eine letzte Zigarette geraucht, um mich von einem unerfreulichen Gedanken abzulenken. Wir sind gestern ins Café gegangen, und ein Offizier hat seine schamlosen Augen auf Dich gerichtet. Du hast nicht nur einmal, sondern mehrmals erwidert; ich beugte mich daraufhin vor, um Dir deutlich zu machen, daß ich Dich beobachte. Das Ganze dauerte nur einen Augenblick, aber der genügte, damit sogar der Offizier begriff. Er warf mir einen wütenden Blick zu, weil ich ihm seinen Spaß verdorben hatte. Für mich gibt es keinerlei Zweifel, daß Du kokettiert hast. Ich sagte es Dir sofort, aber gleich darauf dachte ich intensiv darüber nach, um sicherzugehen, daß dem Vorkommnis die Zuverlässigkeit eines einwandfrei bezeugten Tatbestands zukomme. Bezeugt von Dir, von mir und von ihm. Paß auf! Ich bin darüber so verzweifelt wie über ein Unglück! Und ich faßte den folgenden Vorsatz: Ich will mir das Recht auf das Opfer Deiner schlechten Angewohnheiten erkämpfen. Ich werde nicht mehr rauchen, solange Du nicht wieder kokettierst!

4 Uhr–7 Min. nachm.

◆◆◆

Also! Heute abend, 11. 2. 96, ½ 10 Uhr. In einem Augenblick, in dem es mir so heiter und süß erschiene, Dir mein Leben zum Opfer zu bringen, sollte es mir eigentlich ein leichtes sein, Dir etwas Geringeres zu opfern, das Rauchen! Also denke daran! Der Augenblick, in dem ich von neuem rauchen sollte, wäre ein Beweis, daß ich diese Worte und (schlimmer!) diese Gefühle vergessen hätte.

Ettore.

◆◆◆

13. Februar 1896

Wahrhaftige Geschichte
meiner mutmaßlichen Genesung

An jenem Abend, an dem ich Livia versprach, nicht mehr zu rauchen, dachte ich, es sei das erste Mal, daß ich ein solch förmliches Versprechen einer absolut ehrbaren Person gegenüber abgäbe. Von Anfang an wies ich jedweden inneren Vorbehalt von mir und gab das Versprechen mit der gleichen Treuherzigkeit, mit der es aufgenommen wurde. Danach hielt ich es mit eben jener Treuherzigkeit. Es war wie eine Verschiebung der Persönlichkeit. Livia selbst war es, die etwas versprochen hatte und es nun hielt. Anders wäre es gar nicht möglich gewesen! Ich fühle mich daher sehr, sehr blond.

◆◆◆

26. Februar 1896

Um Mitternacht + 12 Stunden

Eine der größten Willensleistungen, die in diesem Jahrhundert im Küstenland vollbracht wurden, nämlich am 26. 2. 96, 12 Uhr mittags, beziehungsweise eine Stunde früher.

Nicht einmal heute werden wir uns sehen. Und doch hätte ich das heftigste Verlangen, Dich ausführlich zu küssen. Ich bin, wie Du siehst, von den besten Vorsätzen beseelt. Wenn ich will, kann von diesem Augenblick an meine Gesundheit beginnen. Warum sollte ich nicht wollen?

Ich habe eine Stunde vor der Zeit das Rauchen aufgehört, denn heute befinde ich mich in einem merkwürdigen Zustand. Die Vorsätze häufen sich in mir, und auch die Liebe. Ich habe, unter anderem, eine schreckliche Angst, daß Du mich verachten könntest, wenn Du diese Zeilen liest. Nicht wahr, Du wirst mich nicht verachten? Vielmehr wirst Du mich sehr achten, wenn ich jetzt mit Stolz auf dieses letzte Datum blicken kann?

Um meiner sicherer zu sein, wollte ich, daß das oben ange-führte Datum auch von Dir zur Kenntnis genommen werde, und ich rief Dich an. Jetzt bin ich völlig im reinen mit Dir und mit meinem Gewissen! Wer weiß, für wie lange!

◆◆◆

27. Februar 1896

Noch einmal 24 Stunden, also 27. 2. 96, 11 Uhr vorm.

Es wäre zu heroisch gewesen, ausgerechnet in den 24 Stunden damit anzufangen, nicht zu rauchen, in denen ich Dich über-haupt nicht gesehen habe!

Deine Erlaubnis und Dein Verbot.

◆◆◆

Triest, 2. 9. 96   12 Uhr mitt.

Liebes Bonbon,
ich bin von Stößen von Papier umgeben und rauche! Trotz der
unmittelbar bevorstehenden Liquidation und der vielen Arbeit
drängt mich mein schlechtes Gewissen, Dir zu schreiben, um
das alte Versprechen zu erneuern. Ich bin dabei, das Schicksal
der Familie aufs Spiel zu setzen! Wohlan denn! Ein fester Entschluß, und dann soll es ein Ende haben!
    Bist Du mir dankbar?
    Eine Umarmung   Ettore.

◆◆◆

Triest, 18. 9. 96, 12 Uhr mittags

Bonbonbonbonbonbonbonbonbonbonbonbon.
Heute habe ich bis um 11¼ geraucht, ich notiere 12 Uhr mittags, des festen Zeitpunkts wegen, und werde bis zum 18. 10. 96
mittags nicht mehr rauchen. Einstweilen! Danach sehen wir
weiter. Ich wollte das notieren, um es schwarz auf weiß zu haben. Es sind nicht kleinliche Bedenken, die mich zu diesem
Opfer treiben. Ich möchte stark und tatkräftig werden, um Dich
glücklicher zu machen.   Ettore.

◆◆◆

Triest, 7. 10. 96,
10 Uhr vorm.

Höre, Bonbon,
ich habe zum letztenmal geraucht, woraus sich jetzt ergibt, daß
die Zigarette um ½9 die vorletzte war. Aber ich lasse mich nicht
mehr auf weitere Aufschübe ein, nicht wegen des Schadens, den
es mir zufügt, sondern wegen dem, den es Dir zufügen könnte.
                                          Ettore
verlängert die letzte bis 12 Uhr mittags.

◆◆◆

13. Oktober 1896,   10 (zehn) Uhr vorm.

Ich bin zu konsequent, um etwas von gestern an zu beginnen.
Ich beginne von jetzt an. Der Zeitpunkt gefällt mir, und mein
Entschluß ist eisern. Du wirst Dein häßliches Näschen rümpfen,
aber Du hast unrecht: Also! von dieser Stunde an beginnt die
neue Ära.

Ettore.

◆◆

23. 10. 96, 12 Uhr mitt.

Von diesem Zeitpunkt an gilt das Gelübde!
   Daß Deine Erkältung vergehe, o Bonbon!

Ettore.

◆◆◆

Provisorisches Manifest
(wird zerrissen, sobald Livia es ins reine geschrieben hat)
Ettore Schmitz
Verspricht
Zum letztenmal
Nicht mehr zu rauchen
3. (dritter) April
11 (elf) Uhr vormittags
1897
Dieses Datum ungerader
Zahlen
Wird vielleicht mehr nützen
Als die vielen runden Daten
Gesucht, festgesetzt
Und überlegt

◆◆◆

Triest, 18. 6. 97

Meine gute Frau,

heute um vier Uhr nachm. höre ich auf zu rauchen: Genau
2 T[age] also nach Deinem Manifest, das, ich gestehe es, mir
nicht gefiel. Ich höre auf zu rauchen mit dem festen Vorsatz,
dieses ganze *Jahrhundert* hindurch nicht mehr zu rauchen. Ich
beseitige damit die einzige wirkliche Differenz, Quelle großer,
tiefer Unstimmigkeiten in u. Familie. Möge also dieses Leben
der Streitigkeiten aufhören und man von neuem auf die Grundlage der folgenden Regelung zurückkehren:

I. Dem Gatten ist es verboten zu rauchen.
II. Der Gattin ist es verboten, über das Rauchen zu reden.

Ettore.

◆◆◆

Triest, 19. Januar 1898

Liebe Livia,

wir sind also endlich am Ende angelangt. Seit heute 4 Uhr nachmittags habe ich mit zwei Stunden Verzögerung aufgehört zu
rauchen. Heute werde ich 36 Jahre und zwei Monate alt; es ist
daher an der Zeit, Vernunft anzunehmen! Ich will schön werden, brav und gut, liebenswürdig und noch jene wenigen Qua-
litäten erwerben, die mir bislang fehlen. Versuche Du, nicht wie
gewöhnlich Deine Ziegenstückchen aufzuführen, damit Du
mich nicht zwingst, im Rauchen Trost zu suchen.

Ettore, der Starke und Heitere.

◆◆◆

Triest, 21. Januar 1898

Du Prächtig-Stolze gleich Genua,

heute werde ich 36 Jahre, zwei Monate und zwei Tage alt, weshalb ich mehr Verstand haben sollte als noch mit bloß 36. Daraus
folgt, daß mir heute bestimmt all das gelingen wird, was mir
vorgestern nicht gelungen ist. Ich habe Punkt 4 Uhr nachm. mit

dem Rauchen aufgehört. Also Mut, Held des Küstenlandes und altes Reststück sch ... iffbrüchiger Ware. Avanti, und hör auf, den Hanswurst zu spielen, altes räudiges Fell.

Addio, Unglückselige!
Ettore
das Schwein.

◆◆◆

Triest, 24. Januar 1898

[...] Du Monstrum von Ziege. Lerne Deinen Mann gut zu behandeln, wenn Du lange auf Erden leben willst. Du verdienst es zwar nicht, aber ich höre trotzdem mit dem Rauchen auf, denn es paßt mir, und ich blase zum Rückzug. 4 Uhr nachm., unmittelbar nach Erhalt des Versprechens, daß sie aufhören wird zu kokettieren.

Ettore der Schlaumeier

◆◆◆

Heute, 21. Februar 1898, 4 Uhr nachm., höre ich endgültig mit dem Rauchen auf. Es soll nicht mehr darüber gesprochen werden, und wenn Letizia groß ist, wirst Du ihr erzählen können, um wieviel leichter es ist, Laster anzunehmen, als sie wieder loszuwerden. [...]

Der Fasten-Ettore
mitten im Karneval.

◆◆◆

Alle schlagen auf mich ein, alle hacken auf mir herum: Ich mache dann Dummheiten, verliere Geld an der Börse – rauche, kurz, ruiniere mich an Gesundheit, Geldbeutel, als Ehemann, Vater, Angestellter und Literat. Daher ist es an der Zeit, damit Schluß zu machen. Auf dem Gipfel der Verzweiflung schwöre ich, daß ich heute, 4 Uhr nachm., 27. Februar 1898, endgültig aufhöre zu

rauchen. Wenigstens an meinem nächsten Ruin möchte ich
keine Schuld tragen.   Ettore.

◆◆◆

Ukas

Freitag, 8. 4. 1904, 4 Uhr nachm. mit 2 Stunden Verzögerung,
weil der Brief erst um sechs weggehen soll.

Ettore Schmitz (bekannt auch unter dem Beinamen Wettenge-
winner) unterbreitet seiner Gattin Livia Schmitz (auch genannt
Ziege oder *Hundstochter*, wenngleich man nicht begreift, wie eine
Ziege von einem Hund hervorgebracht werden kann, und im
übrigen darauf hinzuweisen wäre, daß sie dem bürgerlichen Status nach als Tochter von G. und O. Veneziani geführt wird, von
denen keiner Hund oder Katze ist, wenngleich beide bisweilen
untereinander deren Verhalten an den Tag legen) seine letzten
Verfügungen (letzten in zeitlicher Reihenfolge), über die er weder Bemerkungen oder Verbesserungen anzuhören gewillt ist,
auch nicht in der schüchternsten Form, denn er würde sich sonst
daran erinnern, daß *Siora* Livia – wie alle wissen – über genügend Schwänze verfügt, an denen sie gezogen werden kann:
    I. Alle vorangegangenen mit *Siora* Livia geschlossenen Wet-
ten sind annulliert.
    II. Erneuert wird dagegen von oben erwähntem Datum an
die letzte Wette in ihrer vollen Gültigkeit.
    III. *Siora* Livia wird beauftragt, diesen *Ukas* der vorangegan-
genen Wette hinzuzufügen und beides gewissenhaft im Fami-
lientresor aufzubewahren.
    IV. Um jeder Auseinandersetzung über die Anwendung die-
ses *Ukasses* zuvorzukommen, wird festgesetzt, daß bis zum
obengenannten Zeitpunkt (8. 4. 1904, 4 Uhr nachm. mit zwei
Stunden Verzögerung) *Siora* Livia eine Wette gewonnen hatte;
darüber hinaus wird festgesetzt, daß sie nach dieser Stunde
nichts gewonnen hat. [...]

V. Ein *Ukas* muß nicht begründet werden; dennoch haben wir im Hinblick auf all jene Personen, die glauben könnten, ihre Rechte verletzt zu sehen, die Güte, folgendes darzulegen:

a) Von allen Gelehrten wird zugegeben, daß auf Grund der natürlichen Abneigung, die zwischen den beiden Geschlechtern besteht, eine treue Ehefrau konstant den Tod ihres Gatten herbeisehnen kann. Das natürliche Verlangen vor allem der Blonden, Trauer zu tragen, und das Blonden wie Braunen angeborene Bedürfnis nach Abwechslung läßt sie die Witwenschaft anstreben, als den einzigen Status, dem auf legale Weise eine neue Heirat folgen kann.

b) Hält man dagegen den Gatten am Leben, so wurde noch nie beobachtet, daß man ihm eine Indisposition (nicht zu verwechseln mit Krankheit) gewünscht hätte. Nun erklärt Ettore Schmitz aber, daß er, wenn er raucht, indisponiert sei, und er raucht mehr, wenn er nicht gewettet hat. Wenn also Livia Schmitz seine Ehefrau ist, muß sie die Wette wünschen, erstreben, fördern. Wünscht, erstrebt, fördert sie eine solche Wette nicht, ist sie reif für die Verstoßung. Ja, die Ehe ist null und nichtig und hat nicht stattgefunden; Letizia wurde nicht geboren, und Livia ist *virgo intacta* und nicht *virago lesa*, wofür alle sie halten. So sehr widerstrebt dem Gesetzgeber die Vorstellung, daß eine Ehefrau dem Gatten nicht den Tod, nicht die Krankheit, sondern die Indisposition wünschen könnte.

VI. Dieser *Ukas* könnte den Eindruck erwecken, als wolle er bei dem, der ihn verfaßt hat, die Absicht festigen, in einem beständigen Wettzustand mit seiner Frau zu leben. Wer solches behauptet, ist jedoch böswillig und sucht Zwietracht zwischen Mann und Frau zu säen. Heute in drei Jahren um dieselbe Stunde wird sich Ettore Schmitz kraft dieser Wette legal und ohne weitere *Ukasse* in aller Ruhe daranmachen, Zigarren und Pfeifen zu rauchen. Der Glückliche!

Ettore Schmitz
m. p.

◆◆◆

Erneuerung der Wette

Zwischen mir und meiner Ehefrau Livia Veneziani, irrtümlich genannt Schmitz, wird die Wette betreffend Letizias Erziehung erneuert. Ich, der Unterzeichnete, schwöre, sie zu gewinnen, indem ich ab heute

4. 5. 1904, 4 Uhr nachm.

bis zum   4. 5. 1907, 4 Uhr nachm.

nicht mehr rauche. Und sollte ich sie nicht gewinnen, werde ich mich meinem Los als armer Teufel in ungeduldiger Erwartung des Todes unterwerfen und nicht mehr wetten.

Ich schloß diese Wette am 4. und nicht am 5. Mai ab, da ich nichts mit Napoleon gemein haben möchte.

Ettore Schmitz

Über das Rauchen

Wie ich sehe, hat Jules Claretie einen Roman veröffentlicht mit dem Titel *Die Zigarette*. Ich werde ihn nicht lesen, weil ich vermute, daß es sich, soweit ein guter Roman dies liefern kann, um eine Demonstration der Schäden handelt, die das Rauchen dem Menschen zufügt. Ich werde ihn nicht lesen, weil wir, die Raucher, bereits samt und sonders davon überzeugt sind, daß uns das Rauchen nicht guttut, und wir es daher nicht nötig haben, uns davon überzeugen zu lassen, aber wir rauchen trotzdem weiter, weil – oder auch ohne weil. Wenn man das Laster hat und weiß, daß es sich in vielen stolzen Schlachten behauptet hat, spricht es wenig für die Intelligenz eines Menschen, hinzugehen und sich am Schauspiel der eigenen Schwäche zu betrüben.

Claretie wird mich nicht mehr überzeugen als der Doktor Beard, der berühmte Analytiker sämtlicher verschiedener Formen von Neurasthenie, der in einem seiner Werke völlig kühl und unter Verwerfung anderer Untersuchungen behauptet, das Nikotin als solches genüge bereits, eine Art Neurasthenie hervorzurufen. Als ich das las, warf ich die Zigarette weit von mir, um sie gleich wieder zu holen und eine weitere anzuzünden. Wäre ich verpflichtet, den Roman von Claretie zu lesen, würde ich mich ungefähr so fühlen, wie sich Coupeau fühlen müßte, wenn er sich gezwungen sähe, eine lebendige Schilderung des Deliriums tremens zu lesen, an dem er eines Tages sterben muß.

Bei dem schönen und sicher guten Vortrag von Doktor Lorenzutti gegen das Rauchen fühlte ich mich weniger schlecht, aber nur weil man bei Vorträgen nie raucht, und während ich zuhörte, konnte ich mir einbilden, ich hätte von der Lektion profitiert; doch einen Roman lesen, ohne zu rauchen, das ist nicht möglich, und rauchend einen gegen das Rauchen zu lesen ist wenig erquicklich.

Es ist nur natürlich, daß man gegen sich selbst wesentlich nachsichtiger sein muß als gegen andere, und wenn einem klar wird, daß man sich andauernd, zu allen Stunden des Tages, gegen die eigene Gesundheit und gegen die eigene Intelligenz versündigt (der oben erwähnte Beard droht den Rauchern auch mit einer zerebralen Neurasthenie), so ist es unnötig, sich Vorwürfe zu machen und sich auch noch die Verdauung (gemächlich und sanft, weil geräuchert) mit Selbstgesprächen – beziehungsweise Zwiegesprächen zwischen den beiden Ichs, die die Philosophen dem sittlichen Menschen zuschreiben – zu ruinieren. Wenn man schon raucht, dann ist es besser, fröhlich zu rauchen, denn das schadet weniger. Sollten irgendwelche größeren Beschwerden auftreten, so werden wir auf die Rezepte des Doktor Beard zurückgreifen. Doch nachdem man fröhlich geraucht hat, kann man mit aller Seriosität einen Artikel gegen das Rauchen schreiben, einen sehr glaubwürdigen, stammt er doch von einer Autorität in Sachen Rauchen.

Vor einiger Zeit kam es einem Schöngeist in den Sinn, nachzuforschen, welchen Anteil das Rauchen an der modernen französischen Literatur habe, und es fiel ihm nichts Besseres ein, als die größten Schriftsteller zu befragen, welchen Anteil sie dem Rauchen an der Entwicklung ihres künstlerischen Charakters beimäßen. Die Antworten, die er bekam, bewiesen ihm lediglich, daß es den französischen Schriftstellern – gleich, ob Raucher oder Nichtraucher – nicht an Esprit fehlt, sonst gar nichts.

Nur einer, Nichtraucher, gab eine Meinung von sich, die es verdient, zitiert und diskutiert zu werden: Émile Zola. Angenommen, sagte der berühmte Romancier in etwa, daß das Rauchen Neurosen hervorrufe, so habe es einen positiven Einfluß auf die moderne Literatur, und wir könnten uns dazu nur beglückwünschen; er selbst rauche nur deshalb nicht, weil es ihm sein Arzt wegen irgendwelcher Anzeichen einer Herzkrankheit verboten habe.

Es mag Leute geben, die, um eine solche Ansicht zu widerlegen, schlicht und einfach behaupten werden, daß, wenn das Rauchen Neurosen hervorrufe, es keinen positiven Einfluß auf die Literatur haben könne, und sie werden sagen, daß sie es vorzögen, einen klaren, gesunden Verstand zu besitzen, fähig, die Krankheiten der anderen zu beobachten, als einen getrübten und mit dem eigenen Übel beschäftigten.

Aber so zu argumentieren wäre zu einfach, und es wäre auch etwas unlauter, nur um recht zu haben, die ganze Kraft zu vergessen, die einem Gehirn aus der am eigenen Organismus gemachten Erfahrung einer Krankheit oder zumindest eines anomalen Zustandes erwachsen kann. Außerdem ist es nur allzu bekannt, daß sich die nervöse Feinheit fast nie bei einem völlig gesunden und robusten Menschen findet, und der Spruch, der unseren Vätern soviel Vertrauen und Gelassenheit einflößte: «Ein gesunder Geist in einem gesunden Körper», wirkt heutzutage ziemlich antiquiert.

Doch zugegeben, ist es deswegen nötig, daß sich der Mensch selbst seine Neurosen künstlich schafft? Genügt es denn nicht, daß der harte Kampf ums Dasein sie ihm produziert und der Mangel an Muskelübung, wenn er sich den Studien hingibt, oder die ungesunde Luft unserer großen Städte?

Und dann kann eine Neurose leicht ein der Wissenschaft oder der Kunst nützliches Leben abkürzen. Ich erinnere nur an zwei berühmte, vom Rauchen getötete Männer, für die Kunst mag das genügen. Der geistreiche Autor des *Eustache Martin* starb vom Rauchen dahingerafft, und Mazzini verstarb, wie erst jetzt einer seiner engen Freunde, ein englischer Arzt, schrieb, an Dyspepsie, verursacht durch Rauchen.

Es ist sicher irrig zu behaupten, daß das Rauchen die Arbeit erleichtere. Es unterbricht sie lediglich. Mag sein, daß es sie einem, der kein echter Raucher ist, erleichtert, aber der echte Raucher tut, wenn er raucht, nichts anderes. Ein französischer Journalist behauptete, daß man einen Raucher durch Blenden von seinem Laster befreien könne; das ist falsch. Andererseits täuscht sich auch Mantegazza, wenn er glaubt, er könne dem

Raucher mit irgendeiner pharmazeutischen Rezeptur helfen, sein Laster loszuwerden. Das Laster des Rauchens ist so komplex, daß die Apotheke dagegen machtlos ist. Beim echten Raucher rauchen die Augen, der Magen, die Lunge und das Gehirn; jedes einzelne Organ des vom Laster Befallenen ist lasterhaft.

Es bleibt ihm kein Teil, mit dem er sich einer anderen Sache widmen könnte, es sei denn, er macht es ohne Energie und in Intervallen. Das Rauchen unterstützt nur die Arbeit dessen, der raucht, um etwas in der Hand zu halten oder um mehr mechanische Bewegungen vollführen zu können oder schließlich Nebelschwaden in der Luft zu produzieren und mit Vergnügen zuzusehen, wie sie sanft aufsteigen und sich dann ganz langsam verflüchtigen, gleich einem lebendigen Wesen, das ohne Hast der Umarmung eines anderen entflieht.

Doch schon dieser Vergleich ist der eines Rauchers, denn wer kein echter Raucher ist, versteht vom Rauchen gar nichts. Der Amateur-Raucher blickt nicht hinter dem Rauch her, den er ausatmet. Er befreit sich von ihm, vergißt ihn und kehrt zu seiner Arbeit zurück.

Und auch wenn er es uns nicht gesagt hätte, würde man merken, daß Émile Zola kein Raucher ist: Er arbeitet zuviel, und er ist sich selbst gegenüber zu konsequent. Der Raucher ist in erster Linie ein Träumer, es ist die unmittelbarste Wirkung seines Lasters, die ihn dazu macht; ein schrecklicher Träumer, der seinen Verstand in einem Dutzend Träumen vergeudet und wenn er wieder zu sich kommt, nur ein einziges Wort notiert hat.

Die Träume mögen ja kühn und genial sein, aber sie hinterlassen eine unverhältnismäßig geringe Spur im Vergleich zu ihrem Ausmaß; es mag eine ganze Welt erträumt worden sein, und zurück bleibt eine Wolke, eine Tragödie und ein Epos erträumt, und aufgeschrieben ein Vers. Der Träumer ist sich selbst gegenüber nie konsequent, denn der Traum trägt ihn weit fort, und zwar nicht in gerader Linie, während der Mensch, der sich selbst gegenüber konsequent ist, sich in einem begrenzteren und symmetrischeren Raum bewegt.

Der echte Träumer – auch wenn er nicht so ist wie der von

Bulwer beschriebene, der beim Einschlafen den in der Vornacht unterbrochenen Traum weiterträumt – führt immer ein Doppelleben, und beide Leben sind einander an Intensität gleich. So speist sich seine Inspiration aus zwei Quellen: reine Beobachtung und Traum, ausschweifender Traum durch zerrüttete Nerven.

Ich weiß es nicht, aber ich vermute, daß Gustave Flaubert mit Leidenschaft geraucht hat, und ich habe eine Anzahl Belege dafür gefunden. Die schrecklichen von Maxime du Camp beschriebenen Kämpfe am Spieltisch, dieser Widerwille gegen die Feder, für dessen Überwindung Stunden nötig sind, das spricht ganz für einen Raucher. Außerdem ist es eines Opiumrauchers würdig, zehn Jahre lang über *Salammbô* geträumt zu haben, nachdem man die literarische Welt mit *Madame Bovary* erschüttert hatte, eine Erschütterung, deren Auswirkung wir auch heute noch in unserer Literatur spüren. Schließlich beachte man den Unterschied zwischen den beiden Werken, und es wird leicht sein, die beiden verschiedenen Inspirationsquellen auszumachen.

Ein Biograph Flauberts beklagt sich bitter, daß das gewöhnliche Publikum *Madame Bovary* mehr schätze als *Salammbô*! Oh, wie gewöhnlich fühle ich mich, und mit welcher Wollust!

Ich glaube, die Leser haben aus diesen Prämissen bereits begriffen, daß ich zu keiner Schlußfolgerung kommen kann.

Den Rat zu geben, nicht zu rauchen, wäre naiv.

Wer einen einzigen Tag eines Rauchers kennt, der sich vorgenommen hat, nicht zu rauchen, gibt keine solchen Ratschläge mehr. Ein solcher Raucher erhebt sich am Morgen mit dem eisernen Vorsatz, beißt sich auf die Lippen, und bis zu einer bestimmten Stunde des Tages sagt er sich immer wieder die große Gesundheitsmaxime des Carlo Dossi vor: «Überwache dich!», und er sagt sie auch noch, wenn er zum erstenmal an diesem Tag ein Streichholz anzündet, übrigens eine angenehmere Handlung, als man meinen möchte. Ein solcher Raucher kennt aus Erfahrung die ganze Physiologie des Lasters, diese eisernen Vorsätze, unterbrochen von verdrossenen Rückfällen oder auch allmählich zerstört von feigen Transaktionen, schließlich vergessen mit einer fröhlichen philanthropischen Argumentation: «Was ist das Leben wert?» – «Nichts.» Und sind Gesundheit und Intelligenz nicht Teil des Lebens? Rauchen wir also in Frieden.

Sicher ist, daß es Wege gäbe, um ein solches Laster zu verringern oder um seine zu große Verbreitung zu verhindern.

Einstweilen verbieten uns unsere Damen, in ihrer Gegenwart zu rauchen. Eine ansonsten wenig zartfühlende Person, Casanova de Seingalt, duldete nicht, daß man in seiner Gegenwart rauchte, weil ihn der Rauch, den er einatmete, allzu deutlich daran erinnerte, daß seine Lunge die Luft aufnahm, die von anderen Lungen ausgestoßen wurde.

In aller Bescheidenheit erlaube ich mir, den Gesetzgebern vorzuschlagen, ein eigenes Gesetz zu verabschieden, mit dem sie den Erwachsenen erlauben, alle Minderjährigen, die sie beim Rauchen erwischen, gehörig zu verhauen; in dem Gesetz soll aber auch darauf hingewiesen werden, daß der Erwachsene, der sich zu diesem humanitären Akt hergibt, nicht verpflichtet ist, bei dessen Durchführung seine Zigarette fortzuwerfen.

Keine Schlußfolgerung, aber eine Belohnung für die Leser, die die Geduld hatten, mir bis hierher zu folgen: eine unveröffentlichte Fabel von Riccardo Pitteri.

Kurz vor der Veröffentlichung seiner *Fiabe* las Pitteri sie mir vor, aber dann veröffentlichte er sie nicht. Ich begehe eine Indiskretion, aber es ist nur recht, wenn eine gute Sache dem geraubt wird, der sie nicht zu nutzen versteht.

Ich fürchte, sie wurde aus dem wunderschönen Fabelbuch verbannt, weil sie – einen anderen Grund kann ich mir nicht denken –, trotz ihrer anscheinend ruhigen Objektivität, dem Dichter sehr persönlich erschien und ihm nicht daran lag, sie dem Publikum preiszugeben. Der Einfall selbst ist so persönlich, daß nicht alle seinen Sinn erfassen können. Spucke, Viperngift und Wüste, aber Spucke des Propheten! Die Fabel ist die Erfahrung eines Tages als Raucher. Da ist sie:

Durch Arabiens Wüste wandert Mahomet
eines Tags, gedankenvoll, allein;
da, aus des Sandes heißem Bett
fährt eine Viper hoch nach seinem Bein.

Doch vergeblich ist die Tücke: Voller Haß
spritzt sie die Todestropfen in den Sand,
und auf die Stelle, die vom Gift noch naß,
spuckt der Prophet, von Abscheu übermannt.

Und da, aus dem beschmutzten Staub,
ergebt sich wunderbar des Tabaks Blüte:
Langsames Gift, das uns das Leben raubt,
göttlicher Trost dem Herzen und Gemüte.

Die Zigarette

Der Arzt, mit dem ich über meine Raucherleidenschaft gesprochen habe, riet mir, ihre Entwicklung darzustellen und diese Arbeit damit zu beginnen:

«Schreiben Sie nur, schreiben Sie! Sie werden sehen, wie bald man dazu kommt, sich selber zu erkennen.»

Ich glaube, daß ich über das Rauchen ruhig hier an meinem Tisch schreiben kann; daß es dazu nicht erst nötig ist, träumend in jenem Klubsessel zu liegen. Zwar weiß ich nicht, wie ich beginnen soll. Alle Zigaretten, die ich je geraucht habe, mögen mir beistehen. Sie glichen alle der einen, die ich hier in der Hand halte.

Sofort fällt mir etwas ein, das ich schon lange vergessen hatte: Die ersten Zigaretten meiner Jugend sind heute nicht mehr im Handel. Sie wurden um das Jahr 70 in Österreich erzeugt und in kleinen, mit dem Doppeladler geschmückten Schachteln verkauft. Halt: Eine solche Schachtel weckt sofort in mir die Erinnerung an mehrere Personen. Ich sehe ihre Züge so deutlich, daß ich mich auch gleich ihrer Namen entsinne; sonst aber interessiert mich die Begegnung kaum. Dennoch versuche ich, mehr zu erreichen. So lege ich mich wieder in den Klubsessel. Die Gestalten verblassen, verzerren sich zu Karikaturen, die über mich aus vollem Halse lachen. Ich gehe entmutigt an meinen Tisch zurück.

Eine dieser Gestalten ist Giuseppe, ein junger Bursche mit etwas heiserer Stimme. Er war damals so alt wie ich. Die andere Gestalt ist mein jüngerer Bruder, der nun seit vielen Jahren tot ist. Giuseppe mußte, wahrscheinlich von seinem Vater, viel

Geld haben, denn er schenkte uns jene Zigaretten. Ich weiß genau, daß er meinen Bruder reichlicher bedachte als mich. Ich war also genötigt, mir selber mehr zu verschaffen, und so kam es, daß ich stahl. Im Sommer ließ mein Vater gewöhnlich seine Weste auf einem Stuhl im Speisezimmer liegen. In einer der Taschen war immer etwas Kleingeld zu finden: ich nahm mir nur die zehn Kreuzer, die zum Kauf der heißersehnten Schachtel reichten. Sofort begann ich mit der ersten Zigarette und rauchte alle zehn hintereinander. Die Beute, die den Dieb verraten konnte, mochte ich nicht allzulange bei mir behalten.

Das alles schlief in der Erinnerung. Jetzt erst erwacht es, weil ich weiß, daß es vielleicht von Bedeutung sein kann. Da habe ich also den Ursprung dieses Lasters aufgedeckt. Vielleicht (kann man es wissen?) bin ich dadurch schon geheilt. Ich zünde mir – nur zum Versuch – eine letzte Zigarette an. Möglich, daß ich sie voll Ekel gleich wieder fortwerfe.

Nun erinnere ich mich, wie es war, als mich mein Vater eines Tages beim Durchsuchen seiner Weste überraschte. Mit einer Frechheit, die ich heute abscheulich finde (wer weiß, ob dieser Abscheu nicht für meine Kur bedeutsam ist) und die ich nie mehr aufbrächte, sagte ich: «Ich wollte einmal wissen, wieviel Knöpfe so eine Weste hat.» Mein Vater lachte über meinen Hang zur Mathematik oder zur Schneiderei und merkte gar nicht, daß meine Hand in seiner Westentasche stak. Zu meiner Ehre kann ich sagen, daß dieses Lachen, das meiner vermeintlichen Harmlosigkeit galt, genügte, mich von weiteren Diebstählen abzuhalten. Das heißt: Ich stahl zwar weiter, aber ohne es zu wissen. Es kam oft vor, daß mein Vater die halbgerauchten Virginiazigarren am Rand von Tischen oder Schränken liegenließ. Ich dachte, daß dies seine Art sei, sie fortzuwerfen, und daß unsere alte Magd Catina sie ohnedies wegräumen würde. So rauchte ich sie heimlich. Aber schon wenn ich sie einsteckte, überlief mich ein Schauer, da ich wohl wußte, wie übel mir davon werden würde. Dann rauchte ich so lange, bis meine Stirn in kalten Schweiß und mein Magen in Zuckungen geriet. Man kann nicht behaupten, daß ich in meiner Jugend zuwenig Energie besessen hätte.

Ich erinnere mich, daß mich mein Vater auch von diesem Übel geheilt hat. Einmal kam ich müde und schweißgebadet von einem sommerlichen Schulausflug nach Hause. Meine Mutter half mir beim Auskleiden, hüllte mich in einen Bademantel und legte mich auf ein Sofa zur Ruhe. Dann setzte sie sich zu mir und nahm eine Näharbeit in die Hand. Ich war dem Schlaf schon nahe, aber der Augenblick des Hinübergleitens in die Traumwelt wollte nicht kommen, da meine Augen noch voll Sonne waren. Ich fühle so deutlich die Süße, in diesem Alter nach irgendeiner gewaltigen Anstrengung auszuruhen, daß es mir vorkommt, als läge ich noch immer dort neben dem lieben Körper, der heute nicht mehr lebt.

Es war in dem kühlen und großen Zimmer, in dem wir als Kinder spielten und das jetzt in zwei Hälften geteilt ist, da unsere Zeit mit dem Raum spart. In der Erinnerung an diese Szene vermisse ich meinen Bruder. Ich wundere mich darüber – hatte er nicht an dem Schulausflug und an der Rast nachher auch teilgenommen? Vielleicht schlief er am anderen Ende des riesigen Sofas. Ich betrachte diesen Platz, aber es kommt mir vor, als sei er leer. Ich sehe nur mich, in einer Ruhe, die süß ist; ich bemerke noch meine Mutter und schließlich meinen Vater, dessen Worte im Raum widerhallen. Er war eingetreten und hatte mich nicht gleich bemerkt. Er rief laut:

«Maria!»

Meine Mutter bewegte fast unmerklich die Lippen und deutete mit der Hand auf mich, den sie in tiefem Schlaf glaubte. Ich aber war über die Grenze seines Reiches noch nicht geglitten und sah und hörte noch alles klar. Es gefiel mir aber, daß mein Vater auf mich Rücksicht nehmen mußte, und deshalb rührte ich mich nicht.

Mein Vater sagte leise und traurig:

«Ich glaube, ich verliere den Verstand. Ich bin fast sicher, vor einer halben Stunde eine angerauchte Zigarre auf diesem Schrank liegengelassen zu haben. Jetzt finde ich sie nicht mehr. Es muß schlimm mit mir stehen. Die Dinge schwinden aus meiner Erinnerung.»

Meine Mutter unterdrückte ein Lachen, aus Angst, mich aufzuwecken. Sie erwiderte, gleichfalls leise:

«Es war doch niemand nach dem Mittagessen in diesem Zimmer.»

Mein Vater brummte:

«Das weiß ich. Gerade darum glaube ich ja verrückt zu werden!»

Er drehte sich um und ging hinaus. Nun öffnete ich halb die Augen und sah die Mutter an. Sie saß wieder über ihre Arbeit gebeugt und lächelte noch. Wahrscheinlich glaubte sie nicht an eine Krankheit meines Vaters, da sie so über seine Angst lächeln konnte. Ich habe dieses Lächeln in der Erinnerung festgehalten und erkannte es sofort wieder, als ich es einmal auf den Lippen meiner Frau fand.

Später erschwerte nicht mehr Geldmangel die Befriedigung meines Lasters; um so verlockender wurde es durch das Verbot.

Ich rauchte viel und suchte dazu alle möglichen Verstecke auf. Besonders erinnere ich mich an einen finsteren Keller, wo ich einmal nach einer halben Stunde von furchtbarem Unwohlsein befallen wurde. Ich befand mich dort mit zwei anderen Jungen, und ich entsinne mich nur ihres Knabenanzuges: zwei kleine Hosen, die stramm gestrafft sind. Die Körper sind von der Zeit in nichts aufgelöst worden. Wir hatten viele Zigaretten und veranstalteten ein Wettrauchen. Ich gewann und verbarg heroisch mein Unwohlsein, die Folge dieses seltsamen Experimentes. Schließlich gingen wir wieder hinaus in die frische und sonnige Luft. Ich schloß die Augen, um nicht sofort ohnmächtig hinzufallen. Dann erholte ich mich langsam und freute mich laut meines Sieges. Einer der beiden Kleinen sagte:

«Mir macht es gar nichts, daß ich verloren habe. Ich rauche nur, solange es mir Spaß macht.»

Dieses gesunden Wortes entsinne ich mich deutlich; das Kindergesicht aber, das damals vor mir war, habe ich vergessen.

Damals konnte ich noch nicht sicher sagen, ob ich die Zigarette, ihren Geschmack und den Zustand, den ich dem Nikotin verdankte, liebte oder haßte. Später habe ich verstanden, daß ich das alles haßte, was die Sache noch viel schlimmer gemacht hat. Dies wurde mir plötzlich bewußt, als ich ungefähr zwanzig Jahre alt war und einige Wochen lang an starken Halsschmerzen und hohem Fieber litt. Der Arzt verordnete mir Bettruhe und verbot das Rauchen absolut. Ich erinnere mich genau des Wortes «absolut»! Es machte tiefen Eindruck auf mich, und das Fieber verlieh ihm Gestalt: Ich sah den leeren Raum und hatte nichts, um dem ungeheuren Druck widerstehen zu können, den leere Räume stets erzeugen.

Als der Arzt fort war, blieb mein Vater noch bei mir (meine Mutter war schon seit vielen Jahren tot), rauchte seine Zigarre und leistete mir ein wenig Gesellschaft. Bevor er fortging, legte er leicht die Hand auf meine glühende Stirn und sagte:

«Nicht rauchen, du!»

Da kam über mich eine ungeheure Erregung. Ich dachte: «Es schadet mir, ich will es nie mehr tun. Nur ein einziges und letztes Mal will ich noch rauchen.» – So zündete ich mir eine Zigarette an. Sofort verließ mich jede Erregung, obwohl das Fieber noch stärker wurde und ich bei jedem Zug meine Kehle brennen fühlte, als würde ein glühendes Holzstück hineingestoßen. Mit der Gewissenhaftigkeit, mit der man ein Gelöbnis einhält, rauchte ich die Zigarette zu Ende. Und unter ungeheuren Schmerzen rauchte ich während meiner Krankheit noch viele andere. Mein Vater kam und ging und rauchte selber seine Zigarre und sagte dabei:

«Bravo! Noch ein paar Tage ohne zu rauchen, und du bist gesund!»

Dieser Satz genügte. Ich brannte vor Erwartung, daß er aus dem Zimmer gehe, um rasch, rasch zu meiner Zigarette zu kommen. Ich stellte mich oft schlafend, um ihn früher von mir wegzubringen.

Dieses Leiden verschaffte mir mein zweites: die ohnmächtige Bemühung, das erste loszuwerden. Täglich wechselten Zigaretten und strenge Vorsätze, nicht mehr zu rauchen, miteinander ab. Ja, um alles zu sagen, im allgemeinen ist es heute auch nicht anders. Die unendliche Reihe der «letzten Zigaretten», die damals, in meinem zwanzigsten Lebensjahr, anfing, ist heute noch nicht abgeschlossen. Freilich sind die Vorsätze nicht mehr so streng. Ich bin älter geworden und nachgiebiger gegen meine Schwächen. Wenn man alt wird, lächelt man über das Leben und alles, was es enthält. Heute kann ich offen sagen, daß ich viele Zigaretten rauche ... die noch lange nicht die letzten sind.

Auf dem Titelblatt eines Wörterbuches finde ich folgende kalligraphierte und mit seltsamen Schnörkeln versehene Bemerkung:

«Heute, am 2. Februar 1886, gebe ich das juristische Studium auf und fange mit der Chemie an. Letzte Zigarette!!»

Es war eine letzte Zigarette, die für mich bedeutsam blieb. So viel Hoffnung hängte ich daran!

Ich erkannte plötzlich, wie fern und abseits das Kirchenrecht vom wirklichen Leben lag, ließ es ärgerlich im Stich und warf mich einer Wissenschaft in die Arme, die mir das Leben selber zu sein schien, wenn auch in einer Glasphiole eingeschlossen. Im Rauch dieser letzten Zigarette erstand der Wunsch nach irgendeiner aktiven (auch manuellen) Betätigung und nach klarem, trockenem und exaktem Denken.

Aber später, als ich wieder an die Reihe der Kohlenstoffverbindungen nicht glauben konnte, kehrte ich zum Jus zurück. Das war leider ein großer Irrtum! Auch er wurde mit einer «letzten Zigarette» gefeiert, deren Datum ich gleichfalls in irgendeinem Buch vermerkt finde. Auch diese Zigarette blieb nicht ohne Bedeutung. Ich fügte mich darein, zu den Problemen und Varianten des Mein, Dein und Sein mit den allerbesten Absichten zurückzukehren, und sagte mich endgültig von den Kohlenstoffverbindungen los. Es schien bewiesen, daß ich für das chemische Studium nicht geeignet war, allein schon wegen meiner ungeschickten und unsicheren Hände. Wie hätten die auch anders sein können, da ich unaufhörlich wie ein Türke rauchte?

Eben jetzt, da ich darüber nachzudenken beginne, befallen mich Zweifel: habe ich deshalb von der Zigarette niemals lassen können, weil ich ihr alle Schuld an meiner Unfähigkeit zuschrieb? Wäre ich wirklich der ideale, lebenstüchtige Mensch geworden, wenn ich das Rauchen aufgegeben hätte? Vielleicht hat mich gerade dieser Zweifel an mein Laster gefesselt. Es ist ja so bequem, sich groß zu glauben – vermöge einer latenten Größe. Ich versuche diese hypothetische Erklärung meiner Jugendschwäche ohne rechte Überzeugung. Jetzt, da ich alt bin, da man nichts mehr von mir fordert, gelange ich noch immer von einer Zigarette zu einem guten Vorsatz und von einem guten Vorsatz zu einer Zigarette. Was sollen mir jetzt noch gute Vorsätze? Möchte ich gar wie jener alte Apostel der Hygiene, den Goldoni auf die Bühne gestellt hat, in voller Gesundheit sterben, nachdem ich mein ganzes Leben lang krank gewesen bin?

Als ich Student war, wechselte ich einmal die Wohnung und mußte die Wände des Zimmers, das ich verließ, neu tapezieren lassen, weil ich sie über und über mit Daten bedeckt hatte. Ich verließ das Zimmer wie einen Friedhof meiner guten Vorsätze. Ich hatte sie alle dort begraben und hielt es nicht mehr für möglich, an demselben Ort noch einmal neue zu schmieden. Ich bin überzeugt, daß die Zigarette anders und bedeutsamer schmeckt, wenn sie die letzte sein soll. Auch andere können einen eigenen Geschmack haben, aber nie einen so intensiven. Die letzte Zigarette hat das Aroma des Gefühls eines Sieges über sich selbst, der Hoffnung auf eine baldige Ära voll Kraft und Gesundheit. Andere Zigaretten besagen, daß man seine eigene Freiheit besitzt, indessen man raucht, und daß gleichwohl jene Ära voll Kraft und Gesundheit weiter in hoffnungsvoller Nähe bleibt, wenn auch auf etwas später verschoben.

Die Daten auf den Zimmerwänden waren von äußerster Buntheit. Teilweise hatte ich sie mit Ölfarben aufgetragen. Mein Vorsatz, von Ehrlichkeit durchdrungen, fand seinen rechten Ausdruck in der Kraft der Farbe, die alle Farben vorhergegangener Vorsätze überschreien und zum Verblassen bringen sollte. Mit bestimmten Daten beschäftigte ich mich intensiv, da ihre Ziffern sonderbar miteinander harmonierten. Einem Datum aus dem vorigen Jahrhundert schrieb ich die Fähigkeit zu, mein Laster zu beenden: «Der neunte Tag des neunten Monats des Jahres 1899.» Ein bezeichnendes Datum, nicht wahr? Das neue Jahrhundert schenkte mir Daten, die wieder von anderer musikalischer Übereinstimmung waren: «Der erste Tag des ersten Monats des Jahres 1901.» Heute noch glaube ich, daß ich imstande wäre, ein neues Leben zu beginnen, käme nur einmal so ein Datum wieder.

Aber im Kalender ist an Daten kein Mangel. Mit etwas Phantasie könnte man eigentlich jedes mit einem guten Vorsatz in Einklang bringen. Dieses zum Beispiel schien mir einen kategorischen Imperativ zu enthalten: «Der dritte Tag des sechsten Monats des Jahres 1912, 24 Uhr.» Wie das klingt: als hätte jede Zahl den Einsatz der vorhergegangenen verdoppelt.

Über das Jahr 1913 war ich einen Augenblick lang stutzig. Da fehlte ja der dreizehnte Monat, der mit der Jahreszahl übereinstimmen sollte. Aber man glaube nicht, daß so viele mathematische Beziehungen in einem Datum nötig sind, um zu einer «letzten Zigarette» Anlaß zu geben. Viele Daten, die ich in Büchern oder auf Bildern, die ich liebe, vermerkt gefunden habe, sind doch gerade durch ihre innerliche Beziehungslosigkeit auffallend. Zum Beispiel: «Der dritte Tag des zweiten Monats des Jahres 1905, 6 Uhr!» Sieht man genauer hin, so hat auch dieses seine besondere Beziehung: jede Zahl verneint ganz einfach die vorhergehende. Auch viele Ereignisse, genaugenommen alle seit dem Tod des Papstes Pius IX. bis zur Geburt meines Sohnes, erschienen mir wichtig genug, um durch den lang gewohnten, unabänderlichen Vorsatz zelebriert zu werden. Meine Verwandten staunen über mein unerhörtes Gedächtnis für die glücklichen und unglücklichen Jahrestage der Familie und halten mich deshalb für einen teilnehmenden und guten Menschen!

Um vor mir selber nicht dumm zu erscheinen, versuchte ich, meiner fixen Idee der letzten Zigarette einen philosophischen Sinn zu unterschieben. Man sagt mit großer Gebärde: «Nie, nie mehr!» Und was geschieht mit der Gebärde, wenn man sein Versprechen hält? Diese Gebärde bleibt eben nur dann in der Welt, wenn man den Vorsatz immer wieder erneuert. Und außerdem ist ja die Zeit für mich nicht jenes Unbegreifliche, das niemals stehenbleibt. Zu mir, zu mir allein kommt sie zurück.

Die Krankheit ist eine Überzeugung. Ich wurde mit dieser Überzeugung geboren. Von der Krankheit, an der ich im Alter von zwanzig Jahren litt, wüßte ich nichts mehr, hätte ich nicht mit einem Arzt darüber gesprochen. Es ist merkwürdig, wie man sich an gesprochene Worte besser erinnert als an Gefühle, die niemals zu einer sprachlichen Form gelangt sind.

Ich besuchte diesen Arzt, der nervöse Leiden auf elektrischem Wege heilen sollte. Ich hoffte, die Elektrizität würde mir vielleicht die Kraft verleihen, das Rauchen aufzugeben.

Der Arzt hatte einen dicken Bauch. Sein asthmatischer Atem begleitete das Geräusch der Elektrisiermaschine. Sie wurde gleich bei meinem ersten Besuch in Tätigkeit gesetzt. Ich hatte erwartet, daß der Arzt durch das Studium meines Körpers das Gift entdecken werde, das mein Blut verdarb. Ich war enttäuscht. Er erklärte, ich sei von ganz gesunder Konstitution. Ich klagte über schlechte Verdauung und mangelnden Schlaf, er aber nahm an, daß mein Magen zuwenig Säure entwickle und daß die peristaltischen Bewegungen (er wandte diesen Ausdruck so oft an, daß ich ihn nie wieder vergaß) zuwenig lebhaft seien. Er verschrieb mir eine Säure, die mich ruiniert hat; seither leide ich an einem Überschuß an Säure.

Da wurde mir plötzlich klar, daß er niemals von selbst das Gift in meinem Blut entdecken werde. Ich äußerte meine Vermutung und fragte ihn direkt, ob das Nikotin nicht schuld an meinem Zustand sei. Ich wollte ihm helfen. Mit Mühe hob er seine breiten Schultern.

«Peristaltische Bewegungen, Säure, das Nikotin hat nichts damit zu tun!»

Ich wurde siebzigmal elektrisiert. Wahrscheinlich hätte die Behandlung noch lange fortgedauert, wenn ich ihr nicht selbst ein Ziel gesetzt hätte. Ich erwartete ein Wunder, wenn ich zu diesen Ordinationen ging. Ich hoffte, den Arzt davon zu überzeugen, daß er mir endlich das Rauchen verbieten müsse. Wer weiß, wie alles geworden wäre, hätte mich in meinen guten Vorsätzen ein ärztlicher Befehl bestärkt.

Diesem Arzt schilderte ich meine Krankheit ungefähr so: «Ich kann nicht studieren. Wenn ich, was selten vorkommt, zeitig zu Bett gehe, bleibe ich bis zum Läuten der ersten Morgenglocken wach. Darum pendle ich auch zwischen dem juristischen und dem chemischen Studium hin und her: beide Wissenschaften erfordern eine feste Tageseinteilung, ich aber weiß nie, wann ich aufstehen kann.»

Herr Äskulap, die Augen unausgesetzt auf seine Quadranten statt auf seinen Patienten gerichtet, erklärte dezidiert:

«Die Elektrizität heilt jede Schlaflosigkeit.»

Dann sprach ich so mit ihm, als verstünde er bereits etwas von Psychoanalyse, deren Wege ich als einer der ersten schüchtern ging. Ich berichtete ihm von meinen Miseren mit Frauen. Eine einzige genügt mir nicht. Auch nicht viele. Alle begehre ich! Auf der Straße bin ich unendlich leicht erregbar. Alle, die vorbeigehen, gehören mir. Ich mustere sie frech, in dem Bedürfnis, mich brutal zu gebärden. Ich entkleide sie in Gedanken. Ich lasse ihnen nur die Schuhe. Ich umschließe sie mit meinen Armen und bin erst dann beruhigt, wenn ich sicher bin, sie ganz erkannt zu haben.

Vergebliche Beichte! Worte in die leere Luft gesprochen! Der Doktor schnaufte und sagte dann:

«Ich will nur hoffen, daß die elektrische Behandlung Sie von dieser Krankheit nicht heilen wird. Das fehlte noch! Ich würde keine Ruhmkorffsche Spule mehr anrühren, wenn ich eine solche Wirkung befürchten müßte.»

Er erzählte mir etwas, das er für sehr witzig hielt: Ein Patient, der ein ähnliches Leiden hatte wie ich, ging zu einem berühmten Arzt und bat ihn um Heilung. Die Heilung gelang vollständig. Aber bald darauf mußte der Arzt die Stadt verlassen, weil der geheilte Patient drohte, ihm das Fell über die Ohren zu ziehen.

Ich schrie:

«Meine Erregung ist nicht die normale! Sie stammt von einem Gift, das mir in den Adern brennt!»

Der Arzt murmelte teilnahmsvoll:

«Niemand ist mit seinem Los zufrieden.»

Um ihn zu überzeugen, tat ich selber das, was er versäumt

hatte. Ich sammelte sämtliche Symptome meiner Krankheit und studierte sie eingehend.

Meine Zerstreutheit! Auch sie hinderte mich am Studium. Als ich mich in Graz auf meine erste Staatsprüfung vorbereitete, notierte ich mir sorgsam alles, was ich bis zur letzten dieser Prüfungen brauchte. Was geschah? Kurz vor der ersten Prüfung bemerkte ich plötzlich, daß ich Sachen gelernt hatte, die erst viele Jahre später in Betracht kamen. So konnte ich diese Prüfung gar nicht machen. Natürlich, ich hatte auch die andern Dinge nur flüchtig gelernt; daran war ein Mädchen aus der Nachbarschaft schuld, das übrigens nur in frecher Art mit mir kokettierte, ohne mir mehr zu gewähren. Sowie sie am Fenster erschien, verschwand der Text vor meinen Augen. Was für ein Esel war ich, mich an solche Dinge zu verlieren! – Ich sehe heute noch deutlich im gegenüberliegenden Fenster ihr kleines, weißes Antlitz: oval, von zarten, roten Locken eingerahmt. Ich sah sie an: und schon war's mir, als müßte ich diese Weiße und dieses rötliche Gold sofort auf mein Kissen legen.

Herr Äskulap brummte:

«Koketterie ist nur normal und gesund. In meinem Alter werden Sie nicht mehr kokettieren.»

Heute weiß ich genau, daß ihm der Begriff des Kokettierens überhaupt fehlte. Ich bin jetzt siebenundfünfzig Jahre alt und kann mit Sicherheit sagen, daß ich noch auf dem Sterbebett meiner Pflegerin begehrende Blicke zuwerfen werde, sollte diese nicht meine Frau sein und sollte meine Frau eine halbwegs hübsche Pflegerin zulassen! Oder ich müßte durch die Psychoanalyse geheilt sein. Oder ich müßte das Rauchen aufgegeben haben.

Ich sprach aufrichtig, wie zu einem Beichtvater: Frauen gefielen mir nur in ihren Einzelheiten, nicht an sich, als Ganzes. Bei der einen liebte ich die kleinen, in zierlichen Schuhen steckenden Füße, bei der andern den schlanken oder vollen Hals und die kleinen Brüste. So fuhr ich fort, die anatomischen Bestandteile einer Frau aufzuzählen. Der Arzt unterbrach mich:

«Alles das zusammen bildet eine ganze Frau.»

Darauf antwortete ich etwas, das mir wichtig erschien:

«Die gesunde und normale Leidenschaft liebt die ganze Frau, auch ihren Geist und ihre Seele.»

So eine Leidenschaft war mir bis jetzt fremd geblieben. Doch als ich etwas Ähnliches zu fühlen glaubte, machte mich auch dies nicht gesund. Es scheint mir wichtig festzustellen, daß ich die Spuren der Krankheit dort entdeckte, wo ein Fachmann nichts als Gesundheit sah. Nun hat sich meine Diagnose bestätigt.

Ich fand jemanden, der mich und meine Krankheit besser begriff: einen Freund, der nicht Arzt war. Dieser gab meinem Leben eine neue Melodie, die heute noch nachklingt.

Es war ein reicher Mann, der seinen Müßiggang hinter Studien und literarischen Arbeiten verbarg. Er sprach besser als er schrieb. So konnte die Welt niemals erfahren, was für ein guter Kopf er war. Er war kräftig und dick. Als ich ihn kennenlernte, lag er gerade einer energischen Abmagerungskur ob, die sich schon nach wenigen Tagen als erfolgreich erwies. Dermaßen, daß man gern neben ihm auf der Straße ging, um, wie neben einem Kranken, die eigene Gesundheit besser zu fühlen. Ich beneidete ihn um seine Energie, die ihn alles erreichen ließ, was er wollte, und leistete ihm während seiner ganzen Kur Gesellschaft. Er erlaubte mir, seinen Bauch zu befühlen, der täglich kleiner wurde. Ich sagte, neidisch und mißgünstig und in der Absicht, seinen guten Vorsatz zu verderben:

«Ja, aber sagen Sie mir: Was wollen Sie nach dieser Kur mit soviel Haut anfangen?»

Mit einer Unbedingtheit, die in seinem abgemagerten Antlitz komisch wirkte, antwortete er mir:

«In zwei Tagen beginne ich mit der Massage.»

Seine Kur war Schritt für Schritt vorausbestimmt. Niemand konnte daran zweifeln, daß er alles aufs genaueste einhalten werde.

Dies bewog mich, ihm mein Vertrauen zu schenken. Ich schilderte ihm meine Krankheit. Auch dieser Schilderung erinnere ich mich genau. Ich schloß damit, daß es mir leichter wäre, auf die drei täglichen Mahlzeiten zu verzichten als auf die Zigaretten; denn dazu muß man sich immer wieder mit derselben Anstrengung entschließen, jeden Augenblick, den ganzen Tag lang. Und wenn man mit diesen aufreibenden Entschlüssen ununterbrochen beschäftigt ist, bleibt einem für nichts anderes mehr Zeit; bekanntlich ist nur Julius Cäsar imstande gewesen, sich mit mehreren Problemen gleichzeitig zu beschäftigen. Zwar verlange ja niemand von mir irgendeine Arbeit, solange mein Verwalter Olivi am Leben sei. Aber es gehe jedenfalls nicht an, daß ein Mensch von meiner Sorte nichts anderes auf der Welt tue als träumen oder ohne jegliches Talent Violine spielen.

Der ehemals dicke, nunmehr abgemagerte Mann fand nicht gleich eine Antwort. Als Mensch, der die Methode schätzt, dachte er erst lange nach. Dann erklärte er mir in doktrinärem Ton, zu dem ihn seine Überlegenheit allerdings berechtigte, daß meine Krankheit, meine fixe Idee nicht durch die Zigarette selbst, sondern durch den Vorsatz bedingt sei. In mir hätten sich im Lauf der Jahre zwei Menschen entwickelt: der eine befahl, der andere war Sklave, der, sobald die Zügel locker wurden, aus Lust an der Freiheit dem Willen des Herrn entgegenarbeitete. Es sei notwendig, ihm vollkommene Freiheit zu geben. Gleichzeitig aber müsse ich der Krankheit so gegenübertreten, als ob sie mir völlig fremd und neu wäre. Ich solle sie nicht bekämpfen, sondern vernachlässigen; ich müsse sie vergessen, ihr gewissermaßen den Rücken drehen, wie einer Gesellschaft, die meiner unwürdig ist. Einfach, nicht wahr?

Wirklich, die Sache erschien mir einfach. Es gelang mir mit großer Anstrengung, jeden Vorsatz in mir zu töten, und ich muß zugeben, daß ich es dann tatsächlich mehrere Stunden lang fertigbrachte, nicht zu rauchen. Sowie aber mein Mund vom Rauch gereinigt war, fühlte ich mich so unschuldig wie ein Neugeborenes, und ich bekam wieder eine primitive Lust nach einer Zigarette. Die rauchte ich dann: sie erzeugte schlechtes Gewissen und damit zugleich den Vorsatz, den ich hatte töten wollen. Es war ein anderer, ein längerer Weg, aber er führte zum selben Ziel.

Olivi, die Kanaille, schlug mir eines Tages vor, dem Vorsatz durch eine Wette Kraft zu geben.

Ich glaube, daß Olivi stets so ausgesehen hat wie heute. Ich jedenfalls habe ihn immer nur so gesehen: ein wenig gebückt, aber von kräftiger Konstitution, und immer so alt wie heute, wo er achtzig Jahre zählt. Er arbeitete für mich und tut es noch jetzt. Aber ich liebe ihn nicht. Ich glaube nämlich, daß er mich selbst dadurch vom Arbeiten abgehalten hat.

Also wir wetteten! Die Wette verlor, wer von uns beiden zuerst rauchen würde. Der mußte zahlen, dann konnten wir beide wieder tun, was wir wollten. So versuchte er, die Erbschaft meiner Mutter, die ich selbst verwaltete, zu schmälern, er, der die Aufgabe hatte, mich an der Verschwendung meines väterlichen Erbteils zu hindern!

Jedenfalls – die Wette erwies sich als äußerst schädlich. Jetzt war es damit vorbei, einmal Herr und einmal Sklave zu sein. Jetzt war ich nur noch Sklave. Sklave dieses Olivi, den ich nicht liebte. Ich rauchte sofort. Erst dachte ich daran, ihn zu betrügen und im geheimen viel zu rauchen. Aber wozu dann die Wette? Ich suchte lieber intensiv nach einem schönen Datum für eine letzte Zigarette, einem Datum, das zum Tag der Wette in irgendeiner Beziehung stünde, und glaubte, Olivi würde die Wette darauf eingehen. Aber ich fuhr fort zu rebellieren. Vom vielen Rauchen wurde mir angst und bange. Um mich endlich zu befreien, ging ich zu Olivi und gestand.

Der Alte lächelte, steckte das Geld ein, zog sofort eine große Zigarre aus seiner Tasche und zündete sie mit unendlichem Wohlbehagen an. Ich zweifle aber nicht daran, daß er seinerseits die Wette eingehalten hat. Andere sind eben aus anderem Stoff gemacht.

Mein Sohn wurde drei Jahre alt. Da hatte meine Frau eine gute Idee. Sie riet mir, in ein Sanatorium zu gehen, wo man mir mein Übel abgewöhnen würde. Ich war sofort damit einverstanden, vor allem deshalb, weil mein Sohn, wenn er zu eigener Urteilskraft herangereift wäre, einen geklärten und ruhigen Mann in mir finden sollte. Ein zweiter Grund war, daß es mit Olivis Gesundheit abwärtsging und er mich zu verlassen drohte. So hätte ich plötzlich gezwungen sein können, an seine Stelle zu treten.

Und ich glaubte, zu einer solchen Tätigkeit kaum fähig zu sein – mit all dem Nikotin im Leibe.

Erst hatten wir die Absicht, in die Schweiz zu gehen, die klassische Heimat aller Sanatorien. Dann erfuhren wir durch Zufall, daß ein gewisser Doktor Muli in Triest eine solche Anstalt eröffnet hatte. Ich ließ erst meine Frau mit ihm verhandeln. Er versprach ihr, mir ein kleines Appartement zu reservieren, wo ich von einer Assistentin und mehreren andern Wärtern überwacht werden würde. Als meine Frau mir das wiedererzählte, lächelte sie und brach sogar in schallendes Gelächter aus bei dem Gedanken, daß ich eingesperrt werden sollte. Ich lachte herzlich mit. Zum erstenmal half sie mir bei meinen Heilungsversuchen. Bisher hatte sie meine Krankheit nicht ernst genommen und gemeint, das Rauchen sei eine sonderbare und nicht allzu langweilige Art, sein Leben zu verbringen. Sie schien mir nach unserer Hochzeit recht angenehm überrascht zu sein, daß ich meiner Freiheit nicht nachweinte. Hatte ich doch ganz anderen Dingen nachzuweinen!

Wir fuhren an jenem Tag ins Sanatorium, an dem Olivi dezidiert erklärte, er bleibe keinesfalls noch länger als einen Monat in meinem Dienst. Es war Abend, als wir zu Doktor Muli kamen. Wir hatten zu Hause etwas Wäsche in einen Koffer getan.

Doktor Muli, ein hübscher junger Mann, empfing uns persönlich an der Tür. Es war Hochsommer. Er war klein, nervig; in seinem sonnverbrannten Gesicht funkelten zwei schwarze Augen. Er war von vorbildlicher Eleganz, vom Scheitel bis zur Sohle weiß gekleidet. Ich zollte ihm Bewunderung, die übrigens gegenseitig war.

Ich erriet bald den Grund seiner Bewunderung und sagte, ein wenig irritiert:

«Sie glauben wohl weder an die Notwendigkeit dieser Kur noch an den Ernst, mit dem ich sie auf mich nehme?»

Mit einem leichten Lächeln, das immerhin verletzend war, erwiderte der Doktor:

«O nein, warum? Vielleicht ist die Zigarette für Sie persönlich schädlicher, als sie es nach der Meinung der Ärzte im allgemeinen ist. Es ist mir nur unverständlich, warum Sie nicht versucht haben, die Zahl der Zigaretten einzuschränken, anstatt das Rauchen *ex abrupto* aufgeben zu wollen. Man darf ja rauchen. Man darf nur nicht übertreiben.»

Wahrhaftig, im vergeblichen Bemühen, das Rauchen gänzlich aufzugeben, hatte ich an die Möglichkeit, weniger zu rauchen, gar nicht gedacht. Nun aber war der Ratschlag nur dazu angetan, meinen Vorsatz wankend zu machen. Ich sagte daher ein mannhaftes Wort:

«Lassen Sie mich doch die Kur versuchen, da sie nun einmal beschlossen ist.»

Der Doktor lachte etwas von oben herab: «Versuchen? Sobald Sie sich einmal der Kur unterziehen, muß sie gelingen. Ohne Gewaltanwendung gegen die Wärterin Giovanna werden Sie von hier kaum fortkommen. Außerdem würden die Formalitäten, die dies erfordert, so lange dauern, daß Sie inzwischen Ihr Laster schon längst vergessen hätten.»

Nun standen wir in dem für mich reservierten Appartement. Um dahin zu gelangen, mußte man erst in den zweiten Stock hinauf, dann wieder ins Erdgeschoß hinunter.

«Sehen Sie? Diese Tür hier versperrt den Teil des Erdgeschosses, in dem sich der Ausgang befindet. Nicht einmal Giovanna hat die Schlüssel. Auch sie muß, wenn sie ins Freie will, erst in den zweiten Stock hinaufsteigen. Und sie allein hat die Schlüssel zu der Tür, durch die wir vom Treppenflur hereinkamen. Außerdem übt im zweiten Stock immer ein Wärter Aufsicht. Keine schlechte Einrichtung für ein Sanatorium für kleine Kinder und Wöchnerinnen, nicht wahr?»

Und er begann zu lachen, wahrscheinlich bei dem Gedanken, daß ich mit kleinen Kindern zusammen eingesperrt werden sollte.

Er rief Giovanna und stellte sie mir vor. Ein kleines, verkümmertes Weib von undefinierbarem Alter. Sie mochte zwischen vierzig und sechzig Jahren sein. Graue Haare, kleine, lebhaft leuchtende Augen. Der Doktor sagte:

«Das ist der Herr, mit dem Sie boxen müssen: Darauf machen Sie sich nur gefaßt.»

Sie sah mir forschend ins Gesicht, errötete und rief mit schriller Stimme:

«Ich werde meine Pflicht tun, gewiß, aber nicht mit Ihnen raufen. Wenn Sie mich bedrohen, rufe ich sofort den Wärter, der ein Riese ist. Sollte Ihnen das nicht recht sein, so gehen Sie, wohin Sie wollen. Ich will Ihretwegen meine Haut nicht riskieren!»

Später erfuhr ich, daß ihr der Doktor für die Erfüllung ihrer Aufgabe reichen Lohn versprochen hatte. Dadurch war sie so eingeschüchtert worden. Jetzt aber ärgerten mich ihre Worte. Eine nette Situation, in die ich mich da freiwillig begeben hatte!

Ich rief: «Zum Teufel mit Ihrer Haut!» und wandte mich dann an den Doktor: «Ich wünsche, daß diese Frau mich nicht belästigt. Ich habe einige Bücher mitgebracht und brauche absolute Ruhe.»

Der Doktor wies Giovanna zurecht, worauf sie sich zu entschuldigen versuchte. Es gelang ihr aber nur, mich noch mehr zu reizen.

«Ich habe zwei kleine Töchterchen, und für diese muß ich leben.»

«Ich fände es gar nicht der Mühe wert, Sie umzubringen», erwiderte ich in einem Ton, der die Arme sicherlich nicht beruhigte.

Der Doktor schickte sie aus dem Zimmer, indem er ihr auftrug, im oberen Stockwerk etwas zu holen. Um mich zu beruhigen, schlug er vor, mir jemand anderen an Stelle Giovannas zu schicken. Er fügte noch hinzu: «Sie ist kein schlechter Mensch. Wenn ich ihr nahelege, weniger aufdringlich zu sein, werden Sie sich nie mehr über sie zu beklagen haben.»

Ich tat, als wäre es mir gleichgültig, wer mich bewacht, und erklärte mich mit Giovanna zufrieden. Da ich aber doch sehr aufgeregt war, zog ich zur Beruhigung die vorletzte Zigarette aus der Tasche und rauchte sie mit großer Gier. Dem Doktor erzählte ich, daß ich nur zwei Stück mitgebracht hätte. Schlag Mitternacht wolle ich aufhören zu rauchen.

Meine Frau und der Arzt nahmen zu gleicher Zeit von mir Abschied. Sie sagte lächelnd:

«Da es einmal so weit ist, sei stark.»

Dies Lächeln, das ich sonst so liebte, erschien mir jetzt wie purer Hohn. Gerade in diesem Augenblick entstand in mir ein völlig neues Gefühl, das mein mit solchem Ernst begonnenes Unternehmen schnell zum Zusammenbruch führen sollte. Ich hatte schon vorher ein unangenehmes Gefühl verspürt, und jetzt, wo ich allein war, wurde es mir klar: ich war eifersüchtig auf den jungen Arzt. Er war schön und frei! Seine Kollegen nannten ihn «Venus de medicis». Weshalb hätte ihn meine Frau nicht lieben sollen? Beim Hinausgehen hatte er den Blick auf ihre elegant bekleideten Füße gesenkt. Zum erstenmal seit meiner Heirat war ich eifersüchtig. Traurig! Sicherlich war daran nur schuld, daß man mich schmählich gefangenhielt. Dagegen wehrte ich mich! Das Lächeln meiner Frau war so wie immer gewesen. Keineswegs Hohn darüber, daß ich von zu Hause fort mußte. Es stimmte zwar, daß sie es war, die mich einsperren ließ, obwohl sie mein Laster gar nicht wichtig nahm; aber sie hatte es wohl nur getan, um mir zu helfen. Und dann: Vergaß ich bereits, daß es gar nicht so leicht war, sich in meine Frau zu verlieben? Der Arzt hatte ihre Füße gewiß nur betrachtet, um zu sehen, welche Schuhe er seiner Geliebten kaufen sollte. Und ich rauchte sofort die letzte Zigarette; dabei war es noch gar nicht Mitternacht, sondern erst elf Uhr: für eine letzte Zigarette eine unmögliche Stunde.

Ich schlug irgendein Buch auf. Ich las, ohne zu verstehen, ich sah Erscheinungen. Die Seite, die mir unter die Augen kam, verwandelte sich in eine Photographie des Doktor Muli, den eine Gloriole voll strahlender Schönheit umrahmte. Mein Widerstand war gebrochen! Ich rief Giovanna. Vielleicht würde mich ein kleines Gespräch wirklich beruhigen.

Sie kam und maß mich mit mißtrauischen Augen. Dann rief sie mit ihrer schrillen Stimme:

«Glauben Sie ja nicht, mich an der Erfüllung meiner Pflichten irgendwie hindern zu können.»

Ich erfand lauter Lügen, um sie zu besänftigen. Ich erklärte, daß ich nicht im entferntesten an so etwas dächte, nur hätte mich das ewige Lesen gelangweilt, und ich schlug ihr eine kleine Plauderei vor. Gleichzeitig bat ich sie, mir gegenüber Platz zu nehmen. O Gott, wie ihr Altweibergesicht und ihre Augen, die doch noch jung und beweglich waren wie die eines gehetzten Tieres, mich anwiderten. Ich hatte Mitleid mit mir, der ich in solcher Gesellschaft leben mußte. Ich bin übrigens, auch wenn ich frei bin, außerstande, mir meine Gesellschaft selbst zu wählen. Es sind die anderen, die meine Gesellschaft suchen. Meine Frau zum Beispiel.

Ich bat Giovanna, mich ein bißchen zu unterhalten. Sie sagte, sie wüßte nichts, was mich irgendwie interessieren könnte. Ich drängte sie, etwas von ihrer Familie zu erzählen, und fügte hinzu, daß doch jeder auf dieser Welt so etwas hätte.

Da gehorchte sie und erzählte sofort, daß sie ihre beiden Töchter ins Armenhaus geben mußte.

Ihre Erzählung amüsierte mich. Die so mit dem Armenhaus für sie erledigten achtzehn Monate Schwangerschaft reizten mich sogar zum Lachen. Aber die Erzählerin war stark polemisch veranlagt. Als sie mir beweisen wollte, daß ihr nichts anderes übrigbliebe, da ihr Gehalt zu klein sei, und daß Doktor Muli ein himmelschreiendes Unrecht an ihr begehe, wenn er erkläre, daß zwei Kronen täglich für sie genügten, da doch das Armenhaus ihre ganze Familie erhalte – da konnte ich nicht weiter zuhören. Sie aber schrie: «Und die übrigen Bedürfnisse? Die Kinder sind zwar genährt und gekleidet, aber es fehlt ihnen alles, was sie sonst noch brauchen.»

Und nun ging es los. Sie zählte alles auf, was sie selber für ihre Kinder besorgen mußte. Ich erinnere mich nicht mehr genau, was es war, denn ich lenkte meine Aufmerksamkeit auf andere Dinge, um meine Ohren vor ihrer entsetzlichen Stimme zu bewahren. Ich glaubte, ein Recht auf Vergeltung zu haben:

«Könnte ich nicht eine Zigarette bekommen, nur eine einzige? Ich würde sie mit zehn Kronen bezahlen. Allerdings erst morgen, denn ich habe heute keinen Kreuzer bei mir.»

Giovanna erschrak heftig über meinen Vorschlag. Sie begann wieder zu schreien, erhob sich und wollte hinauseilen, wahrscheinlich um den Wärter zu rufen.

Ich mußte auf mein Vorhaben verzichten, um sie zum Schweigen zu bringen. Und nur um etwas zu sagen und mir eine Haltung zu geben, fragte ich obenhin:

«Aber in diesem Gefängnis wird es doch wenigstens was zum Trinken geben?»

Giovanna erwiderte zu meinem größten Erstaunen in gewöhnlichem Gesprächston und ohne zu schreien:

«Gewiß. Bevor der Doktor fortging, hat er mir diese Flasche Cognac für Sie gegeben. Hier ist sie, wie ich sie bekommen habe. Sehen Sie, ganz unversehrt.»

Ich wußte jetzt, daß mir nichts anderes mehr übrigblieb, als mich zu betrinken. Dahin hatte mich das Vertrauen zu meiner Frau gebracht!

Sofort schien es mir, als lohne mein Laster nicht mehr der Mühe, die ich mir mit ihm gab. Ich rauchte nun schon seit einer halben Stunde nicht mehr, dachte auch überhaupt nicht daran und war nur mit Gedanken über meine Frau und den Doktor Muli beschäftigt. Ich war also vollkommen geheilt, dafür aber unheilbar lächerlich!

Ich öffnete die Flasche und goß mir ein Gläschen von der gelben Flüssigkeit ein. Giovanna sah mir mit offenem Mund zu. Ich wagte nicht, ihr etwas anzubieten.

«Bekomme ich noch mehr Cognac, wenn diese Flasche leer ist?»

In höflichem Konversationston versicherte Giovanna:

«Soviel Sie wollen! Die Verwalterin ist angewiesen, wenn nötig, auch noch um Mitternacht aufzustehen, um Ihren diesbezüglichen Wünschen nachzukommen!»

Ich bin nie geizig gewesen, und so hatte Giovanna sofort ihr vollgefülltes Gläschen. Sie leerte es, bevor sie noch danke sagen konnte. Und gleich darauf stierten ihre lebhaften Augen wieder die Flasche an. Damit brachte sie mich selber auf den Gedanken, sie betrunken zu machen. Aber das war nicht so leicht!

Ich kann nicht alles wiedergeben, was sie mir nach mehreren Gläsern Cognac in ihrem unverfälschten Triestiner Dialekt erzählte. Ich hatte das Gefühl, neben jemandem zu sitzen, dem ich sicherlich mit Vergnügen zuhören würde, wenn mich nicht gerade andere Gedanken beschäftigten.

Zunächst erklärte sie mir, wie sie Gefallen an der Arbeit finden würde. Alle Menschen auf der Welt müßten das Recht haben, täglich ein paar Stunden in einem bequemen Lehnstuhl, jenem ähnlich, in dem sie gerade saß, zu verbringen und eine Flasche guten Schnaps, natürlich nur solchen, der nicht schadet, zu trinken.

Auch ich wollte etwas sagen. Ich fragte sie, ob ihre Arbeit so eingerichtet war, als ihr Mann noch lebte.

Sie begann zu lachen. Von ihrem Mann hatte sie mehr Prügel als Liebkosungen bekommen. Verglichen mit dem, was sie damals arbeiten mußte, kam ihr ihre jetzige Arbeit wie ein Ruhestand vor. Auch bevor ich mit meiner Kur in dieses Haus gekommen war.

Hierauf wurde Giovanna philosophisch und fragte, ob ich glaube, daß die Toten sehen, was die Lebenden tun. Ich bejahte kurz. Aber sie wollte mehr wissen: ob die Toten, wenn sie drüben ankommen, im nachhinein alles erfahren, was sich hier unten ereignet hat, als sie noch lebten.

Einen Augenblick lang amüsierte mich diese Frage. Giovannas Stimme war weich geworden. Sie hatte sie gedämpft, um von den Toten nicht gehört zu werden. Ich fragte:

«Sie haben Ihren Mann betrogen?»

Sie bat mich, nicht zu schreien. Dann gestand sie mir, ihren Mann betrogen zu haben, aber nur in den ersten Monaten ihrer Ehe. Später habe sie sich an die Prügel gewöhnt und ihren Mann geliebt.

Um das Gespräch nicht einschlafen zu lassen, fragte ich weiter:

«Ihre erste Tochter stammt also von dem andern?»

Mit der gleichen gedämpften Stimme gestand sie, daß sie dies schon wegen der Ähnlichkeit für wahrscheinlich halte. Aber es schmerze sie sehr, ihren Mann betrogen zu haben. Sie sagte das lachend, denn das sind Dinge, über die man immer lacht, obgleich sie uns doch zeitlebens weh tun. Sie bedauerte es erst seit dem Tod ihres Mannes, denn früher hatte es ja keinerlei Bedeutung, da er nichts davon wußte.

Mit einer gewissen verwandtschaftlichen Sympathie versuchte ich, ihren Schmerz zu lindern, und sagte: «Ich glaube wohl, daß die Toten alles wissen, daß ihnen aber das meiste davon ziemlich egal ist. Nur die Lebenden leiden darunter!» rief ich dann und schlug mit der Faust auf den Tisch.

Bei dieser Gelegenheit verrenkte ich mir die Hand. Nichts ist geeigneter, neue Gedanken zu erwecken, als physischer Schmerz. Da schien mir noch Rettung möglich. Während mich die Vorstellung peinigte, daß meine Frau meine Gefangenschaft dazu ausnützen könnte, mich zu betrügen, hielt sich der Arzt in Wirklichkeit vielleicht noch in der Anstalt auf. Unter diesen Umständen hätte ich meine Ruhe wiedergefunden. Ich bat also Giovanna, den Doktor zu holen, und gab vor, daß ich ihn dringend sprechen müsse. Eine ganze Flasche versprach ich ihr als Belohnung. Sie wehrte ab, sie sei gar nicht trunksüchtig. Dennoch gehorchte sie sofort, und ich konnte sie polternd die Holzstiege zum zweiten Stock hinaufsteigen hören. Bald danach stieg sie wieder herunter, glitt aber aus, wobei sie aufschrie und einen lauten Spektakel aufführte.

«Hol dich der Teufel!» murmelte ich mit Inbrunst. Wenn sie sich nur den Hals bräche. Das würde meine Lage wesentlich vereinfachen.

Aber bald kam sie wieder lächelnd auf mich zu. In ihrem Zustand spürt man körperliche Schmerzen nicht mehr stark. Sie behauptete, dem Wärter, der eben schlafen gegangen sei, Weisungen gegeben zu haben, damit er jederzeit zur Stelle sein könnte, wenn man ihn brauchte. Bei diesen Worten drohte sie mit dem Finger, lächelte aber dazu, wie um die Drohung zu mildern. Etwas sachlicher sagte sie dann, daß der Doktor, seitdem er mit meiner Frau fortgegangen war, nicht mehr gesehen worden sei. Also zusammen waren sie gegangen! Der Wärter harre selbst schon seit einigen Stunden auf seine Rückkehr, weil ein Kranker seine Hilfe brauche. Länger wolle er nun nicht warten.

Ich sah sie prüfend an, um herauszubekommen, ob das Lächeln, das ihr Antlitz verzerrte, ihr gewöhnliches war oder etwas Besonderes verbarg; ob es etwa daher kam, daß sich der Doktor bei meiner Frau befand anstatt bei mir, dem Patienten. Mich packte ein Zorn, der mein Gehirn in wirblige Drehung brachte. Wie immer stritten sich zwei Personen in mir, von denen die eine einsichtsvoller war und sagte: «Du Esel! Warum glaubst du, daß deine Frau dich gerade jetzt betrügt? Wenn sie das gewollt hätte, hätte sie es wirklich nicht nötig gehabt, dich vorher einzuschließen.»

Die andere, sicherlich die, die rauchen wollte, nannte mich zwar gleichfalls einen Esel, aber nur um dann noch lauter zu schreien: «Bedenk doch, wie bequem es ihnen die Abwesenheit des Gatten macht! Mit dem Doktor, der von dir bezahlt wird!»

Giovanna, die unaufhörlich trank, sagte: «Ich habe vergessen, die Tür zum zweiten Stockwerk abzusperren. Aber ich mag nicht mehr hinaufsteigen. Schließlich ist ja immer jemand oben, und es würde Ihnen übel bekommen, wenn Sie versuchen sollten durchzubrennen.»

«Natürlich!» erwiderte ich mit ein wenig Heuchelei, die genügte, die Ärmste in ihrem augenblicklichen Zustand zu täuschen. Dann trank ich gierig noch einen Cognac und erklärte, daß ich mir jetzt, wo ich soviel Alkohol zur Verfügung hätte, gar nichts aus den Zigaretten machte. Sie glaubte mir aufs Wort. Ferner sagte ich, daß es ja gar nicht mein Wunsch sei, mir das Rauchen abzugewöhnen, sondern der meiner Frau. Sie müsse nämlich wissen, daß ich mich nach der zehnten Zigarette in furchtbarer Weise verwandle. Jede Frau, die mir in solch einem Augenblick gegenüberträte, befände sich in direkter Gefahr.

Giovanna lachte laut und warf sich geräuschvoll in einen Sessel:

«Was? Ihre Frau ist es, die Ihnen die zehn Zigaretten, die Sie brauchen, verbietet?»

«Gewiß tut sie das! Wenigstens mir hat sie's verboten!»

Sie war gar nicht so dumm, diese Giovanna, mit soviel Cognac im Leib. Ihr Lachen schüttelte sie so sehr, daß sie fast vom Sessel fiel. Als sie wieder reden konnte, malte sie sich mit abgebrochenen Sätzen, inspiriert durch meine Krankheit, ein wirklich seltsames Bild aus.

«Zehn Zigaretten ... halbe Stunde ... man richtet den Wekker ... und dann ...»

Ich berichtigte:

«Um zehn Zigaretten zu rauchen, brauche ich ungefähr eine Stunde. Dann eine weitere Stunde, um die Wirkung abzuwarten ...»

Plötzlich wurde Giovanna ernst und erhob sich ohne jede Mühe aus ihrem Sessel. Sie sagte, sie müsse zu Bett gehen, weil ihr der Kopf weh tue. Ich bat sie, die Flasche mitzunehmen, da ich davon schon mehr als genug hätte. Dafür sollte sie mir – so fügte ich heuchlerisch hinzu – am nächsten Tag einen guten Wein besorgen.

Sie aber dachte gar nicht an den Wein. Bevor sie mit der Flasche aus dem Zimmer ging, warf sie mir einen Blick zu, der mir Angst einflößte.

Sie hatte die Tür offen gelassen. Einige Minuten später fiel ins Zimmer ein Päckchen, das ich sofort aufhob. Es waren Zigaretten, elf Stück. Um sicherzugehen, war die arme Giovanna verschwenderisch geworden. Ordinäre Zigaretten waren es, «Ungarische». Die erste, die ich zu rauchen begann, war ausgezeichnet. Ich fühlte mich äußerst erleichtert. Zunächst glaubte ich, daß ich mich nur darüber freute, es diesem Hause ordentlich gezeigt zu haben. Das Haus war vielleicht gut genug, um kleine Kinder einzuschließen, nicht aber einen Mann wie mich. Dann kam mir der Gedanke, daß ich auch meiner Frau ordentlich mitgespielt hatte. Warum hätte sich sonst meine Eifersucht in eine ungefährliche Neugier verwandelt? Ich blieb ruhig auf meinem Platz sitzen und rauchte die ekelhaften Zigaretten.

Nach einer halben Stunde erinnerte ich mich, daß ich aus diesem Hause fliehen mußte, in dem Giovanna auf ihren Lohn noch wartete. Ich zog meine Schuhe aus und trat auf den Korridor. Die Tür zu Giovannas Zimmer war angelehnt. Aus den lauten und regelmäßigen Atemzügen schloß ich, daß Giovanna eingeschlafen war. Vorsichtig stieg ich zum zweiten Stock hinauf, wo ich mir hinter der Tür, auf die Doktor Muli so stolz gezeigt hatte, die Schuhe wieder anzog. Dann gelangte ich auf einen anderen Korridor und schickte mich an, die Stiegen langsam hinunterzusteigen, um keinen Verdacht zu erregen.

Schon war ich auf dem Treppenflur des ersten Stocks angelangt, als eine Dame in eleganter Wärterinnentracht auf mich zukam und höflich fragte:

«Bitte, suchen Sie jemand?»

Sie war recht hübsch. Ich wäre gar nicht abgeneigt gewesen, die zehn Zigaretten an ihrer Seite zu Ende zu rauchen. Ich lächelte sie an, ein wenig frech:

«Ist der Herr Doktor Muli nicht hier?»

Sie machte große Augen:

«Um diese Zeit ist er niemals hier.»

«Können Sie mir nicht sagen, wo man ihn im Augenblick treffen kann? Bei mir zu Hause liegt ein Kranker, der ihn dringend braucht.»

Sie gab mir höflich die Adresse des Doktors, die ich mehreremal vor mich hinsagte, als wollte ich sie memorieren. Ich hatte es nun gar nicht mehr eilig fortzukommen, aber die Dame drehte mir unwillig den Rücken. So wurde ich geradezu aus meinem Gefängnis hinausgeworfen.

Unten öffnete mir eine Frau sofort das Tor. Ich hatte keinen Kreuzer bei mir und sagte leise:

«Das Trinkgeld gebe ich Ihnen das nächste Mal.»

Keiner kennt seine Zukunft. Mir wiederholt sich die Zeit: es war leicht möglich, daß ich hier noch einmal durchging.

Die Nacht war warm und klar. Ich nahm den Hut ab, um noch besser zu spüren, daß ich im Freien war. Ich sah so bewundernd zu den Sternen empor, als lernte ich sie erst eben kennen. Morgen, fern vom Sanatorium, würde ich endlich aufhören zu rauchen. Vorläufig aber verschaffte ich mir in einem Café, das noch offen war, gute Zigaretten. Es war doch unmöglich, meine Karriere als Raucher mit den Zigaretten der armen Giovanna zu beschließen. Der Kellner, der die Zigaretten brachte, kannte mich und gab sie mir auf Kredit.

Vor meiner Villa angelangt, zog ich wie rasend an der Glocke. Erst erschien die Magd am Fenster und dann, nach etwas längerer Zeit, meine Frau. Während ich noch unten wartete, dachte ich vollkommen kalt:

«Es scheint, daß der Doktor Muli da ist.» Kaum aber hatte mich meine Frau erkannt, als schon die ganze stille Straße von ihrem Lachen widerhallte, das nicht geheuchelt sein konnte und das allein genügte, jeden Verdacht zu zerstreuen.

Oben brachte ich noch einige Zeit damit zu, in allen Ecken herumzuschnüffeln. Meiner Frau versprach ich, am nächsten Tage alle meine Erlebnisse zu erzählen, die sie übrigens zu erraten glaubte. Sie fragte:

«Warum legst du dich nicht schlafen?»

Ich entschuldigte mich:

«Mir scheint, daß du während meiner Abwesenheit diesen Kasten an einen andern Fleck gerückt hast.»

Ich habe oft das Gefühl, daß die Möbel in meinem Haus umgestellt werden. Meine Frau tut dies auch wirklich manchmal. Ich sah aber in alle Ecken, ob sich nicht etwa die kleine, elegante Gestalt des Doktors dort irgendwo verborgen hielt.

Meine Frau hatte für mich eine gute Nachricht. Als sie vom Sanatorium nach Hause gegangen war, hatte sie Olivis Sohn getroffen und von ihm erfahren, daß sich der Alte viel besser fühle, seitdem er eine von seinem neuen Arzt verschriebene Medizin benützte.

Im Einschlafen überdachte ich noch alles. Ich war froh, dem Sanatorium entronnen zu sein, denn nunmehr blieb mir genügend Zeit, mich langsam zu kurieren. Mein Sohn, der gerade im Nebenzimmer schlief, war sicherlich noch lange nicht soweit, um mich zum Vorbild zu nehmen oder über mich ein Urteil fällen zu können. Es war absolut nicht nötig, sich zu übereilen.

An Livia

Liebste Livia, ich erhalte Deinen Brief vom 29. und danke Dir für seine Länge, nicht für seinen Ton, denn der ist ungerecht. Du irrst in einem ganz einfachen Tatbestand: Du gehst von der Identität der weiblichen Natur mit der männlichen aus, und die gibt es nicht. Wenn ich Dich diesen Monat lang nicht betrogen habe, so war das ein regelrechter Heroismus, dessen ich mich rühmen wollte, denn wenn Du die schmerzhaften Komplikationen unserer männlichen Natur kenntest, würdest Du mich bewundern. Ich bin von meinem Heroismus entkräftet, krank. Du dagegen hast nichts anderes getan als Deine Pflicht. Ich danke Dir dafür, ich bin Dir dafür verbunden, aber Du wirst einsehen, daß Du nicht das Recht hast, Dich dessen zu rühmen. Ich muß auch das noch hinzufügen: Wenn ich bei meiner heroischen (und vielleicht unvernünftigen, denn eine Sache, die meine Gesundheit so stark beeinträchtigt, kann nicht vernünftig sein) Anstrengung den Eindruck hatte, daß Du mein Opfer nicht recht verdientest – und aus meinen Briefen geht hervor, daß ich das, zu Unrecht, oft glaubte –, kam mir meine Anstrengung sogar noch unvernünftiger vor. Für diese Annahme bitte ich Dich um Entschuldigung, denn sie erwies sich als irrtümlich, nichts weiter. Ich begehrte keine andere Frau, im Gegenteil, es stieß mich sogar ab. Ich kannte eine, bei der ich sicher sein konnte, daß ich mir keine Krankheiten holen würde. Eine beliebige Erleichterung, die mich abstieß. Ich begehrte lediglich mit dem Begehren dessen, der *Cascara sagrada* einnimmt, und ich nahm nicht einmal das ... Worin liegt das Unrecht? Laß nur, Du wirst mich in einem wunderbaren Zustand antreffen. Ich habe zwei, drei Tage nicht geraucht, und ich mußte wieder damit anfangen, denn je besser die Verdauung war, desto schlechter ging es mir. Vor lauter Schnaken und dem übrigen verbrachte ich nicht eine ruhige Nacht. Ich steigerte mich in Erregung und wachte immer öfter wie ein Irrer auf, marterte mich mit Eifersuchtsgedanken, die das ohnehin schon schwere Unwohlsein in Raserei verwandelten. Wegen alldem hoffe ich, daß Du mich für Deinen ganzen Brief um Entschuldigung bittest. Die Natur ist eben so, und ich habe daran keine Schuld; vielmehr habe ich das Verdienst, daß ich, obwohl sie so ist, so gehandelt habe. Ich wiederhole Dir: Du kannst von Glück sagen, daß Du, solange Du mich liebst, keinen Grund zur Eifersucht hast.

Livias neuer Gatte

Nachdem sie sich hatte überzeugen lassen, daß Ettore wirklich tot war (zum Teufel auch! Seit sechs Monaten hatte man ihn nicht mehr zu Gesicht bekommen), ließ sich Livia überreden, einen neuen Gatten zu akzeptieren. Sie empfing ihn in der ehrlichen Überzeugung, ihn gern zu haben. Es war ein schöner Mann, groß, aufrecht, stark, mit makellosen Zähnen und einem Schnurrbart, alles andere als *fin de siècle*; *last but not least* war er reich. Vor seinem Besuch hielt Olga ihr eine Predigt. Sie selbst zweifelte an der frischen Liebe ihrer Tochter und wollte ihr im guten erklären, daß das, was in einer Beziehung nicht vom Herzen diktiert werde, vom Interesse eingegeben werden müsse. «Benimm dich gut und denk daran, daß es für uns vielleicht ein Glück ist, daß Ettore nicht mehr lebt. Dieser hier hat ...», und sie verzog den Mund in einer Weise, die soviel bedeuten sollte wie: Geld. Livia protestierte nicht: Es war zu offensichtlich, und es wäre ein Mangel an gesundem Menschenverstand gewesen, hätte man protestieren wollen. Sie stieß einen Seufzer aus im Gedanken an den Abwesenden, der tot war, erinnerte sich, daß die einzige Ermahnung, die er ihr hinterlassen hatte, darin bestand, glücklich zu sein ... und resignierte. Sie sagte dem Neuankömmling, daß sie ihn seit langem liebe; sie habe ihn aber schon zu Lebzeiten Ettores kennengelernt, und wenn sie ihn nicht sofort geliebt habe, so wegen des Schicksals, bereits verlobt gewesen zu sein. Der andere hörte ihr zu, zutiefst überzeugt von seinem Glück, und während er sich über den schönen schwarzen Schnurrbart strich, sagte er ruhig und mit einem Lächeln, das keinerlei Überraschung ausdrückte: «Ich weiß, ich weiß! Ich habe es bemerkt.» Livia war erstaunt. So hatte sie es nicht gemeint, und sie an der Stelle des Bräutigams hätte, ehrlich gesagt, gezweifelt. Wie leicht war der hier doch zu täuschen! Ettore hatte an allem und jedem seine Zweifel gehabt, der neue Bräutigam dagegen war von jeder Erklärung sofort überzeugt. Olga ging aus dem Zimmer, um den beiden Zeit zu lassen, einander näherzukommen. Er nahm sie sofort in die Arme und drückte ihr einen Erobererkuß auf den Mund; sie fand das zwar etwas hart, aber sie erinnerte sich an die Ermahnungen ihrer Mutter und erwiderte mit einer Geste der Zustimmung die Umarmung, die sogleich durch ein Geräusch an der Tür (Ettores Seele, die sich heftig rührte!) ein Ende fand. So waren sie sich also einig! Erst dann setzte er zu einer Rede an, die er offensichtlich seit längerer Zeit vorbereitet hatte und in der er Livia des langen und breiten erklärte, wie für ihn das Ideal einer Ehefrau aussehe. In manchem sagte er auch Worte, die Ettore schon gesagt hatte. Auch er heiratete eine Frau, um sie ganz für sich zu haben. Nur mit dem Unterschied, daß Ettore nie behauptet hatte, die Frau des Cäsar dürfe nicht einmal Anlaß zu Worten geben, Ettores Frau war eben nicht Cäsars Frau. «Die Vergangenheit gehört dir!» fügte er hinzu. «Aber», und dabei zwirbelte er mit gebieterischer Geste seine Bartspitzen, «ich will sie kennen.» Sie erzählte sie ihm mit einigem Zögern. Sie berichtete ihm von K., und er sagte nichts. Sie berichtete ihm von M., und er lachte sie aus. Endlich wollte sie ihm von Ettore berichten, aber da fiel er ihr ins Wort: «Die Erinnerung an den macht mir keine Sorge», sagte er mit einer ruhigen Überlegenheit, die die Tür schmerzlich quietschen ließ. «Deine Mutter hat mir schon gesagt, daß du ihn aus Mitleid genommen hast.» Sie sah ihn verwundert an, aber die Sache war zu bequem, und so protestierte sie nicht. Ettore war wirklich tot, und doch starb er nun ein zweites Mal.

Ein Kampf

Ein junges Frauenzimmer, das allein lebt und ungeniert Männer in der Wohnung empfängt, ist etwas, das dem gehört, der es nehmen will. So jedenfalls dachten Arturo Marchetti und Ariodante Chigi, ersterer berühmt als Dichter von N., der andere nicht weniger berühmt, jedoch als Akteur, als Fechter, als Mann des Sports. Genauso dachten sie an dem ersten Abend, an dem sie von Rosina empfangen wurden, einer hübschen Blondine, die erst vor kurzem nach N. gezogen war. Ihre Eroberung mußte ein leichtes sein, doch unseren beiden Berühmtheiten wurde sie dadurch schwergemacht, daß sie sich gleichzeitig präsentierten.

Rosina verhielt sich bereits am ersten Abend so, daß sie keinen der beiden kränkte. Ohne Zweifel hatte sie die eindrucksvolle Redegewandtheit des Dichters wahrgenommen, seinen Esprit, die Schönheit seines Gesichts, das zwar leider bartlos, dafür aber mit zwei blauen Augen ausgestattet war, so ausdrucksvoll wie seine Worte. Doch auch die männliche Schönheit des dunkelhaarigen Ariodante blieb nicht ohne Wirkung auf sie, sein ruhiger, aber zuweilen energischer Gestus, seine kraftvolle und schöne Stimme. Die Vorzüge des einen gerieten jeweils zum Nachteil des anderen.

Sie verließen gleichzeitig Rosinas Wohnung, und auf der Straße, ehe sie sich trennten, konnte der Dichter der Versuchung nicht widerstehen, die Absichten seines riesigen Rivalen zu erkunden, und fragte ihn: «Sympathisch, nicht wahr?»

«Sympathisch!» wiederholte Ariodante gleichmütig. «Doch sie geht ein wenig krumm, und das ist schade; wenn sie ihr blondes Köpfchen etwas aufrechter trüge, würde sie eine bessere Figur machen.»

Diese kritische Bemerkung erleichterte Arturos Herz: «Sie scheint ihm nicht zu gefallen; schließlich hat er schon so viele Frauen verführt, daß es bei ihm auf eine mehr oder weniger nicht ankommt.»

Der arme Arturo dagegen hatte sein Leben mit Lesen und Schreiben zugebracht. Seine Jugend blich in den fünfunddreißig Jahren dahin, und er hatte sich gerade eben entschlossen, das neue Element, die Frau, in sein Leben einzuführen. Bisher hatte er sich die Frau als Ideal erträumt, als Lebensziel; er sparte sich auf für dieses Ziel, er wollte seiner Frau ein junges, unverbrauchtes Herz darbieten können. Diese immer und immer wieder erträumte Frau mußte ein ganz besonderes Wesen sein und ein Köpfchen haben, würdig des Lorbeerkranzes, den er darauf setzen wollte. Aber diese Frau kam nicht, und immer wenn er glaubte, sie gefunden zu haben, verweigerte sie den ihr dargereichten Lorbeerkranz – um künstlicher Blüten aus Metall oder bloßen kristallisierten Kohlenstoffs willen. Er war es jetzt leid zu warten und näherte sich Rosina mit dem Gedanken: «Ich will mich wenigstens amüsieren; finde ich etwas Besseres, dann verlasse ich sie, andernfalls mache ich aus ihr den Roman meines Lebens.»

Zu seiner Überraschung traf er auch am nächsten Tag Ariodante bei Rosina an. Der Hüne schien überhaupt nichts zu tun zu haben, wenn er seine Zeit einer Frau widmen konnte, die einen so schlechten Gang hatte.

Arturo verstand es, einen geeigneten Moment zu finden, um sich Rosina zu erklären; er wollte Ariodante zuvorkommen. Seine Worte hatten die Glut einer alten Leidenschaft, dabei waren sie an eine Frau gerichtet, die er erst seit dem Vortag kannte; aber es war ja nicht die Frau, die in ihm diese Liebe hervorgerufen hatte; es war eine alte Liebe, die sich auf eine Frau ergoß.

Rosina schien bewegt, nachdem sie sich von dem eloquenten Arturo hatte überzeugen lassen, daß eine Liebe innerhalb von vierundzwanzig Stunden aufkeimen, wachsen und unermeßlich werden konnte; sie war jedoch so vulgär, den Dichter zu unterbrechen und ihm mit einem Blick auf Ariodante zu sagen: «Auch er hat mir heute fast das gleiche gesagt.» Mit größerer Deutlichkeit konnte man das Problem nicht aufwerfen; ebensogut hätte sie ihm sagen können: «Ich liebe Sie, aber auch er liebt mich.»

Arturo errötete, und man muß gestehen, daß das stärkste Gefühl, das er für den Moment empfand, Bestürzung war. Er wußte, Ariodante war ein Mann, der ihn mit seiner großen Faust in einer Weise hätte zurichten können, daß als einzige Spur seines Daseins auf dieser Erde nur noch seine – veröffentlichten und unveröffentlichten – Gedichte zurückgeblieben wären. Den ganzen Abend über verhielt er sich sehr reserviert, und Rosina, die es bemerkte, war freundlicher mit ihm, aus Furcht, ihn gekränkt zu haben. Er nahm diese Freundlichkeit verlegen auf und behielt dabei Ariodante im Auge, um plötzlichen Angriffen zuvorzukommen. Aber Ariodante rührte sich nicht; er plauderte und betrachtete die beiden jungen Leute mit der Gutmütigkeit eines großen Hundes, der sich von Kindern an den Ohren ziehen läßt und weiß, daß sie ihm nicht viel anhaben können.

Sie standen wieder zusammen auf der Straße, und Arturo zitterte so in der Dunkelheit, daß Ariodante es bemerkte. Voll Fürsorglichkeit fragte er ihn, ob er mit den Nerven zu tun habe, und beim Abschied riet er ihm, viel Wein zu trinken und zu reiten. Arturo ließ sich dadurch beruhigen. «Er ist sehr stark», dachte er, «aber kein Raufbold.»

Er hatte nie davon gehört, daß Ariodante Prügel ausgeteilt hätte, aber als er am nächsten Tag Erkundigungen einzog, erfuhr er von einer Ohrfeige, die Ariodante jemandem verpaßt hatte, der danach einen Monat lang krank gewesen war. Man erzählte ihm, Ariodante habe sich am Fuß verletzt gehabt, und ein Freund, der bei einem Abendessen mit ihm anstoßen wollte, sei ihm versehentlich auf ebendiesen Fuß getreten. In seinem Schmerz habe ihm Ariodante zuerst den Wein, den er noch im Glas hatte, ins Gesicht geschüttet, dann das Glas selbst hinterhergeworfen und ihm schließlich die berühmte Ohrfeige verpaßt.

«Man muß sich von diesen Füßen fernhalten», dachte der Dichter und glaubte, jegliche andere Vorsicht außer acht lassen zu können. Er wußte aus der Theorie, daß das Hauptelement für Erfolg in der Liebe der Mut ist und jedwedes Zögern einem Verzicht gleichkommt.

Er ging mehrmals am Tag zu Rosina, und fast immer traf er dort Ariodante an, so daß er nicht mehr den Mut aufbrachte, ihn zu fragen, wie ihm die junge Frau gefalle. Der Athlet war zu ihm immer sehr höflich, er ließ ihn reden und forderte sogar Rosina zum Zuhören auf; er beanspruchte jedoch auch sein Teil, und so war Arturo seinerseits verpflichtet, sich Berichte über kühne Unternehmungen, Gewaltmärsche, Leistungen der Muskelkraft anzuhören und zu bewundern. Er tat es mit großer Liebenswürdigkeit, aus der ihm eigenen Höflichkeit, aus Angst und weil er hoffte, daß Ariodantes Worte Rosina genauso langweilten wie ihn. Doch Ariodante kam dem Dichter weiterhin wie eine große Mauer vor, die zwischen ihm und Rosina stand: Wenn Ariodante da war, mußte er die schönen Sätze, die er vorbereitet hatte, wieder hinunterschlucken, und diese Sätze, die kein Ventil gefunden hatten, erwärmten bei ihrer Rückkehr wieder den Geist, der sie erzeugt hatte. Als der Dichter gewahr wurde, daß seine Liebe leidenschaftlich geworden war, wurde er, da er Philosophie studiert hatte, auch gewahr, daß es sich um eine zornige Liebe handelte: Er liebte Rosina, weil Ariodante da war.

Er hoffte und glaubte, daß er den Kampf, auf den er sich eingelassen hatte, gewinnen könne. Er verstand zu reden, verstand zu rühren, er befand sich fast in Ausübung seines Metiers; warum sollte er gegen Ariodante nicht gewinnen, der die Unfähigkeit in Person war? Er hielt Rosina für nicht wenig scharfsinnig, und aufgrund der seltsamen Illusion, der sich die Liebhaber über die intellektuellen Fähigkeiten der Geliebten hingeben, überschätzte er zwar die der seinen, aber er täuschte sich nicht bei dem Gedanken, daß sie ihren Neigungen nach ihm gewogener sein mußte als Ariodante. Rosina hatte Freude an der Unterhaltung, am Witz, am Wortspiel, das bereits zu subtil für Ariodantes eingerostetes Gehirn war.

Arturo benahm sich sehr geschickt. Rosina redete gern, und er ließ sie, was einem Literaten schwerfällt, häufig reden und tat so, als lausche er ihr mit religiöser Andacht; er sah sie bei einem Kompliment über die Originalität ihrer Gedanken vor Freude erröten und geizte nicht mehr mit derartigen Lobsprüchen; bevor er ein Gedicht veröffentlichte, brachte er es ihr zur Durchsicht.

Einen Monat später konnte er konstatieren, daß er gegenüber seinem Nebenbuhler viel Terrain gewonnen hatte. Er küßte der Geliebten beide Hände, und einmal gelang es ihm sogar, sie ins Gesicht zu küssen. Außerdem – und das war ein eindeutiges Zeichen, daß er der Favorit war – erzählte sie ihm alles, was Ariodante unternahm, um sie herumzukriegen, und lachte mit ihm darüber.

Für ganz kurze Zeit fühlte sich Arturo von diesen Triumphen zufriedengestellt, das heißt, solange es ihm vorkommen konnte, als mache er Fortschritte; als er aufhörte voranzukommen, wurde er so wütend, als mache er Rückschritte. Er wollte, daß Rosina seine Geliebte wurde, de facto und in aller Öffentlichkeit, und stieß dabei auf einen Widerstand, der ihm ernsthaft erschien: Er verlangte, daß Rosina Ariodantes Besuchen ein Ende setze, aber Rosina weigerte sich und sagte entschuldigend, daß sie niemanden aus dem Haus jagen könne, der sich immer anständig benommen habe.

Arturo hatte Ariodante mit ungenierter Schöntuerei behandelt, ehe es ihm gelungen war, Rosina auf seine Seite zu ziehen, und er hatte ihm geschmeichelt, wie nur die Dichter zu schmeicheln vermögen, mit dick aufgetragenen Schmeicheleien, denen irgendeine originelle Formulierung den Anschein von Aufrichtigkeit und vielleicht sogar von Wahrheit verlieh. Er lobte Ariodantes Figur, seine Gewandtheit und seine Kraft, die ihm zutiefst verhaßt war. Ariodante nahm diese Schmeicheleien so freundlich entgegen, wie man eben Lob empfängt, von dem man weiß, daß man es verdient. Er war daran gewöhnt: allerdings an ungeschlachtere, denn die Wärme, die Arturo hineinlegte, verlieh seinen Schmeicheleien einen Vorzug, den auch Ariodante spürte; er empfand eine große Dankbarkeit seinem Rivalen gegenüber und tat dies gutmütig auch Rosina kund: «Er ist sehr begabt!» sagte er häufig zu ihr mit der Miene dessen, der das zu beurteilen weiß.

Seit er sich jedoch in der Gunst der Herzensdame sah, hatte sich Arturos Verhalten etwas geändert, der Ausdruck seiner Bewunderung für Ariodante wurde gemäßigter, manchmal erlaubte er sich sogar, seine Geringschätzung durchblicken zu lassen, aber mit verdeckten Worten, die Ariodante zwar überraschten und unsicher machten, ihm aber nicht die Gewißheit, beleidigt worden zu sein, geben konnten und damit auch nicht das Recht zu reagieren. Arturo empfand kein Bedürfnis, seinen Rivalen zu beleidigen, da der Sieger ja immer noch er war; an Ariodante wäre es gewesen, zu hassen und anzugreifen. Aber Ariodante dachte gar nicht daran, er fuhr fort, Rosina den Hof zu machen, als ob er das Glück des Dichters nicht bemerkt hätte. Er hegte eine tiefe Verachtung für die Frauen, die er hofierte. Rosina gefiel ihm, doch nicht so sehr, daß er es ihretwegen für angebracht gehalten hätte, irgend jemanden zu beleidigen; der Dichter konnte ihm in der Gunst der Schönen ruhig vorausgehen, ihm genügte es, als zweiter ans Ziel zu kommen. Ihn beunruhigte keiner der geistigen Wünsche, die Arturo quälten. Er war zwar immer da, aber nicht als Feind; er machte Rosina gewissenhaft den Hof, aber ohne sich ein unmittelbares Resultat davon zu erwarten.

Trotz der so günstigen Position, die er sich erobert hatte, war Arturo der erste, der die Geduld verlor.

Eines Tages zeigte ihm Rosina, des Lobes voll, Verse, die Ariodante ihr gewidmet hatte. Sie waren aus irgendeinem *Liebesbriefsteller* abgeschrieben, aber das wußte Arturo nicht, und er sah sich durch Rosinas Begeisterung gezwungen, sie schön zu finden, denn er wollte sich nicht auf eine Diskussion einlassen, die den Anschein hätte erwecken können, er spreche aus Neid.

Dieses Vorkommnis hinterließ in ihm eine Wut, die er später selbst als irrational bezeichnete. Ariodantes Sache war also längst nicht so verloren, wie er geglaubt hatte? Und diese Ruhe, diese Gelassenheit Ariodantes, legten die nicht den Verdacht nahe, daß auch ihm die eine oder andere kleine Gunst gewährt wurde? Arturos leicht erregbare Phantasie ließ seinen Argwohn anwachsen, als wären innerhalb weniger Stunden weitere Dinge vorgefallen, die ihn bestätigten; sie gaukelte ihm Bilder vor, deren letztes zeigte, wie Rosina und Ariodante sich küßten. War es nicht möglich, daß Rosina ihn mit Ariodante betrog und Ariodante mit ihm und sich dabei so geschickt verhielt, daß der eine von der dem anderen gewährten Gunst nichts wußte? – Eine rasende Eifersucht durchfuhr sein Herz; er fühlte einen heftigen Schmerz, der ihm wie von außen verursacht erschien.

Arturo beschloß, sich von diesen Zweifeln zu befreien. Wenn die glaubten, ihn hinters Licht führen und sich über ihn lustig machen zu können, dann wußten sie nicht, mit wem sie es zu tun hatten, würden es aber sehr bald erfahren. Er würde den gordischen Knoten durchhauen, da er ihn nicht lösen konnte. Er würde Rosina in eine Position bringen, in der sie gezwungen wäre, sich offen zwischen ihm und Ariodante zu entscheiden. Wenn sie sich für ihn entschied, dann mußte sie ihm das zuallererst dadurch beweisen, daß sie Ariodante vor die Tür setzte, und wenn sie sich weigerte, würde er daraus schließen, daß sie sich für seinen Rivalen entschieden habe, und sie verlassen.

Jawohl, verlassen! Ein Mann wie er hatte nicht das Recht, sich dem Gelächter auszusetzen. Er brauchte keine Rosina; er hatte seine Kunst, seine Göttin: die mußte ihm genügen.

Den Weg zwischen seinem und Rosinas Haus legte er raschen Schritts zurück, wie einer, der es eilig hat, aber mit gesenktem Kopf, wie ein Träumer.

Es war sehr eigentümlich und hing vielleicht mit den Neigungen eines Künstlers zusammen, aber er fühlte sich sehr wohl in der Rolle des Opfers. Oh, wenn sich Rosina für Ariodante entschiede, was für erhabene Worte würde er finden, während er sie verließ! Worte des Grams und der Zuneigung, die den Anschein von Spontaneität hatten. Er würde sie nicht hassen, vielmehr würde sich die Zuneigung, die er ihr entgegengebracht hatte, in ein großes Erbarmen mit ihr, die sie Ariodante bevorzugte, wandeln. Er würde seine Gedanken nicht zu sehr konkretisieren, und nur für den Fall, daß sie ihn fragte, würde er ihr, dann aber in aller Offenheit, sagen, was er von Ariodante hielt, von seinen Muskeln und von seinen Versen.

Als er in Rosinas kleinen Salon trat, bemerkte er, obgleich sie Seite an Seite standen, zunächst nur Ariodante und erst danach Rosina. Arturo machte Anstalten, sofort wieder zu gehen. Die Szene, von der er geträumt hatte, löste sich auf; was hatte er in diesem Dreierzimmer zu schaffen?

Ariodante hielt ihn auf: «Aber Herr Arturo, nur herein!»

Arturo trat ein und ging mit unsicherem Schritt auf Rosina zu.

«Ich fürchtete zu stören», sagte er. Seine Stimme klang so von Bewegung erstickt, daß es ihn selbst überraschte.

«Sie stören niemanden», erwiderte Ariodante.

War es Ironie, oder kam der veränderte Klang der Stimme von den Lippen, die nachlässig eine Zigarre hielten? Im Zweifel beschränkte sich Arturo darauf, Ariodante herausfordernd anzublicken. Damit kompromittierte er sich nicht und beleidigte, wenn er beleidigt worden war. Ariodante hatte nicht die Absicht gehabt, ironisch zu werden, doch verstand er einen herausfordernden Blick leichter als ein kränkendes Wort.

Er erwiderte den Blick mit einem anderen, einem ernsten und drohenden.

Rosina führte regelrecht Selbstgespräche. Sie redete über die Hitze und über den Regen, konnte aber den beiden Männern lediglich einsilbige Antworten entlocken.

«Sie bemerkt meinen Zorn überhaupt nicht», dachte Arturo mit der Bitterkeit des Liebhabers, der von der Geliebten ständig beobachtet und studiert werden möchte. Er verspürte nicht einmal mehr den Wunsch nach der Abschiedsszene; er wollte sich rächen, sie ohne Erklärung verlassen.

Mit leiser Stimme sagte er gänzlich unvermittelt zu ihr, er sei gekommen, um Abschied zu nehmen; es sei notwendig, sich kurz zu fassen, da ein gegenseitiges Verständnis auf solche Schwierigkeiten stoße.

«Störe ich vielleicht?» sagte Ariodante mit einem neugierigen Blick auf Rosina, die vor Überraschung die Farbe gewechselt hatte. Arturo war entrüstet über diese Unterbrechung; man ließ ihn nicht in Ruhe, nicht einmal wenn er ehrenhaft das Feld räumen wollte. Er sah Ariodante ins Gesicht und sagte mit vor Zorn blitzenden Augen: «Sie stören immer, oder zumindest stören Sie mich immer!»

Ariodante wurde blaß. Der brutale, völlig unerwartete Angriff verschlug ihm die Stimme. Er hatte die Zigarre in die Hand genommen und betrachtete sie mit finsterem Blick. «Ach so», murmelte er, «ich störe.» Und dann wieder: «Das wußte ich nicht. Aha! Ich störe also!» Arturo hörte die Worte nicht deutlich, es schien, als ob sich Ariodante gar nicht bemühe, gehört zu werden, und die Lippen nur bewege, um das Denken zu begleiten und zu erleichtern. Der Ton, der dabei herauskam, erinnerte an das drohende Knurren eines großen Hundes, der den Feind nicht verschrecken will, ehe er ihn gepackt hat, sich aber nicht so weit bezähmen kann, ganz still zu sein.

Arturo dachte nicht an diese Ähnlichkeit. Er dachte vielmehr triumphierend, daß Ariodante dabei sei, eine traurige Figur abzugeben: Bei einer Diskussion mußte er die ganze Nichtigkeit seines Geistes offenbaren. Um die Diskussion in die Länge zu ziehen, hielt er es für angebracht, neu anzusetzen, ihr einen freundschaftlicheren Ton zu geben. Ehe er sie wiederaufnahm, lächelte er daher Ariodante zu, ein Lächeln, das humorvoll sein und sowohl Nachsicht heischen wie gewähren sollte; es wurde eine häßliche Grimasse.

Er beabsichtigte, vor Rosina seine Meinung über Ariodantes Verse zu äußern. Eine Diskussion mit dem Autor selbst mußte einem unparteiischen Kritiker immer erlaubt sein.

Er wollte als Sieger aus der Diskussion hervorgehen und fing energisch an, um Ariodante zu überrumpeln. «Warum schreiben Sie Verse», schrie er ihn an, «merken Sie denn nicht, daß diese Verse häßlich sind und daß es eine Indezenz bedeutet, sie anderen zum Lesen zu geben?» Indezenz ist ein in der Kritik gebräuchlicher Ausdruck. Aber Ariodante, der das nicht wußte, sprang auf, als hätte man ihn geohrfeigt.

«Wer gibt Ihnen das Recht, mir Unverschämtheiten zu sagen?» Er hatte zwei Schritte auf Arturo zu gemacht.

Die Feindseligkeiten waren offen entbrannt, und Arturo, äußerst bleich, hatte begriffen, daß es mit jeder kritischen Diskussion vorbei war. Außerdem begriff er, daß an einen Rückzug nicht mehr zu denken war, und machte seinerseits einen Schritt auf Ariodante zu.

Es war Rosina, die den Gang der Ereignisse beschleunigte. Sie warf sich zwischen die beiden Rivalen und rief zu Ariodante gewandt: «Oh, tun Sie ihm nichts an!»

Des Dichters Gesicht verfärbte sich dunkelrot. «Mir etwas antun?» brüllte er. «Das soll der Herr nur versuchen!» Er nahm Rosina bei den Schultern und schob sie weg; schluchzend setzte sie sich hin.

Gegner standen jetzt einander gegenüber. Arturo hatte instinktiv eine Fechterstellung eingenommen. Er legte das ganze Gewicht auf das rechte Bein, das er vorgestellt hatte; das linke, steif und gestreckt, wirkte wie eine Stütze aus Holz. Leider hatte Ariodante wieder seine ganze Ruhe gewonnen: Es ging nicht mehr darum, Worte zu suchen! Er stand nachlässig auf seinen festen Beinen, den Rücken geneigt, die Arme an den Seiten herunterhängend, als wären es leblose Teile; das Gesicht ruhig, fast lächelnd und auch ohne Ironie. «Wenn ich ihm einstweilen eine Ohrfeige verpassen würde?» überlegte der Dichter, als er sah, daß der Gegner sein Gesicht offensichtlich ungeschützt ließ. Die Ohrfeige wäre schon ein großer Gewinn; er wußte, daß eine Ohrfeige alles war, was er Ariodante beizubringen hoffen konnte – nicht zwei! Außerdem erinnerte er sich an gewisse Ehrengesetze, die sein Gegner vielleicht kannte und respektierte, nach denen eine Ohrfeige nicht durch eine andere Ohrfeige erwidert werden darf, sondern es Blut braucht, um die Kränkung zu sühnen … oder aber Entschuldigungen.

Er holte mit der linken Hand aus, sah sie aber auf halbem Weg von Ariodantes Rechter gepackt, die sich plötzlich bewegt hatte. Beim ersten Zusammenstoß hatte Arturo seine vorteilhafte Stellung eingebüßt; der linke Fuß war nach vorn gerutscht, er schwankte.

«Lassen Sie mich los, wollen Sie mich wohl loslassen!» Die Hand, die Ariodante festhielt, tat ihm weh; er schrie und drohte wie ein kleiner Junge. Er versuchte, seine Hand mit Hilfe der freigebliebenen loszubekommen; Ariodantes Rechte öffnete sich halb und packte auch diese. Ariodante war gelassener denn je und lachte offen.

Das war zuviel! In der Wut der Ohnmacht und immer den unbeweglichen rechten Arm Ariodantes neben sich, schlug Arturo seine Zähne hinein. Er fühlte, wie seine Hände frei wurden, aber gleich darauf erhielt er einen Schlag auf den Kopf, der ihn betäubte.

Taumelnd machte er zwei Schritte rückwärts. Vor seinem verschleierten Blick drehte sich alles im Zimmer in einem höllischen Tanz. «Hier werden die Gesetze des Raums übertreten», dachte er, als er zwei Gegenstände an demselben Platz sah. Seine Erinnerung ließ nach. Er sah Ariodante auf sich zukommen, prächtig, mit aufrechtem Oberkörper, fast elegant, die Fäuste geballt, das Auge blitzend, und er fühlte sich noch Künstler genug, um zu bewundern, und verspürte keine Angst. Unwillkürlich senkte er jedoch den Kopf vor einer geballten Faust, und nachdem sie seinen Kopf getroffen hatte, fiel er zu Boden wie ein Lappen, der keine Stütze mehr hat.

Dieser zweite Schlag brachte ihm für einen Augenblick das Gedächtnis zurück. Er erinnerte sich an Rosina und an den Kampf und dachte auch, daß er, sobald er wieder bei Kräften wäre, verpflichtet sei, Ariodante zu fordern; dann verlor er die Besinnung.

Als Arturo wieder zu sich kam, lag er in seinem eigenen Bett. Er fühlte einen heftigen Schmerz am Kopf, und als er mit der Hand danach griff, bemerkte er, daß er einen Verband trug. «Wie zum Teufel bin ich hierhergekommen?» Es kam ihm vor, als habe er diesen fürchterlichen Faustschlag erst vor einer halben Stunde erhalten; die Lebhaftigkeit der Vorstellung wurde durch den heftigen Schmerz am Kopf noch gesteigert.

Von seinem Diener erfuhr er, daß ihn ein großer, kräftiger Mann, in dem Arturo nach ganz wenigen Angaben Ariodante erkannte, nach Hause gebracht habe; der Diener fügte noch hinzu, dieser Herr sei ihm behilflich gewesen, ihn ins Bett zu legen, und danach noch eine gute Stunde dageblieben. Dem Bediensteten war es sogar so vorgekommen, als habe dieser Herr geweint.

«Rosina wird ihn hinausgeworfen haben», dachte Arturo.

Der Tag neigte sich seinem Ende zu; eine große Ruhe herrschte in Arturos bereits dämmrigem kleinen Zimmer. Der Diener saß mitten im Raum, ohne sich zu rühren, wagte kaum zu atmen aus Furcht, seinen Herrn zu stören, den er wieder eingeschlummert glaubte.

Doch in der Dunkelheit des Alkovens hielt der Dichter seine Augen weit offen. Er lag auf dem Rücken, die Decken bis zum Kinn hochgezogen, und träumte. Immer wieder sah er dieselben Gestalten: Rosina, die ihn sanft und traurig ansah und ihm Küsse zuwarf, vornehm gegen Ariodante drohend; Ariodante weinend, wie ihn der Diener gesehen hatte; schließlich sich selbst, etwas angeschlagen, aber edel, von schwacher Muskelkraft, doch mit dem Funkeln der Intelligenz im Blick.

Im Geist dichtete er Verse über diese drei Erscheinungen. Die dritte beschrieb er in einem Sonett, in dem er sie mit der Gestalt eines wehrlosen Propheten gleichsetzte, den man zwar bei lebendigem Leib verbrennen kann, aber dessen Botschaft dennoch überlebt. Als er aus dem Traum auftauchte, lächelte er. Er war überzeugt, sich, ohne es zu wissen, geschickt verhalten zu haben. Die bezogenen Prügel mußten dazu dienen, Ariodante Rosinas Tür vor der Nase zuzuschlagen. Jetzt war er nahe daran, sein Ziel zu erreichen.

Er verbrachte die Nacht in diesen süßen Träumen, und als er am nächsten Morgen erwachte, war er wieder fast vollkommen hergestellt.

Kaum war er wach, brachte ihm der Diener zwei Briefe. Arturo fiel die völlig gleiche äußere Form der beiden Sendungen auf.

Einer der Briefe war von Ariodante. Er bat ihn um Entschuldigung wegen der Tätlichkeiten, zu denen er sich habe hinreißen lassen; er sei bereit, ihm jedwede Satisfaktion dafür zu bieten, hoffe aber, daß diese schriftliche Bitte um Entschuldigung genüge. Arturo schleuderte den Brief voll Verachtung von sich.

Der zweite kam von Rosina. Obwohl er sehr kurz war, fand Arturo bei seiner Lektüre die Zeit, zehnmal die Farbe zu wechseln; dann fiel er keuchend aufs Kissen zurück.

Sie teilte ihm mit, daß sie verreise, und zwar verreise sie mit Ariodante, der ihr jedoch versprochen habe, dem «genialen Dichter» nie mehr etwas anzutun.

Arturo bewunderte Ariodante, so wie er ihn bewundert hatte, als dieser ihn verprügelte.

«Ich hätte es voraussehen müssen», murmelte er.

Liebeslügen

Schon mit den ersten Worten, die er an sie richtete, wollte er sie darauf aufmerksam machen, daß er nicht die Absicht habe, das Risiko einer ernstlichen Liebesbeziehung einzugehen. Er sagte ihr also ungefähr folgendes: «Ich liebe dich sehr und ich möchte, daß wir in deinem Interesse beide sehr vorsichtig sind.» Das klang so vernünftig, daß es schwer war zu glauben, es sei aus Nächstenliebe gesagt worden. Etwas aufrichtiger hätte es lauten müssen: «Du gefällst mir sehr, aber mehr als ein Spielzeug wirst du in meinem Leben nicht sein können. Ich habe andere Verpflichtungen: meine Karriere, meine Familie.»

Seine Familie? Eine einzige Schwester, die weder physisch noch moralisch störte. Sie war klein, blaß, um ein paar Jahre jünger als er, wirkte aber ihrem Wesen nach älter. Vielleicht war es auch ihr Los, als die Ältere zu erscheinen. Von den beiden war er der Egoist, der Junge. Sie lebte ganz für ihn, selbstvergessen wie eine Mutter. Das hinderte ihn nicht, wenn er von ihr sprach, zu erklären, er sei durch die schwere Verantwortung für ein zweites Menschenschicksal belastet und gebunden. Da er eine so große Bürde auf seinen Schultern zu tragen meinte, steuerte er nur mit größter Vorsicht durch das Leben. Er wich allen Gefahren aus, aber auch allen Genüssen – dem Glück. Jetzt, da er fünfunddreißig Jahre alt war, entdeckte er plötzlich in sich eine unbefriedigte Sehnsucht nach Freude und Liebe und empfand auch schon die Bitterkeit, sie nicht genossen zu haben. Gleichzeitig nistete in seinem Hirn eine große Angst vor sich selbst. Er fürchtete seine Charakterschwäche. Die konnte er freilich nur vermuten, denn Erfahrungen darüber hatte er noch nicht gesammelt.

Etwas komplizierter war es um die Karriere Emilio Brentanis bestellt. Sie setzte sich nämlich aus zwei Beschäftigungen mit grundverschiedenen Zielen zusammen. Als unbedeutender Beamter einer Versicherungsgesellschaft verdiente er gerade soviel, wie die kleine Familie zum Leben benötigte. Die zweite Beschäftigung galt der Literatur. Außer einem gewissen Ansehen, das mehr seine Eitelkeit als seinen Ehrgeiz befriedigte, trug sie ihm nichts ein; allerdings strengte sie ihn noch weniger an. Vor vielen Jahren hatte er einen Roman veröffentlicht, der von den Kritikern der Stadt sehr gelobt worden war. Seither hatte er nichts mehr geschrieben. Aus Faulheit, nicht aus Zweifel an sich selbst. Der auf schlechtem Papier gedruckte Roman war längst im Lager des Buchhändlers vergilbt. Aber während Emilio zur Zeit, da das Buch erschien, bloß als eine große Hoffnung für die Zukunft bezeichnet worden war, genoß er jetzt eine gewisse literarische Autorität, die in der bescheidenen künstlerischen Bilanz der Stadt zählte. Das seinerzeitige Urteil war niemals berichtigt worden – es hatte sich sozusagen von selbst weiterentwickelt.

Er war sich der Bedeutungslosigkeit seines Werkes vollkommen bewußt, daher rühmte er sich auch niemals seiner Vergangenheit. Er glaubte vielmehr, daß er sich noch in einem Vorbereitungsstadium befinde, sowohl im Leben wie in der Kunst. Insgeheim verglich er sich mit einer mächtigen, genial ersonnenen Maschine, die noch im Bau ist und noch nicht in Funktion gesetzt wurde. Er lebte ständig in einer ungeduldigen Erwartung von etwas, das seinem Hirn entspringen würde: die Kunst; von etwas, das ihm von außen zufliegen würde: das Glück, der Erfolg. Kurz, er tat so, als wäre für ihn die Zeit der erwachenden Energien nicht schon vorüber gewesen.

Angiolina, blond, mit großen blauen Augen, hoch und kräftig gewachsen, dabei schlank und biegsam, schritt neben ihm her. In ihrem Gesicht strahlten die Farben des Lebens. Ein gesundes Rosa war über den bernsteinfarbenen Unterton ihrer Wangen gebreitet. Sie hielt den Kopf wie unter der Last ihres reichen Goldhaars seitlich geneigt, den Blick gesenkt. Bei jedem

Schritt stieß sie mit ihrem eleganten Sonnenschirm gegen die Erde, als könnte sie sich da unten Rat holen, eine Erklärung verschaffen für die Worte, die sie soeben vernommen hatte. Als sie meinte, verstanden zu haben, sah sie ihn scheu von der Seite an und sagte: «Merkwürdig. Bis jetzt hat noch niemand so zu mir gesprochen.» – In Wirklichkeit hatte sie gar nichts verstanden, aber sie fühlte sich geschmeichelt, weil da einer etwas auf sich nehmen wollte, wozu er nicht verpflichtet war: nämlich Gefahren von ihr abzuwenden. Die Zuneigung, die er ihr in Aussicht stellte, erschien ihr schön und brüderlich.

Nun, nachdem er die Voraussetzungen klargestellt hatte, fühlte sich Emilio beruhigt und fand einen der Situation gemäßeren Ton. Er überschüttete das blonde Haupt mit lyrischen Ergüssen. Die Worte waren in den langen Jahren unerfüllten Verlangens in ihm herangereift, er hatte sie immer wieder zugeschliffen – nun aber, da er sie aussprach, empfand er sie als neu und unverbraucht, so als hätte sie der Augenblick geboren, der warme Glanz von Angiolinas Augen erst erweckt. Er hatte das schon seit vielen Jahren vermißte Gefühl zu dichten, Gedanken und Worte aus seinem tiefsten Inneren heraufzubeschwören. Es war ein Gefühl der Erlösung, als bedeute dieser Augenblick eine friedvolle Pause in seinem freudlosen Leben. Seltsam, unvergeßlich. Die Frau trat in sein Leben! Ihre strahlende Jugend und Schönheit wird es von nun an erhellen und seine traurige, von einsamen Sehnsüchten erfüllte Vergangenheit für immer auslöschen. Sie kündigte ihm eine von keinerlei Risiken bedrohte Zukunft voll Freuden an.

Er hatte sich ihr in der Meinung genähert, ein leichtes und flüchtiges Abenteuer zu erleben, eines jener Abenteuer, von denen er so oft hatte erzählen hören und die ihm noch nie begegnet waren. Zumindest war ihm bisher noch nie eines der Erinnerung wert erschienen. Dieses Abenteuer ließ sich zunächst wirklich an, als würde es leicht und flüchtig sein. Der Schirm war rechtzeitig aus der Hand geglitten, um Emilio einen Vorwand zur Annäherung zu liefern. Außerdem hatte sich der Schirm, wie durch besondere Tücke, in Angiolinas Spitzentaille verfangen und sich erst durch energisches Hinundherzerren losmachen lassen. Als aber dann Emilio dieses überraschend reine Profil sah, aus dem eine prächtige Gesundheit sprach – Gesundheit und Verderbtheit scheinen denjenigen, die von der Phrase leben, unvereinbare Dinge zu sein –, bremste er seinen Anlauf aus Angst, sich in der Adresse geirrt zu haben. Er hielt wie verzaubert inne. Er mußte dieses geheimnisvolle Antlitz mit seinen klaren, süßen Zügen einfach bewundern, und das allein schon gab ihm ein Gefühl der Befriedigung, des Glücks.

Sie hatte ihm nur wenig über sich erzählt. Vollauf mit seinen eigenen Gefühlsregungen beschäftigt, hatte er auch dies wenige kaum aufgefaßt. Sie war, wie es schien, sehr arm; vorläufig aber – sie sagte es mit einem gewissen Stolz – brauchte sie nicht zu arbeiten, um zu leben. Das machte das Abenteuer um so angenehmer, denn die Gegenwart des Hungers stört, wo man sich amüsieren will. Emilios Kenntnisse über Angiolina waren also nicht sehr tiefgehend, er hielt sie aber für hinreichend, um aus ihnen beruhigende Schlüsse ziehen zu können. Wenn sie – was man nach ihrem klaren Blick annehmen durfte – anständig war, dann wollte gewiß nicht er derjenige sein, der sich der Gefahr aussetzte, sie zu verderben; wenn aber Gesichtszüge und Augen trogen, um so besser. Im einen wie im anderen Fall konnte man sich amüsieren, in keinem Fall riskierte man etwas.

Angiolina hatte von Emilios klarstellenden Voraussetzungen nur wenig begriffen, aber sie bedurfte offensichtlich keiner weiteren Erläuterungen, um alles übrige zu verstehen: auch die kompliziertesten Worte haben einen Klang, und der war ganz eindeutig. Ihr Gesicht mit seinen lebendigen Farben strahlte auf, und ihre wohlgeformte, wenn auch große Hand entzog sich nicht, als Emilio einen keuschen Kuß darauf drückte.

Sie hielten sich lange auf der Terrasse von Sant' Andrea auf und blickten zum Meer hinüber, das in der mondlosen, aber sternhellen Nacht ruhig und leuchtend dalag. In der Allee, unterhalb der Terrasse, fuhr ein Wagen vorüber. Das Geräusch der Räder auf der unebenen Fahrbahn drang in der großen Stille, die sie umgab, lange bis zu ihnen hin. Sie unterhielten sich damit, es zu verfolgen, wie es immer leiser wurde, bis es in die allgemeine Stille einging. Sie freuten sich, als es für sie beide im gleichen Augenblick verstummte. Emilio sagte lächelnd: «Was das Ohr betrifft, stimmen wir gut miteinander überein.»

Er wußte nichts anderes zu sagen, er fühlte auch gar kein Bedürfnis, weiter zu reden. Es folgte ein langes Schweigen. Schließlich unterbrach es Emilio und sagte: «Wer weiß, ob unsere Begegnung uns Glück bringen wird?» Er war aufrichtig. An seinem Glück laut zu zweifeln – dieses Bedürfnis empfand er plötzlich.

«Wer weiß?» wiederholte sie und machte den Versuch, in ihre Stimme die gleiche Bewegung zu legen, die sie in der seinen gespürt hatte.

Emilio lächelte neuerdings. Dieses Lächeln aber meinte er verbergen zu müssen. Was konnte das für ein Glück sein, das Angiolina sich von ihm erwartete – nach all den klarstellenden Voraussetzungen, die er entwickelt hatte?

Sie verabschiedeten sich. Sie wollte nicht, daß er sie in die Stadt begleite, er aber konnte sich noch nicht ganz von ihr trennen und folgte ihr in einigem Abstand. Wie reizend war ihre Gestalt! Mit der ganzen Gelassenheit ihres gesunden Organismus schritt sie sicher über das mit einer schlüpfrigen Kotschicht bedeckte Pflaster hin. Es war eine katzenhafte Sicherheit, Kraft und Anmut vereinten sich in ihren Bewegungen.

[...]

◆

Trotz der Dunkelheit erkannte er sie sofort, als sie an der Biegung zum Campo Marzio auftauchte. Er hätte sie auch an ihrem Schatten erkannt. Ihr Schreiten war ohne Rhythmus, wie ein unerschüttertes Gleiten, wie das Vordringen eines Körpers, den eine sichere und zugleich zärtliche Hand heranträgt. Emilio lief ihr entgegen. Jubel stieg in ihm auf, als er ihr Gesicht wiedersah, dieses in seinen natürlichen Farben leuchtende Gesicht, die überraschend, seltsam, lebhaft, gleichmäßig und ohne Makel verteilt waren. Sie war gekommen! Als sie sich an seinen Arm lehnte, meinte er, sie gäbe sich ihm ganz hin.

Er führte sie ans Meer, weit weg von der Allee, wo noch Leute gingen. Am Strand waren sie allein. Er hätte sie gern gleich geküßt, aber er wagte es nicht, obzwar sie ihm, ohne noch ein Wort gesprochen zu haben, aufmunternd zulächelte. Der bloße Gedanke, daß er, wenn er sich dazu aufraffte, seine Lippen auf ihre Augen oder auf ihren Mund drücken konnte, bewegte ihn tief, benahm ihm den Atem.

«Warum sind Sie so spät gekommen? Ich fürchtete schon, Sie würden überhaupt nicht mehr kommen», sagte er, aber sein Ärger war längst verflogen. Wie manche Tiere empfand er das Bedürfnis zu klagen, wenn er liebte. Er glaubte, seine Verärgerung mit der freudigen Feststellung erklären zu können: «Es kommt mir fast ausgeschlossen vor, daß ich Sie jetzt da neben mir habe.» Diese Überlegung verschaffte ihm ein Vollgefühl des Glücks. «Dabei dachte ich, einen schöneren Abend, als den wir vergangene Woche miteinander verbracht haben, könne es gar nicht mehr geben.» Nein, jetzt war er weit glücklicher, denn jetzt mußte er das Glück nicht erst erobern, um es zu genießen.

Viel zu rasch kam es zum Kuß. Nach seiner ersten Anwandlung, sie sofort in die Arme zu schließen, hätte er sich damit begnügt, sie anzusehen und zu träumen. Sie aber begriff Emilios Gefühle noch weit weniger als er die ihren. Er hatte es gewagt, ihr Haar scheu und zärtlich zu streicheln. Lauter Gold. Aber auch ihre Haut sei wie Gold, alles an ihr, fügte er hinzu. Er war der Meinung, damit alles gesagt zu haben. Angiolina war nicht dieser Meinung. Sie wurde einen Augenblick lang nachdenklich, dann sprach sie von einem Zahn, der sie schmerze. «Hier», sagte sie und ließ ihren leuchtenden Mund sehen, ihr rotes Zahnfleisch, ihre festen und weißen Zähne – eine Schmuckkassette voller Edelsteine, die mit unübertrefflicher Meisterschaft angeordnet und gefaßt waren: mit der Meisterschaft der Gesundheit. Ernst küßte er den Mund, der sich ihm darbot.

Ihre maßlose Eitelkeit beunruhigte ihn nicht, er profitierte von ihr. Besser: er bemerkte sie gar nicht. Wie alle Menschen, die nicht wirklich leben, hielt er sich für stärker als die größten Geister, für gelassener als die eingefleischtesten Pessimisten. Er blickte um sich und betrachtete die Dinge, die zu stummen Zeugen des großen Ereignisses geworden waren.

Gar nicht übel. Der Mond war noch nicht aufgegangen, aber auf dem Meer drüben gab es ein irisierendes Leuchten, als wäre die Sonne eben erst über die Wellen hingeglitten und als erglänzten sie noch in dem Licht, das sie von ihr empfangen. Das Blau der Vorgebirge hingegen war von dem tiefen Dunkel der heraufziehenden Nacht umschattet. Alles wirkte ungeheuer, grenzenlos. Das einzig Bewegte in diesem Bild war die Farbe des Meeres. Er hatte das Gefühl, in der Unendlichkeit der Natur und in diesem Augenblick das allein handelnde und liebende Wesen zu sein.

Er fragte sie über die Dinge aus, die er von Sorniani erfahren hatte, und erkundigte sich so endlich über ihre Vergangenheit. Sie wurde überaus ernst und erzählte in dramatischem Ton ihr Erlebnis mit Merighi. Verlassen? Nein, das sei nicht der richtige Ausdruck. Im Gegenteil. Sie sei es gewesen, die das entscheidende Wort gesprochen und Merighi seiner Verpflichtungen enthoben habe. Eines stimme: man habe sie in jeder erdenklichen Weise gequält und sie fühlen lassen, daß man sie als lästige Bürde für die Familie empfand. Merighis Mutter – ein keifendes, altes Weib, bösartig, voll Gift und Galle – habe ihr rundheraus gesagt: «Du bist unser Unglück. Wenn du nicht wärst, könnte mein Sohn die großartigsten Partien machen.» Da habe sie, Angiolina, freiwillig das Haus verlassen und sei wieder zu ihrer Mutter zurückgekehrt. Sie sprach das süße Wort mit aller Süße aus. Bald danach sei sie aus Herzweh erkrankt. Die Krankheit aber sei für sie geradezu eine Erleichterung gewesen, denn das Fieber lösche allen Seelenkummer aus.

Nun wollte sie wissen, von wem er die Geschichte erfahren habe. «Von Sorniani.»

Sie schien sich nicht gleich des Namens zu erinnern. Dann aber rief sie lachend aus: «Das ist doch dieser häßliche, gelbe Kerl, der immer mit Leardi zusammensteckt!»

Sie kannte also auch Leardi. Das war ein junger Mensch, der, obwohl eben erst flügge geworden, bereits einen ersten Platz in der Lebewelt der Stadt einnahm. Merighi habe sie mit ihm schon vor vielen Jahren bekanntgemacht, als sie alle drei noch fast Kinder gewesen waren. Sie hatten miteinander gespielt. «Ich kann ihn sehr gut leiden», schloß sie mit einer Offenheit, die an die Aufrichtigkeit auch ihrer vorangegangenen Erzählung glauben ließ. Brentani, der sich schon beunruhigt fühlte, weil er sich plötzlich dem jungen, draufgängerischen Leardi als Konkurrenten gegenübersah, besänftigte sich wieder bei ihren letzten Worten. Armes Kind! Ehrlich, aber gar nicht schlau.

Wäre es nicht besser, ihr etwas von ihrer Ehrlichkeit zu nehmen und ihr dafür etwas mehr Schläue beizubringen? Kaum hatte sich Emilio diese Frage gestellt, als ihm auch schon die glorreiche Idee kam, die Erziehung des Mädchens in seine Hände zu nehmen. Als Entgelt für die Liebe, die er empfing, konnte er ihr nur eines bieten: Lebenskenntnis und die Kunst, aus ihr Profit zu schlagen. Sein Gegengeschenk war nicht weniger kostbar: mit ihrer Schönheit und ihrer Anmut konnte sie, von einem gewitzten Menschen wie ihm geleitet, siegreich den Lebenskampf bestehen. Sie würde sich somit durch sein Verdienst das Glück erobern, das er ihr nicht bieten konnte. Er wollte ihr sogleich etwas von den Gedanken vermitteln, die ihm durch den Kopf gingen. Er hörte auf, sie zu küssen und zu liebkosen, und um ihr das Laster beizubringen, nahm er die Haltung eines Moralpredigers an.

Mit einer Selbstironie, in der er sich öfters gefiel, begann er sie zu bedauern, weil sie in die Hände eines Menschen gefallen sei, wie er einer war, arm, nicht nur an Geld, sondern auch an anderen Dingen. Ihm fehlten Energie und Mut. Hätte er Mut – und damit machte er ihr zum erstenmal eine Liebeserklärung, die weit ernster war als alle vorangegangenen, seine Stimme klang plötzlich verändert und tief bewegt –, dann würde er sein blondes Mädchen einfach in die Arme schließen, an sich ziehen und mit ihm durchs Leben gehen. Er aber fühle sich dazu nicht imstande. Das Elend zu zweit sei etwas Schreckliches, die furchtbarste aller Sklavereien. Er habe davor Angst, für sich und für sie.

Hier unterbrach sie ihn. «Ich hätte gar keine Angst» – als sie das sagte, schien es ihm, als fahre sie ihm an die Gurgel, um ihn in das Elend hinunterzustoßen, das er so sehr fürchtete –, «ich würde mit dem Mann, den ich gern habe, auch in der Armut zufrieden leben.»

Er tat so, als zögere er einen Augenblick, dann sagte er: «Ich aber nicht. Ich kenne mich. In ärmlichen Verhältnissen könnte ich nicht leben.» Nach einer weiteren kurzen Pause fügte er mit gewichtiger und tiefer Stimme hinzu: «Niemals!» Sie sah ihn ernst von der Seite an und stützte ihr Kinn auf den Griff ihres Sonnenschirms.

Wieder einmal glaubte er, die Dinge klargestellt zu haben. Er erklärte jetzt – und das sollte die Einleitung zu seinem Erziehungswerk sein –, es wäre für sie weit vorteilhafter gewesen, wenn sich ihr, statt seiner, einer der fünf oder sechs jungen Männer genähert hätte, die ihr am Tag ihrer ersten Begegnung zugleich mit ihm bewundernd nachgeblickt hatten: der reiche Carlini, oder Bardi, der bedenkenlos die letzten Jahre seiner Jugend und seines großen Vermögens vergeudete, oder Nelli, ein Kaufmann, der sich krumm verdiente. Jeder von diesen sei in der einen oder anderen Hinsicht mehr wert als er, Emilio.

Einen Augenblick lang fand sie den richtigen Ton: sie war beleidigt! Es war jedoch zu offensichtlich, daß ihre Empörung gekünstelt war. Sie übertrieb. Emilio konnte das nicht entgehen, aber er nahm ihr dieses Theaterspiel nicht übel. Sie warf ihren Körper hin und her, als wollte sie sich mit aller Kraft von ihm losreißen und weggehen. Ihre Kraftanstrengung erstreckte sich jedoch nicht bis in die Arme, an denen er sie festhielt. Sie erduldete seine Umklammerung fast reglos. Er streichelte sie, küßte sie und gab sie dann frei.

Er bat um Verzeihung. Er hätte sich nicht richtig ausgedrückt. Sodann wiederholte er unverfroren das bereits Gesagte mit anderen Worten. Sie griff die neuerliche Beleidigung nicht auf, aber sie bewahrte für eine Weile einen gekränkten Ton in ihrer Stimme: «Glauben Sie ja nicht, daß es für mich dasselbe gewesen wäre, wenn mich einer dieser Herren angesprochen hätte. Denen hätte ich das niemals erlaubt.» Bei ihrer ersten Begegnung glaubte sie sich dunkel erinnern zu können, daß sie sich schon ein Jahr zuvor einmal auf der Straße gesehen hätten. Emilio war also – so erklärte Angiolina – für sie nicht der erste beste. «Ich», versicherte Emilio feierlich, «wollte nichts anderes sagen, als daß ich Sie nicht verdiene.»

Endlich kam er dazu, ihr die Lehrsätze vorzutragen, die ihr, wie er meinte, großen Vorteil bringen sollten. Sie sei zu uneigennützig, fand er, er bedaure sie deswegen. Ein Mädchen in ihrer Lage müsse stets das eigene Interesse wahrnehmen. Was sei denn Anständigkeit auf dieser Welt? Interesse, und nichts anderes! Die anständigen Frauen seien diejenigen, die es verstünden, den meistzahlenden Käufer zu finden und ihre Liebe nur dann zu gewähren, wenn sie dabei auf ihre Rechnung kämen. Während er dies aussprach, hielt er sich für einen überlegenen Immoralisten, der die Dinge so sieht, wie sie wirklich sind, und der sie auch gar nicht anders haben möchte. Die mächtige Gedankenmaschine, als die er sich immer betrachtet hatte, war in Bewegung gesetzt. Eine Woge des Stolzes durchflutete seine Brust.

Überrascht und andächtig hing sie an seinen Lippen. Sie gelangte schließlich zu der Auffassung, anständige Frauen und reiche Frauen seien ein und dasselbe: «Aha! So also sehen diese stolzen Damen in Wirklichkeit aus!» Als sie seine Verblüffung bemerkte, bestritt sie gleich darauf, es so gemeint zu haben. Wäre er aber der Beobachter gewesen, für den er sich hielt, dann hätte ihm auffallen müssen, daß sie von seinen Ausführungen, die sie eben noch so sehr überrascht hatten, gar nichts mehr verstand.

Er wiederholte das Gesagte und erläuterte seine Gedanken: Die anständige Frau verstehe es, ihren Wert durchzusetzen. Das sei ihr Geheimnis. Man müsse anständig sein, oder doch so scheinen. Es sei schon schlimm, daß Sorniani in so leichtfertiger Weise über sie reden durfte, noch schlimmer aber sei es, daß sie – hier machte er seiner Eifersucht Luft – ohne weiteres herumerzähle, sie könne diesen Leardi, diesen höchst kompromittierenden Frauenjäger, gut leiden. Da sei es noch besser, Schlimmes zu tun, als auch nur den Anschein zu erwecken, daß man es tue.

Sie vergaß sofort die grundsätzlichen Ideen, die er ihr auseinandergesetzt hatte, und verteidigte sich mit aller Energie gegen die letzten Anwürfe. Sorniani könne unmöglich schlecht über sie reden, und was Leardi betreffe, so sei dieser blutjunge Bursche nicht im geringsten kompromittierend.

Damit fand der Unterricht an diesem Abend sein Ende. Emilio sagte sich, daß man eine so starke Medizin nur in kleinen Dosen verabreichen dürfe. Außerdem fand er, er habe bereits ein hinreichendes Opfer gebracht, indem er, wenn auch nur für kurze Zeit, auf Angiolinas Liebe verzichtet hatte.

Aus einer literarischen Empfindlichkeit mißfiel ihm der Name Angiolina. Er nannte sie Lina. Auch diese Koseform behagte ihm auf die Dauer nicht. Schließlich verlieh er ihr den französischen Namen Angèle. Gelegentlich verkürzte und verfeinerte er ihn zu Ange. Er lehrte sie, ihm auf französisch zu sagen, daß sie ihn liebe. Als sie den Sinn dieser Worte erfuhr, weigerte sie sich, sie nachzusprechen. Bei ihrer nächsten Zusammenkunft jedoch sagte sie ihm unaufgefordert: «Sche täm bokù.»

Er war gar nicht verwundert, daß sie dies so prompt tat, denn es kam seinen Wünschen entgegen. Offenbar hielt sie ihn für einen verständigen Menschen, dem sie sich voll und ganz anvertrauen durfte. Tatsächlich hatte sie lange Zeit keinen Anlaß, ihm etwas zu verweigern.

[...]

◆

Angiolinas Haus lag wenige Meter hinter der Via Fabio Severo. Es stand breit und groß inmitten eines Feldes und machte den Eindruck einer Kaserne. Die Portierloge war geschlossen. Nicht ohne ein gewisses Zagen stieg Emilio zum zweiten Stockwerk hinauf. Er wußte nicht, wie man ihn dort oben empfangen werde. «Nach Reichtum sieht es hier nicht aus», murmelte er vor sich hin. Es war ein laut gewordenes Resümee seiner Beobachtungen. Die Stiege sah aus, als wäre sie in großer Hast gebaut worden. Die einzelnen Stufen waren schlecht aneinandergefügt, das Geländer war aus gewöhnlichem Gußeisen, die Mauern einfach gekalkt. Alles machte einen sauberen, aber höchst ärmlichen Eindruck.

Ein kleines Mädchen öffnete ihm, ein Kind von schätzungsweise zehn Jahren. Ein fadenscheiniges, unförmiges, langes, kleidartiges Zeug hing an der Kleinen herab. Sie war blond wie Angiolina, doch waren ihre Augen ohne Glanz. Die gelbe Farbe ihrer Wangen kam von Blutarmut. Sie schien nicht im geringsten überrascht, ein neues Gesicht zu erblicken; sie zog nur die Enden ihres Jäckchens herauf und hielt sie mit der Hand über der Brust zusammen, da die Knöpfe fehlten. «Guten Tag, Sie wünschen?» Diese zeremonielle Höflichkeit paßte so gar nicht zu dem kindlichen Persönchen.

«Ist Fräulein Angiolina daheim?»

«Angiolina!» rief jetzt eine Frau, die mittlerweile aus der Tiefe des Korridors hervorgekommen war. «Ein Herr wünscht dich zu sprechen.» Möglicherweise war dies die «süße Mutter», nach der sich Angiolina so zurückgesehnt hatte, als Merighi sie verließ. Die Alte war wie eine Dienstmagd gekleidet, in grellen Farben, die schon leicht verschossen waren. Dazu trug sie eine blaue Schürze und ein blaues Kopftuch, das sie nach friaulischer Art geknüpft hatte. Im übrigen verrieten ihre Züge ein paar Spuren früherer Schönheit, ihr Profil erinnerte sogar an das Angiolinas. Jedoch ihr knochiges, unbewegtes Gesicht, mit den kleinen, unruhigen schwarzen Augen, hatte etwas von einem Tier, das jeden Moment bereit ist, vor drohenden Stockschlägen davonzulaufen. «Angiolina!» rief sie noch einmal, dann meinte sie mit großer Höflichkeit: «Sie wird gleich kommen.» Ohne ihm auch nur einmal in die Augen zu blicken, fügte sie mehrmals hintereinander hinzu: «Treten Sie nur näher.» Ihre näselnde Stimme klang nicht angenehm. Sie stockte zu Beginn ihrer Rede jedesmal wie eine Stotternde, dann brach der ganze Satz pausenlos hervor; es war wie ein Pfeifen, ohne jede Anteilnahme.

Aber da kam schon von der anderen Seite des Korridors Angiolina herbeigelaufen. Sie war bereits zum Ausgehen gekleidet. Als sie ihn erblickte, begann sie zu lachen und begrüßte ihn herzlich: «Oh, Herr Brentani, was für eine Überraschung!» Ohne jede Befangenheit stellte sie vor: «Meine Mutter, meine Schwester.»

Das war also wirklich die «süße Mutter». Emilio, froh darüber, so gut aufgenommen worden zu sein, streckte ihr jedenfalls die Hand entgegen. Die Alte reichte ihm die ihre mit einiger Verzögerung. Sie war auf eine solche Herablassung von seiner Seite nicht gefaßt. Sie konnte nicht recht begreifen, was er eigentlich wolle. Einen Moment lang waren ihre unruhigen Fuchsaugen mit plötzlichem Mißtrauen auf ihn gerichtet. Nach der Mutter reichte ihm auch die Kleine ihre Rechte, während sie ihre Linke immer noch auf der Brust hielt. Nachdem ihr soviel Ehre zuteil geworden, sagte sie ruhig: «Danke.»

«Kommen Sie hier herein», sagte Angiolina, lief zu einer Tür am Ende des Korridors und öffnete sie. Emilio war selig, sich mit Angiolina allein zu wissen, denn die Alte und die Kleine waren nach einer letzten Verbeugung vor der Türschwelle stehengeblieben. Sowie die Tür geschlossen war, vergaß er seinen Vorsatz, hier Beobachtungen anzustellen, und zog Angiolina an sich.

«Nein», bat sie, «nebenan wohnt mein Vater, er fühlt sich nicht wohl.»

«Ich kann küssen, ohne Lärm zu machen», erklärte er und drückte seine Lippen lange auf ihren Mund. Sie fuhr fort, sich zu sträuben. So kam ein Kuß zustande, der in tausend Küsse unterteilt war, die ein warmer Hauch miteinander verband.

Überdrüssig machte sie sich von ihm los, eilte zur Tür, öffnete sie und sagte: «So, jetzt hier herein. Aber seien Sie vernünftig, denn von der Küche aus kann man uns sehen.» Sie lachte immer noch. In seiner späteren Erinnerung sah er sie immer wieder so vor sich: triumphierend, wie ein schlimmes, kleines Mädchen, das demjenigen, der es liebt, einen Schelmenstreich gespielt hat. An den Schläfen war ihr Haar zerrauft, denn er hatte, wie immer, seinen Arm vorhin um ihren blonden Kopf gelegt. Er liebkoste mit den Augen die Spuren seiner eigenen Zärtlichkeit.

Jetzt erst sah er sich in dem Zimmer um. Die Tapete war nicht eben neuesten Datums, die Möbel hingegen wirkten nach den ersten Eindrücken, die er im Stiegenhaus, im Korridor und von den Kleidern von Mutter und Schwester empfangen hatte, geradezu luxuriös. Sie waren alle aus dem gleichen Holz verfertigt, aus Nußholz. Über das Bett war eine Decke mit langen Fransen gelegt. In einer Ecke stand eine riesige Vase mit hohen, künstlichen Blumen. Darüber prangten an der Wand unzählige Fotografien, die sorgfältig angeordnet waren. Mit einem Wort: Luxus.

Er sah sich die Fotografien an. Da hatte sich ein alter Herr, auf einen hohen Stoß von Papieren gestützt, in der Pose eines Grandseigneurs fotografieren lassen. Emilio lächelte. «Mein Taufpate», erläuterte Angiolina. Da gab es ferner einen jungen Burschen, der sehr sorgfältig, aber wie ein Arbeiter am Sonntag, gekleidet war; seine Züge waren energisch und gestrafft, sein Blick war kühn. «Der Taufpate meiner Schwester», sagte Angiolina, «und das ist der Taufpate meines jüngsten Bruders.» Damit wies sie auf das Bild eines anderen jungen Burschen, der etwas sanfter und vornehmer wirkte als der erste.

«Gibt es noch weitere Taufpaten?» fragte Emilio, aber sein Scherz erstarb ihm auf den Lippen. Unter den Fotos entdeckte er zwei, die nebeneinander hingen. Sie stellten zwei Männer dar, die er sehr gut kannte: Leardi und Sorniani. Der letztere sah auch auf der Fotografie gelb aus. Er blickte finster drein, es war, als setzte er seine üble Nachrede auf Angiolina von der Wand herab fort. Die Fotografie Leardis aber war die prächtigste von allen. Die Kamera hatte hier ein Meisterwerk vollbracht und alle Lichtschattierungen kunstvoll festgehalten. Man konnte meinen, den schönen Leardi in lebendigen Farben vor sich zu sehen. Er stand ungezwungen da, stützte sich weder auf Tische noch Tischchen, seine behandschuhte Hand hing frei herab. So mochte er eben einen Salon betreten, in dem eine Frau ihn allein erwartete. Er sah Emilio mit einer Gönnermiene an, die diesem schönen Jünglingsgesicht eigen war. Emilios Blick verfinsterte sich, Groll und Leid stiegen in ihm auf.

Angiolina begriff nicht gleich, warum Emilios Stirn sich umwölkte. Zum erstenmal gab er seiner Eifersucht unverblümten Ausdruck: «Ich bin nicht eben erbaut, so viele Männer in diesem Schlafzimmer anzutreffen.» Die Überraschung, die dieser Vorwurf bei ihr auslöste, ließ auf ihre Unschuld schließen. So schwächte er seine Worte etwas ab: «Ich meine damit, was ich dir schon vor ein paar Abenden gesagt habe. Es ist nicht schön, dich von solchen Typen umgeben zu sehen. Es kann dir schaden. Schon daß du sie überhaupt kennst, ist kompromittierend genug.»

Ein belustigter Ausdruck trat plötzlich in ihr Gesicht. Sie freute sich über seine Eifersucht. «Eifersüchtig auf diese Menschen!» fügte sie hinzu und wurde gleich wieder ernst. Fast vorwurfsvoll meinte sie: «Was denkst du eigentlich von mir?» Er war schon daran, sich zu beruhigen, als sie einen Fehler beging. «Siehst du, dir werde ich nicht nur ein Foto, sondern zwei Fotos von mir schenken.» Sie lief zum Kasten, um sie hervorzuholen. Also alle die anderen besaßen Fotos von Angiolina; sie selbst hatte es ihm soeben mitgeteilt, aber mit einer solchen Ahnungslosigkeit, daß er es nicht wagte, ihr neuerdings Vorwürfe zu machen. Es sollte jedoch schlimmer kommen.

Mit gezwungenem Lächeln betrachtete er die zwei Fotos, die sie ihm mit einem scherzhaften Knicks überreichte. Die eine, eine Profilaufnahme, stammte von einem der ersten Fotografen Triests. Die andere war eine Amateuraufnahme. Gut auf ihr kam vor allem das elegante Spitzenkleid zur Geltung, das sie bei ihrer ersten Begegnung getragen hatte, das Gesicht hingegen war ein wenig durch die Anstrengung verzogen, die Augen gegen die Sonne offen zu halten. «Wer hat diese Aufnahme gemacht?» fragte Emilio. «Vielleicht Leardi?» Er erinnerte sich, Leardi einmal mit einem Fotoapparat unter dem Arm auf der Straße gesehen zu haben.

«Aber nein!» sagte sie. «Schon wieder eifersüchtig? Diese

Aufnahme hat ein sehr ernster Mann gemacht. Ein verheirateter Mann. Der Maler Datti.»

Ein verheirateter Mann, gewiß, aber ein ernster? «Ich bin nicht eifersüchtig», sagte Brentani mit gesenkter Stimme, «ich bin nur traurig, sehr traurig.» Richtig, da war unter den Fotografien ja auch die Dattis. Sein imposanter roter Bart war ein Lieblingsmotiv für seine Malerkollegen in Triest. Als Emilio ihn hier erblickte, durchfuhr ihn ein heftiger Schmerz. Er erinnerte sich, daß dieser Mann zu erklären pflegte: «Die Weiber, mit denen ich zu tun habe, können für meine Frau keine Kränkung bedeuten, sie sind es nicht wert.»

Er hatte es nicht nötig, nach weiteren Beweisstücken zu suchen: sie überfielen, erdrückten ihn, und Angiolina tat in ihrer Ungeschicklichkeit noch alles dazu, sie durch Erläuterungen erst recht ins Licht zu setzen. Beschämt und beleidigt murmelte sie: «Mit all diesen Leuten hat mich Merighi bekanntgemacht.» Sie log, denn es war höchst unglaubwürdig, daß ein so arbeitsamer Geschäftsmann wie Merighi all diese Tunichtgute und Künstler gekannt haben sollte, oder daß er sie, falls er sie wirklich gekannt hatte, ausgerechnet seiner Braut vorgestellt hatte.

Emilio sah sie lange an. Es war ein forschender Blick, als sehe er sie zum erstenmal. Sie begriff den Ernst, der in diesem Blick lag. Ein wenig blaß geworden, senkte sie die Augen und wartete. Da mußte Emilio daran denken, daß er eigentlich kaum ein Recht besaß, eifersüchtig zu sein. Nein, er wollte sie weder beschämen noch leiden sehen. Niemals. Um ihr zu beweisen, daß er sie immer noch liebe – er war sich bewußt, ihr eben ein gegenteiliges Gefühl gezeigt zu haben –, versuchte er sanft, sie zu küssen. Sie schien gleich wieder versöhnt, aber sie trat von ihm zurück und beschwor ihn, sie nicht mehr zu küssen. Er war betroffen, daß sie einen so bedeutungsvollen Kuß zurückwies, und ein noch größerer Zorn als zuvor stieg in ihm auf. Da sagte sie sehr ernst: «Ich habe schon so viele Sünden auf mich geladen, daß es mir heute schwerfallen wird, die Absolution zu erhalten. Du bist schuld, wenn ich mit ungenügend erforschtem Gewissen bei meinem Beichtvater erscheine.»

In Emilio regte sich neue Hoffnung. Was für eine schöne Sache war doch die Religion! Aus seinem Hause und aus Amalias Herzen hatte er sie vertrieben; darin hatte er eine der bedeutungsvollsten Leistungen seines Lebens erblickt. Nun, da er die Religion bei Angiolina wiederfand, begrüßte er sie mit unbeschreiblicher Freude. Angesichts so viel weiblicher Frömmigkeit erschienen ihm die Männer an der Zimmerwand weit weniger bedrohlich. Beim Fortgehen küßte er Angiolina ehrfurchtsvoll die Hand. Sie nahm diese Huldigung wie einen Tribut für ihre Tugend entgegen. Es war, als würden die von ihm gesammelten Beweisstücke allesamt in der Flamme einer geweihten Kerze zu Asche.

Nichts ist irritierender, als nicht gleich verstanden zu werden, wenn man heuchelt.

◆◆◆

Der Schmerz hat nämlich, besonders wenn er vorbei ist, eine verführerische Anziehungskraft, und schwachen Naturen verschafft es Befriedigung, sich in ihn zu hüllen.

◆◆◆

Wenn ihr wüßtet, wie teuflisch die Sorge um die eigene Gesundheit ist. Man denkt unaufhörlich daran.

Die Beinmaschinerie

Ich hielt mich für krank, seit vielen Jahren. Aber diese Krankheit bereitete weniger mir selber als den andern Schmerzen. Jetzt hingegen lernte ich eine Krankheit kennen, die ich selber in aller Schmerzhaftigkeit zu spüren bekommen sollte: eine Unzahl quälender physischer Empfindungen, die mich todunglücklich machten.

Es begann auf folgende Weise: Einmal erhob ich mich um ein Uhr nachts, denn ich konnte nicht einschlafen. Ich ging durch die lauwarme Dunkelheit und geriet in ein Vorstadtcafé, das ich sonst nie aufsuchte. Ich war also sicher, dort keinen Bekannten anzutreffen, was mich beruhigte, denn ich wollte eben eine imaginäre Auseinandersetzung mit Frau Malfenti, die ich im Bett begonnen hatte, weiter fortführen. Dabei sollte mich niemand stören. Frau Malfenti machte mir wieder einmal Vorwürfe. Sie sagte, ich spiele mit ihren Töchtern ein Katz- und Mausspiel. Jedenfalls, wenn so etwas wirklich vorgekommen war, so stimmte es nur bei Ada. Der kalte Schweiß trat mir auf die Stirn bei der Vorstellung, daß man mir vielleicht eben jetzt im Hause Malfenti etwas Derartiges zur Last legte. Der Abwesende hat immer unrecht. Alle konnten mein Ausbleiben benützen, um sich miteinander gegen mich zu verschwören. Im hellen Licht des Cafés konnte ich mich besser verteidigen. Gewiß, ich hatte manchmal versucht, den Fuß Adas mit meinem Fuß zu streifen. Einmal schien mir sogar, als sei dieser Versuch geglückt; als habe sie sich gar nicht widersetzt. Später stellte sich aber heraus, daß ich meinen Fuß krampfhaft an den Holzfuß des Tisches gepreßt hielt. Der Holzfuß konnte doch nichts ausgeplaudert haben.

Ich redete mir ein, mich für das Billardspiel im Café zu interessieren. Ein Herr näherte sich, gestützt auf eine Krücke, meinem Tisch und nahm dort Platz. Er bestellte eine Zitronenlimonade. Da der Kellner wartete, daß ich endlich auch etwas bestellte, verlangte ich gleichfalls, aus Gedankenlosigkeit, eine Limonade, obzwar ich wußte, daß ich Zitronengeschmack nicht vertragen kann. Dabei fiel die Krücke zu Boden, die an das Sofa, auf dem wir saßen, angelehnt war. Ich bückte mich mit instinktiver Bewegung, um sie aufzuheben.

Der Hinkende erkannte mich, als er mir danken wollte, und rief: «Zeno!»

«Tullio!» antwortete ich erstaunt und gab ihm die Hand. Wir waren Schulkameraden gewesen und hatten uns seit vielen Jahren nicht gesehen. Ich wußte nur, daß er nach der Reifeprüfung in eine Bank eintrat, wo er eine gute Position innehatte.

Ich war noch immer so geistesabwesend, daß ich ihn ohne Vorbereitung fragte, wie es denn käme, daß sein rechter Fuß kürzer sei als der linke.

Ohne seine gute Laune zu verlieren, erzählte er mir, daß er vor sechs Monaten an Rheumatismus erkrankt sei, der seinen Fuß schließlich so zugerichtet habe. Ich beeilte mich, ihm verschiedene Kuren anzuempfehlen. Dies ist das einzige Mittel, ohne allzu große Mühe lebhafte Teilnahme vorzutäuschen. Aber er hatte schon alle diese Kuren versucht. Dann sagte ich:

«Warum bist du um diese Stunde nicht schon im Bett? Ich zweifle daran, daß dir die Nachtluft guttut.»

Er scherzte gutmütig. Er meinte, daß auch mir die Nachtluft nicht besonders guttun dürfte. Wer noch keinen Rheumatismus hat, kann sich jederzeit einen holen. Das Recht, früh zu Bett zu gehen, habe einem die k. u. k. Regierung doch noch nicht genommen. Übrigens sei der Rheumatismus, entgegen der allgemeinen ärztlichen Meinung, unabhängig von Kälte und Hitze. Er hatte seine Krankheit studiert, ja, er machte auf dieser Welt überhaupt nichts anderes, als sich mit ihren Ursachen und Kurmethoden zu befassen. Er nahm sich einen langen Urlaub von der Bank, weniger für seine Kur als für dieses Studium. Seine jetzige Kur, die er mir schilderte, war äußerst sonderbar. Er aß täglich eine ungeheure Menge von Zitronen. An diesem Tag hielt er ungefähr bei der dreißigsten. Er hoffte aber, mit der Zeit noch mehr vertragen zu können. Nach seiner Meinung waren Zitronen für fast alle Krankheiten ein Heilmittel. Seitdem er sie nahm, machte ihm das übertriebene Rauchen, zu dem auch er verurteilt war, weniger Beschwerden.

Mich schauderte bei der Vorstellung von so viel Säure, ich freute mich aber gleichzeitig über eine neue Erkenntnis, die mir vielleicht nützen würde. Ich konnte den Geschmack von Zitronen nicht vertragen. Zitronen verschafften mir aber vielleicht die Freiheit, das zu tun, was ich sollte oder wollte, ohne mir zu schaden. Ich hätte täglich ebenso viele verschlungen, um mich dafür von jedem Zwang zu befreien. Freiheit ist, das tun zu dürfen, was einem Freude macht, um den Preis, dafür etwas zu tun, was einem weniger behagt. Wahre Unfreiheit besteht nur im Zwang zur Enthaltsamkeit: Tantalus und nicht Herkules!

Dann täuschte auch Tullio Interesse für meine Angelegenheiten vor. Ich war fest entschlossen, ihm kein Sterbenswort von meiner unglücklichen Liebe zu erzählen. Aber ich mußte meine Last irgendwo loswerden. So erzählte ich mit großer Übertreibung von meinen Krankheiten. Dabei war ich von ihrer Geringfügigkeit überzeugt. Schließlich traten mir die Tränen in die Augen, während sich Tullio augenscheinlich immer besser fühlte, da er mich am Ende für kränker hielt als sich selber.

Er fragte mich, ob ich arbeite. Alle in der Stadt sprachen nämlich von meinem Müßiggang. Ich fürchtete plötzlich, er könnte mich beneiden, indessen ich doch in diesem Augenblick das unabweisliche Bedürfnis hatte, bemitleidet zu werden. Ich log also. Ich schilderte ihm, wie ich in meinem Büro arbeite, nicht viel, aber doch täglich sechs Stunden lang; ferner, daß mir die Entwirrung der dunklen Geschichten mit der Erbschaft meines Vaters täglich weitere sechs Stunden zu schaffen mache.

«Also zwölf Stunden –» sagte Tullio mit zufriedenem Lächeln. Endlich schenkte er mir das, was ich schon lange von ihm brauchte: sein Mitleid.

«Du bist wirklich nicht zu beneiden.»

Die letzte Schlußfolgerung war ja richtig. Eine so heftige Gemütsbewegung überfiel mich, daß mir die Tränen abermals in die Augen traten. Ich fühlte mich unglücklicher denn je. In diesem zermürbenden Zustand des Mitleids mit sich selber ist man allen Schäden zugänglich.

Tullio hatte wieder von seiner Krankheit zu erzählen begonnen, die auch seine hauptsächlichste Zerstreuung zu sein schien. Er kannte die Anatomie des Fußes und des Beines ganz genau. Lachend erzählte er mir, daß bei raschem Gehen ein Schritt kaum eine halbe Sekunde erfordert und daß während dieser halben Sekunde genau vierundfünfzig Muskeln zugleich in Bewegung geraten. Ich war dadurch ganz verwirrt. Ich sah sofort auf meine Beine, um diese gräßliche Maschinerie zu suchen. Ich glaube sie inzwischen entdeckt zu haben. Natürlich unterschied ich nicht diese vierundfünfzig Werkzeuge, sondern fand nur einen ungeheuer komplizierten Mechanismus, der sofort in Unordnung geriet, als ich ihm meine Aufmerksamkeit zuwandte.

Hinkend verließ ich das Café, und mehrere Tage nachher hinkte ich noch immer. Das Gehen war zu einer beschwerlichen und sogar etwas schmerzhaften Arbeit geworden. Es schien mir, als fehle es der Maschine an Öl: die einzelnen Muskeln stießen bei jeder Bewegung aneinander. Wenige Tage später ließ diese Krankheit nach, weil mich eine andere befiel, die noch schlimmer war. Ich werde schon darauf zu sprechen kommen. Heute noch geraten die vierundfünfzig Bewegungen durcheinander, wenn mich jemand beim Gehen beobachtet. Dann bin ich nahe daran zu fallen.

Auch diese Schädigung habe ich Ada zu verdanken. Viele Tiere werden während ihrer Brunstzeit das Opfer anderer Tiere oder der Jäger. Ich wurde das Opfer einer Krankheit. Sicherlich hätte ich keinen Schaden davongetragen, wenn die Erkenntnis jener grauenhaften Bein- und Fußmaschinerie zu anderer Zeit über mich gekommen wäre.

Ich habe die Psychoanalyse satt

3. Mai 1915.

Ich habe die Psychoanalyse satt. Nachdem ich mich nun schon volle sechs Monate hindurch analysiert habe, fühle ich mich schlechter als zuvor. Der Doktor ist noch da, aber ich habe mich definitiv entschlossen, ihm den Laufpaß zu geben. Vorläufig ließ ich ihm gestern sagen, daß ich verhindert sei, ihn zu empfangen. Jetzt will ich ihn noch ein paar Tage warten lassen. Wenn ich ganz sicher wäre, über ihn lachen zu können, ohne mich dabei aufzuregen, würde ich mich entschließen, zu ihm zu gehen. Aber ich habe Angst, ich könnte am Ende handgreiflich werden.

Seit Ausbruch des Krieges langweilt man sich in dieser Stadt mehr denn je. Um die Zeit auszufüllen, die sonst der psychoanalytischen Behandlung gewidmet war, widme ich mich von neuem meinen geliebten Blättern. Ein ganzes Jahr lang habe ich kein Wort geschrieben; so bin ich einer Anordnung des Arztes gefolgt. Dieser hatte erklärt, daß ich mich nur in seinem Beisein seelisch prüfen dürfe, denn eine von ihm nicht überwachte Selbstprüfung würde die sogenannten Widerstände verstärken, die mir verbieten, ganz wahr und ungezwungen zu sein. Nun aber fühle ich mich krank, aus dem Gleichgewicht gebracht wie noch nie im Leben, und ich glaube, daß mir das Schreiben mehr helfen wird, als es die Kur vermocht hat. Jedenfalls bin ich sicher, daß dies die einzig richtige Methode ist, um einer Vergangenheit, die nicht mehr schmerzt, wieder einige Bedeutung zu verleihen und eine verhaßte Gegenwart möglichst rasch verschwinden zu lassen.

Ich hatte ein solches Zutrauen zu dem Arzt, daß ich seine Erklärung, ich sei geheilt, voller Glauben hinnahm. Ich glaubte ihm mehr als den Schmerzen, an denen ich immer noch litt. Ich sagte zu ihnen:

«Ihr seid ja nicht wirklich!» Jetzt aber gibt es keinen Zweifel mehr! Sie existieren! Die Knochen meiner Beine sind zu spitzen Fischgräten geworden, die mein Fleisch und meine Muskeln zerstechen.

Das aber würde mir nicht allzu große Sorge machen. Das ist es auch nicht, warum ich die Kur aufgebe. Wenn die Stunden der Selbsterforschung weiterhin interessante Enthüllungen und neue Gefühle gebracht hätten, würde ich sie nicht aufgegeben haben, oder ich hätte doch so lange gewartet, bis der Krieg, der mir jede andere Tätigkeit verbietet, endlich zu Ende wäre. Aber jetzt, da ich alles weiß, nämlich daß es sich um nichts anderes gehandelt hat als um eine simple Illusion, um einen guten Trick, der vielleicht auf irgendein altes hysterisches Weib Eindruck machen könnte – wie kann ich nun die Gesellschaft dieses lächerlichen Arztes noch weiter ertragen, wie kann ich noch in diese Augen sehen, die forschend dreinschauen wollen, wie diesem Eigendünkel begegnen, der diesem Scharlatan erlaubt, alle Phänomene dieser Welt um seine große, neue Theorie zu gruppieren? Ich will meine freie Zeit mit Schreiben ausfüllen. Vorläufig will ich aufrichtig die Geschichte meiner Kur erzählen. Zwischen mir und dem Doktor ist nämlich jede Aufrichtigkeit verlorengegangen. Erst jetzt atme ich auf. Nun wird mir keine Kette mehr angelegt. Ich muß mich zu keinem Glauben zwingen, ich muß keinen Glauben mehr vortäuschen. Gerade um meine Meinung vor diesem Arzt zu verbergen, glaubte ich, ihm eine kriecherische Ehrfurcht entgegenbringen zu müssen. Das ermutigte ihn dazu, mir jeden Tag eine neue Wahrheit vorzusetzen. Meine Kur müßte schon lange zu Ende sein, denn meine Krankheit ist ja schon entdeckt. Hier die Diagnose, genau dieselbe, die schon der selige Sophokles dem armen Ödipus gestellt hat: Ich liebte meine Mutter und wollte meinen Vater ermorden.

Ich ärgerte mich nicht etwa darüber! O nein, ich hörte noch bezaubert zu. Es schien mir eine Krankheit zu sein, die mich in einen gewissen Adel erhob. Eine vornehme Krankheit, zu der schon unsere Vorfahren, im mythologischen Zeitalter, gelangt waren. Und ich ärgere mich auch jetzt nicht darüber, da ich allein bin und die Feder in der Hand halte. Ich lache von Herzen. Der beste Beweis dafür, daß ich diese Krankheit nie gehabt habe, ist doch die Tatsache, daß ich nicht geheilt bin. Dieser Beweis müßte auch den Arzt überzeugen. Er kann beruhigt sein: Seine Worte sind nicht imstande gewesen, die Erinnerungen an meine Jugend zu beschmutzen. Ich schließe die Augen: rein, kindlich und unschuldig ersteht vor mir die Liebe zu meiner Mutter und die Ehrfurcht vor meinem Vater.

Der Arzt mißt auch meinen unglückseligen Aufzeichnungen zuviel Bedeutung bei. Er will sie mir nicht zurückgeben, obwohl ich sie gerne noch einmal durchsehen möchte. Mein Gott! Er hat nur seine medizinischen Wissenschaften gelernt und weiß daher nicht, was es für uns, die wir Dialekt sprechen, ihn aber nicht schreiben können, bedeutet, reines Italienisch zu Papier zu bringen. Ein geschriebenes Bekenntnis ist immer verlogen. Mit jedem sprachlich reinen Wort lügen wir! Wenn er wüßte, wie wir nur jene Dinge gern erzählen, für die uns das Wort bereitsteht; wie wir fast alle andern auslassen, die uns zwingen würden, das Wörterbuch zu benutzen. Auf diese Weise wählen wir aus unserem Leben die Episoden, die wir erzählen. Es ist klar, daß unser Leben ganz anders aussähe, wenn es in unserem Dialekt erzählt würde.

Der Arzt sagte mir, daß er in seiner langen Praxis noch nie eine so starke Erregung beobachtet habe wie an mir, als ich die Bilder schaute, die er mir erschlossen zu haben glaubte. Infolgedessen war er auch so rasch geneigt, mich für geheilt zu erklären.

Diese Erregung war echt. Ich habe in meinem ganzen Leben keine stärkere durchgemacht. In Schweiß gebadet, schuf ich die Bilder; und als ich sie erkannte, kamen mir die Tränen. Die Hoffnung, ich könnte wieder einen Tag voll Unschuld und Unbefangenheit erleben, machte mich selig. Monatelang war diese Hoffnung meine einzige Stütze. Was für ein Wunder geschah doch da! Handelte es sich nicht etwa darum, mitten im Winter

Rosen zu pflücken? Der Arzt versicherte mir, daß mein Erinnerungsbild vollständig und leuchtend sein werde. An dieser Rose sollte weder der volle Duft noch auch der Stachel fehlen.

Um diese Erinnerungsbilder bemühte ich mich so lange, bis ich sie endlich sah. Heute weiß ich, daß alles erdichtet war. Aber Dichtungen sind doch Schöpfungen und keine Lügen. Meine Phantasien waren Bilder, wie sie dem Fieber entstammen. Plastisch standen sie im Raum, so daß man sie von allen Seiten besehen und betasten konnte. Sie hatten die Körperlichkeit, die Farbe und auch die Bewegung lebender Dinge. Mein Wunsch schuf diese Bilder. Sie waren nirgends sonst wirklich als in meinem Kopf, ich aber projizierte sie hinaus in den Raum, den ich sah, in einen Raum, dessen Luft, dessen Licht, ja sogar dessen harte Materie ich nicht anders spürte als in jedem anderen Raum, durch den ich je geschritten bin.

Als ich in jenen Traumzustand verfiel, der die Schöpfung solcher Illusionen vorbereitete und der wahrscheinlich nichts anderes war als ein Gemisch von großer Anstrengung und großer Trägheit, glaubte ich, daß diese Bilder Reproduktionen ferner Tage seien. Ich hätte bald innewerden müssen, daß dem nicht so war, denn wenn ich mich gleich nach ihrem Verschwinden an sie zu erinnern bemühte, erschienen sie mir wie Vorgänge, die mir von jemandem erzählt worden waren, der sie selbst wieder von einem anderen gehört hat. Wären sie Reproduktionen wirklicher Erlebnisse gewesen, so hätte ich lachen und weinen müssen, wie im Augenblick des ersten Erlebens.

Der Doktor registrierte alles. Er sagte immer: «Da haben wir nun das eine, da haben wir nun das andere.» In Wirklichkeit hatten wir gar nichts. Oder doch: ein paar graphische Zeichen, Skelette von Gestalten, die nie lebendig gewesen sind.

Der Arzt überredete mich zu dem Glauben, es handle sich wirklich um eine Auferstehung meiner Jugendtage. Das erste der Bilder schien dies zu bestätigen; es versetzte mich zurück in eine verhältnismäßig nahe Vergangenheit, von der ich noch eine blasse Erinnerung bewahrte. Es gab ein Jahr in meinem Leben, da ich schon zur Schule ging, mein Bruder jedoch noch nicht.

Die Stunde, die in meinem Geist wiederauferstand, schien in dieses Jahr zu fallen. Ich sah mich an einem sonnigen Vormittag aus der Villa treten und stadtwärts gehen, weiter, immer weiter, an der Hand unserer alten Magd Catina. Mein Bruder kam in dieser geträumten Szene gar nicht vor: trotzdem war er die Hauptperson. Ich wußte nämlich, daß er frei und glücklich zu Hause spielen durfte, während ich zur Schule mußte. Meine Schritte wurden widerspenstig und störrisch. Das Weinen saß mir in der Kehle, in meiner Seele erhob sich ein furchtbarer Groll. Ich sah nur diesen einen Gang zur Schule, aber der Groll sagte mir, daß ich täglich zur Schule gehen mußte und daß mein Bruder täglich zu Hause blieb, als wäre das für alle Ewigkeit so gewesen. Ich weiß heute, daß nach nicht allzu langer Zeit mein Bruder, der doch nur ein Jahr jünger war, gleichfalls zur Schule gehen mußte. Damals aber erschien mir die Wahrheit dieses Traumes unanfechtbar: ich war dazu verurteilt, immer zur Schule zu gehen, während mein Bruder immer daheim bleiben durfte. Als ich so neben Catina einherging, rechnete ich mir aus, wie lange diese Tortur dauern werde. Ich sagte vor mich hin: «Bis mittag! Während er zu Hause sitzt!» Ich wußte auch, daß ich, wenn ich an den vorhergehenden Tagen in der Schule mit Drohungen und Tadel eingeschüchtert wurde, stets dabei dachte: «Ihm kann das nicht passieren!»

Das war eine Vision von erschütternder Deutlichkeit. Catina, die ich als kleines Weib in Erinnerung habe, erschien mir damals ungeheuer groß: natürlich, denn ich war ja so klein. Zwar erschien sie mir auch alt; aber bekanntlich sehen die Kinder immer alle Erwachsenen als alte Menschen. Ich entdeckte auf diesem Schulweg sogar die seltsamen kleinen Pfeiler, die damals die Gehsteige unserer Stadt begrenzten. Allerdings habe ich später als Erwachsener im Stadtzentrum noch die letzten dieser Pfeiler sehen können, die dann abgetragen wurden. Doch auf der Straße, durch die ich mit Catina in meiner Vision wandelte, waren sie in Wirklichkeit schon in meinen späteren Kinderjahren nicht mehr vorhanden.

Mein Glaube an die Echtheit dieses Bildes wurde auch nicht

erschüttert, als ich bald nachher, offenbar angeregt durch meine Träume, mit kaltem Verstand andere Details aus jener Zeit entdeckte. Vor allem dieses: Mein Bruder beneidete mich, weil ich in die Schule gehen durfte. Diese Erinnerung war eine Zeitlang verloren gewesen, tauchte aber bald nach jener Vision wieder in mir auf; das genügte, um mir die Glaubwürdigkeit der Vision zu bestätigen. Später glaubte ich nicht mehr daran. Die Eifersucht war wahrscheinlich in Wirklichkeit wohl dagewesen; der Traum jedoch hatte sie verfälscht und verkleidet.

Auch der zweite Traum versetzte mich in eine relativ nahe, wenngleich zeitlich noch früher liegende Vergangenheit. Ich sah ein bestimmtes Zimmer in der Villa, ich weiß aber nicht mehr, welches; es war größer als irgendeines von denen, die es in Wirklichkeit dort gibt. Merkwürdig, daß ich mich dort eingesperrt fühlte. Ich wußte aber auch noch einen Umstand, der mir nicht durch die bildmäßige Erscheinung mitgeteilt werden konnte. Dieses Zimmer war sehr entfernt von jenem anderen Zimmer, in dem sich meine Mutter und Catina aufzuhalten pflegten. Ich ging damals noch nicht zur Schule. Dieses Zimmer war ganz weiß. Ich habe noch niemals ein so weißes, ein so von Sonne erfülltes Zimmer gesehen. Die Sonne schien durch die Wände zu dringen. Sicherlich stand sie sehr hoch am Himmel, ich aber lag noch immer im Bett. In der einen Hand hielt ich eine Tasse, aus der ich eben meinen Milchkaffee getrunken hatte, in der anderen den Löffel, mit dem ich weiter in der leeren Tasse herumrührte, um mir die Zuckerreste herauszuholen. Es gelang mir aber nicht, ein noch so kleines Stück zu erreichen. Dann versuchte ich es mit der Zunge. Aber auch dies gelang nicht. Während ich weiter die Tasse in der einen und den Löffel in der anderen Hand hielt, betrachtete ich meinen Bruder, der im Bett daneben lag. Er war langsamer als ich, er trank noch immer seinen Kaffee, wobei er seine Nase in die Tasse senkte. Als er endlich sein Gesicht wieder erhob, sah ich, wie es unter den Sonnenstrahlen, die darauf fielen, heller und heller wurde, während ich (Gott weiß warum) im Schatten lag. Sein Gesicht war blaß und wirkte infolge seines überhängenden Oberkiefers häßlich. Er sagte zu mir:

«Leihst du mir deinen Löffel?»

Jetzt erst bemerkte ich, daß Catina vergessen hatte, ihm einen Löffel zu bringen. Ich antwortete, ohne eine Sekunde lang nachzudenken:

«Ja. Aber nur, wenn du mir dafür etwas von deinem Zucker gibst.»

Ich hielt den Löffel in die Höhe, um augenfälliger seinen Wert zu zeigen. Sofort ertönte im Zimmer die Stimme Catinas:

«Schäm dich, du Wucherer!»

Schrecken und Scham ließen mich aus dem Traum auffahren; so kam ich in die Gegenwart zurück. Ich hätte noch gerne mit Catina debattiert, aber sie, mein Bruder und ich, klein wie ich damals war, unschuldig und zugleich ein Wucherer, verschwanden, als stürzten wir in einen Abgrund.

Ich bedauerte es, diese Scham so stark empfunden zu haben, daß sie die Vision zerstörte, die ich mit solcher Mühe errungen hatte. Es wäre viel besser gewesen, meinem Bruder den Löffel freiwillig und umsonst zu überlassen und es nicht darauf ankommen zu lassen, daß über meine schlechte Handlung, die vielleicht die erste in meinem Leben war, disputiert würde. Vielleicht hätte Catina meine Mutter gerufen, damit sie mich bestrafe. So wäre mir meine Mutter endlich wieder vor die Augen gekommen.

Ich sah sie jedoch einige Tage später; oder glaubte wenigstens, sie zu sehen. Ich hätte gleich wissen müssen, daß es sich um eine Illusion handelte, denn das Aussehen meiner Mutter, das ich mir in die Erinnerung zurückrief, glich allzusehr dem Bild, das über meinem Bett hängt. Immerhin muß ich sagen, daß diese Illusion sich wie eine lebende Person bewegte.

Viel, viel Sonne! Sie blendete! Von dem vermeintlichen Bild meiner Jugend strahlte so viel Sonne aus, daß es mir schwerfiel, nicht an dieses Bild zu glauben. Unser Speisezimmer. Nachmittags. Mein Vater ist nach Hause gekommen und sitzt auf einem Sofa neben der Mutter, die mit einer gewissen Farbtinktur auf vielen Wäschestücken Initialen anbringt. Der Tisch, an dem sie sitzt, ist ganz mit Wäsche bedeckt. Ich hocke unter dem Tisch, ich spiele dort mit irgendwelchen Kugeln. Da nähere ich mich meiner Mutter. Möglicherweise wünsche ich, daß sie mitspiele. Plötzlich, um mich aufzurichten, packe ich ein Wäschestück, das über den Tischrand hängt, und nun geschieht die Katastrophe. Das Fläschchen mit der Tinktur fällt mir auf den Kopf, sein Inhalt rinnt über mein Gesicht, über meine Kleider und über den Rock meiner Mutter und hinterläßt sogar auf den Hosen meines Vaters einen leichten Fleck. Mein Vater hebt den Fuß, um mir einen Tritt zu versetzen ...

Aber ich kehrte noch rechtzeitig von dieser langen und abschweifenden Reise zurück und befand mich hier im Sicheren, erwachsen und alt. Ich muß es sagen: Einen Augenblick litt ich unter der drohenden Mißhandlung, gleich danach aber bedauerte ich, sie nicht noch abgewartet zu haben; sicherlich wäre dann meine Mutter dazwischengetreten, um mich zu beschützen. Wer aber vermag die Visionen aufzuhalten, die durch die Zeit flüchten! Noch nie war die Zeit dem Raum so ähnlich. Immerhin sah ich sie, solange ich noch an die Echtheit dieser Vision glaubte. Jetzt aber (oh, wie ich das beklage!) glaube ich nicht mehr daran und weiß, daß keine Bilder flüchteten, sondern daß von meinen Augen nur der Nebel fiel. Sie blickten klar in den wirklichen Raum, in dem es keinen Platz für Gespenster gibt.

Ich will Visionen schildern, die ein andermal auftauchten und denen der Arzt solche Bedeutung beimaß, daß er mich bald danach für geheilt erklärte.

In dem Halbschlaf, in den ich mich verlor, erlebte ich einen Traum, der die Starrheit eines Alpdrucks hatte. Ich sah mich selber, zu einer Zeit, als ich noch ein kleines Kind war. Der Traum zeigte mir, wie dieses Kind selbst träumte. Es lag da, und sein kleiner Organismus war ganz erfüllt von einer großen Freude. Es schien endlich seinen innersten Wunsch erfüllt zu sehen. Und doch lag es ganz allein und verlassen da! Aber es sah und hörte mit jener Deutlichkeit, mit der man im Traum auch die entferntesten Dinge wahrnimmt. Das Kind, das in einem Zimmer meiner Villa lag, sah (Gott weiß, wieso), daß im Dach dieser Villa ein Käfig mit soliden Stützen eingemauert war. Obwohl dieser Käfig weder eine Tür noch ein Fenster hatte, erschien er doch von strahlendem Licht und reiner, wohlriechender Luft erfüllt. Das Kind wußte, daß nur es allein zu diesem Käfig gelangen könne, und zwar ohne sich zu regen; möglicherweise senkte sich der Käfig bis zu ihm herab. In diesem Käfig stand nur ein Möbelstück, ein Lehnstuhl, und auf diesem saß eine schöne Frau, wunderbar gebaut, schwarz gekleidet, blond, mit großen blauen Augen, blendendweißen Händen, kleinen Füßen, die in Lackschuhen staken, von denen ein leichter Schimmer unter dem Rock hervorblitzte. Ich muß sagen, daß mir diese Frau als unteilbares Ganzes vorkam, mit ihrem schwarzen Kleid und den Lackschuhen. Alles war sie! Und das kleine Kind träumte davon, diese Frau zu besitzen, aber auf die seltsamste Art; es war nämlich überzeugt, unten und oben kleine Stücke wegessen zu können. Wenn ich jetzt darüber nachdenke, wundere ich mich, daß der Arzt, der meinen Aufzeichnungen – wenigstens behauptet er es – mit so großer Aufmerksamkeit gefolgt ist, sich dabei nicht an den Traum erinnerte, den ich hatte, bevor ich das erste Mal zu Carla ging. Als ich nach einiger Zeit daran zurückdachte, schien mir, daß dieser Traum der gleiche von damals sei, nur ein wenig abgeändert, ins Kindliche übersetzt.

Aber der Arzt verzeichnete sorgfältig alles und fragte mich dann mit alberner Miene:

«Ihre Mutter war blond und wohlgeformt?»

Ich wunderte mich über diese Frage. Ich antwortete, daß auch meine Großmutter ebenso ausgesehen habe. Aber für ihn war ich geheilt, vollkommen geheilt. Ich riß erst den Mund auf, um mich mit ihm zu freuen. Ich fügte mich allem, was er mir dann vorschrieb: keine Selbsterforschung, keine Untersuchung mehr, sondern nur eine richtige und beharrliche Wiedererziehung.

Von jenem Tag ab waren diese Sitzungen eine wahre Qual. Ich ließ nur deshalb nicht davon ab, weil es mir immer schwerfiel, stehenzubleiben, wenn ich mich bewegte, oder mich in Bewegung zu setzen, wenn ich ruhig stand. Manchmal, wenn sich dieser Arzt zuviel herausnahm, wagte ich einen Einwand: Es war ja nicht wahr, daß (so wie er es annahm) jedes meiner Worte, jeder meiner Gedanken ein Verbrechen bewies. Er sah mich groß an. Ich war geheilt und wollte es noch immer nicht zur Kenntnis nehmen! Das war wirklich Blindheit: Ich wußte nun, daß ich meinem Vater die Gattin – also meine Mutter! – fortnehmen wollte, und fühlte mich nicht geheilt: Das war ausgesprochener Eigensinn! Jedoch der Arzt gab zu, daß ich noch vollständiger geheilt würde, wenn erst meine Wiedererziehung beendet wäre. Ich müsse mich nur daran gewöhnen, gewisse Dinge (den Wunsch, den Vater zu töten und die Mutter zu küssen) als die unschuldigsten der Welt zu betrachten, als Dinge, für die man keine Gewissensqualen zu empfinden braucht, weil dergleichen in den besten Familien vorkommt. Was brauchte mich das denn anzufechten? Eines Tages sagte er mir auch, ich gliche einem Genesenden, der sich noch nicht daran gewöhnen kann, ohne Fieber zu leben. Nun gut: ich wollte mich daran gewöhnen.

Er fühlte, daß ich noch nicht ganz auf seiner Seite war. Außer der Wiedererziehung nahm er also von Zeit zu Zeit die alte Kur wieder auf. Er probierte es wieder mit den Träumen; leider kamen keine mehr. Es war mir äußerst lästig, so lange zu warten; so erfand ich einen. Ich hätte dies nicht getan, wenn mir die Schwierigkeit dieser Erfindung vorher klar gewesen wäre. Es ist nicht etwa leicht zu stammeln, als läge man aufgelöst im Halbschlaf; es ist gar nicht einfach, den Schweiß aus den Poren zu drücken und blaß zu werden, ohne sich zu verraten; mir wurde infolge der Anstrengung sehr heiß, und ich durfte dabei nicht erröten. Ich sprach ganz so, als sähe ich wieder die Frau im Käfig, als hätte ich sie dazu gebracht, mir durch ein Loch, das sich plötzlich in der Zimmerwand auftat, eine Zehe darzureichen, damit ich an ihr sauge und sie aufesse. «Die linke, die linke!» murmelte ich und bereicherte damit die Vision um ein interessantes Detail, das sie den vorhergegangenen ähnlicher machen sollte. Dadurch bewies ich aber auch, daß ich die Krankheit, die der Arzt von mir verlangte, vollkommen begriff. Ödipus kann sich als Baby doch nur so benehmen: er saugt an der linken Zehe der Mutter und überläßt die rechte dem Vater. In meiner Bemühung, wirklich zu träumen (hierin liegt kein Widerspruch), betrog ich aber mich selber, denn bald spürte ich den Geruch dieses Fußes. Ich war schließlich nahe daran, mich zu übergeben.

Es war nicht nur der Wunsch des Arztes, sondern auch der meine, daß diese lieben Erscheinungen meiner Kindheit öfter auftauchen möchten – seien sie nun echt oder nicht. Jedenfalls hätte ich sie nicht erst konstruieren müssen. Da sie aber in Gegenwart des Arztes nie mehr kamen, versuchte ich, fern von ihm, sie aus mir hervorzuzaubern. Allerdings, allein lief ich Gefahr, sie wieder zu vergessen, aber ich beabsichtigte doch damit keine Kur! Ich wollte nur wieder im Dezember Mairosen sehen. Ich hatte sie schon gesehen; warum sollten sie nicht wiederkommen?

In der Einsamkeit langweilte ich mich gerade genug. Dann aber kam statt der Erscheinungen etwas anderes, das sie mir gewissermaßen ersetzte. Ich glaubte, eine wissenschaftliche Entdeckung gemacht zu haben. Ich fühlte mich plötzlich berufen, die ganze physiologische Farbentheorie zu vervollständigen. Meine Vorläufer, Goethe und Schopenhauer, wären niemals darauf gekommen, was man alles durch eine geschickte Handhabung der Komplementärfarben erreichen kann.

Man muß wissen, daß ich meine ganze Zeit damit zubrachte, im Studierzimmer auf dem Sofa zu liegen, von wo aus ich durch das gegenüberliegende Fenster einen Teil des Meeres und des Horizontes betrachten konnte. Die Sonne ging unter, der von Wolken zerrissene Himmel begann sich zu verfärben. Ich verbrachte lange Zeit damit, auf dem weißen Wolkensaum eine herrliche Farbe zu bewundern: ein reines, sanftes Grün. Dabei gab es ein Rot an den Rändern der westlichen Wolken; es war noch schwach und durch die geraden weißen Strahlen der Sonne gebleicht. Nach einiger Zeit wandte ich geblendet die Augen ab und mußte sie schließen; nun konnte ich erkennen, daß meine ganze Aufmerksamkeit, meine Liebe dem Grün zugewandt war, denn auf der Netzhaut erschien eine Komplementärfarbe, ein leuchtendes Rot, das nichts mit der blaßrötlichen Farbe des Himmels zu tun hatte. Dann erst gab es eine Überraschung: als ich wieder die Augen öffnete, sah ich, daß ein flammendes Rot den Himmel überflutete und auch das Smaragdgrün verdrängte, das ich durch lange Zeit nicht mehr zu finden vermochte. Aber da hatte ich ja eine Methode gefunden, die Natur zu färben! Natürlich wiederholte ich das Experiment mehrere Male, um zu sehen, ob es sich bewährte. Das Schönste war, daß mit dieser Kolorierung auch ein anderer Vorgang Hand in Hand ging. Als ich die Augen wieder öffnete, nahm der Himmel nicht gleich die gewünschte Farbe von meiner Netzhaut auf. In diesem Augenblick des Zauderns gelang es mir sogar, das Smaragdgrün zu entdecken, das dieses Rot gebar und dem es dann Platz machte. Dieses Rot drang unerwartet von innen hervor und breitete sich aus wie ein Riesenbrand.

Als ich meiner Beobachtung sicher war, erzählte ich sie dem Arzt in der Hoffnung, dadurch unsere langweiligen Sitzungen amüsanter zu gestalten. Er aber fertigte mich damit ab, daß meine Netzhaut wahrscheinlich infolge des Nikotins empfindlicher sei als die normale. Fast hätte ich mich dazu hinreißen lassen, ihm zu sagen, daß ja dann auch die Bilder, die wir als Wiedergeburt meiner Jugendzeit ansahen, eine Folge desselben Giftes sein könnten. Damit aber hätte ich ihm verraten, daß ich mich nicht geheilt fühlte, und er hätte mich wahrscheinlich zu überreden versucht, die Kur wieder von vorne anzufangen.

Und doch hielt mich dieser Idiot nicht immer für vergiftet. Das geht schon daraus hervor, daß er bei meiner Wiedererziehung versuchte, mich auch von meiner sogenannten Krankheit der letzten Zigarette zu heilen. Das waren seine Worte: «Die Zigaretten schaden Ihnen nicht. Wenn Sie einmal im Innern davon überzeugt sind, daß sie keine Gefahr bedeuten, verhält es sich auch in Wirklichkeit so.» Dann fuhr er fort: «Nun, da Ihre Beziehungen zu Ihrem Vater ans Tageslicht gekommen sind und Ihrem erwachsenen Urteilsvermögen bewußt gemacht wurden, müssen Sie wohl einsehen, daß Sie sich das Laster des Rauchens nur angewöhnt haben, um mit Ihrem Vater zu konkurrieren. Eine giftige Wirkung schreiben Sie dem Tabak nur deshalb zu, weil ein gewisses moralisches Gefühl Sie für diese Konkurrenz mit Ihrem Vater strafen will.»

An diesem Tag rauchte ich wie ein Türke, sowie ich das Haus des Doktors verließ. Es handelte sich darum, eine Probe zu machen. Ich probierte mit Vergnügen. Ich rauchte ununterbrochen, den ganzen Tag. Dann folgte eine schlaflose Nacht. Meine chronische Bronchitis machte sich wieder bemerkbar, darüber konnte kein Zweifel sein: es war leicht, ihre Folgen im Spucknapf zu entdecken.

Am nächsten Tag erzählte ich dem Arzt, daß ich viel geraucht hätte und daß mir nichts mehr daran gelegen sei. Er sah mich lächelnd an. Ich konnte leicht erraten, daß ihm die Brust vor Stolz geschwellt war. Mit großer Ruhe nahm er meine Erziehung wieder auf, in der bescheidenen Überzeugung, daß auf jedem Fleck, den sein Fuß berührte, sogleich Blumen blühen würden.

An diese Wiedererziehung erinnere ich mich nur ungenau. Ich ließ alles mit mir geschehen. Jedesmal wenn ich aus dem Zimmer des Arztes trat, schüttelte ich mich wie ein Hund, der dem Wasser entsteigt. Ich blieb aber immer noch feucht, wenn nicht naß.

Ich erinnere mich jedoch genau und mit Empörung daran, daß mein Erzieher mir einreden wollte, Doktor Coprosich habe ganz recht gehabt, als er mir jene Worte entgegenschleuderte, die einen solchen Groll bei mir auslösten. Aber dann hätte ich ja auch die Ohrfeige verdient, die mein sterbender Vater mir versetzen wollte? Ich weiß nicht, ob er auch das gesagt hat. Ich weiß hingegen sicher, daß er meinte, ich hätte auch den alten Malfenti gehaßt, den ich doch an die Stelle meines Vaters gesetzt hätte. Viele Menschen auf der Welt glauben, ohne ein gewisses Maß an Liebe nicht leben zu können; ich hingegen verlor – seiner Meinung nach – stets mein Gleichgewicht, wenn mir ein gewisses Quantum an Haß fehlte. Ich heiratete die eine oder die andere von Malfentis Töchtern, ganz gleichgültig, welche, nur um deren Vater an einen Platz stellen zu können, an dem er für meinen Haß erreichbar wurde. Dann entehrte ich seine Familie, die ich zu der meinen gemacht hatte, wann immer es möglich war. Ich betrog meine

Frau; es stand außer Zweifel, daß ich Ada oder Alberta verführt hätte, wenn es mir gelungen wäre. Natürlich dachte ich nicht daran zu widersprechen, es reizte mich aber stets zum Lachen, wenn der Arzt bei solchen Mitteilungen eine Miene aufsetzte wie weiland Christoph Kolumbus, als er Amerika entdeckte. Ich glaube, daß er der einzige Mann auf der Welt ist, der, wenn ihm einer sagte, er wolle sich mit zwei wunderschönen Frauen ins Bett legen, fragen würde: «Untersuchen wir einmal, warum der das tun will.»

[...]

Schließlich wurde ich es müde, ununterbrochen mit dem Arzt, der von mir bezahlt wurde, Kämpfe auszufechten. Ich glaube auch, daß diese Traumversuche mir nicht sehr gutgetan haben. Die Freiheit, rauchen zu dürfen, soviel ich wollte, brachte mich jedenfalls auf den Hund. Da kam mir ein guter Einfall: ich ging zu Doktor Paoli.

Den hatte ich seit vielen Jahren nicht mehr gesehen. Er war nun ein wenig angegraut, aber seine stramme Gestalt schien vom Alter weder verfettet noch gebeugt zu sein. Er sah mit seinen Augen noch immer die Dinge so an, als wollte er sie streicheln. Diesmal wußte ich plötzlich, warum mir das so vorkam. Es bereitete ihm offenbar Freude, in die Welt zu gucken, und so zeigte er beim Ansehen aller schönen und häßlichen Dinge dieselbe Zärtlichkeit, mit der man sonst nur einen geliebten Menschen streichelt.

Ich suchte ihn mit dem Vorsatz auf, von ihm zu erfahren, ob er eine Fortsetzung meiner psychoanalytischen Kur für zuträglich halte. Aber als ich dann seinem forschenden Auge gegenübersaß, fand ich dazu nicht den Mut. Vielleicht machte ich mich lächerlich, wenn ich ihm erzählte, daß ich mich in meinem Alter von einem Schwindler hereinlegen ließ. Es tat mir leid, schweigen zu müssen. Wenn Doktor Paoli mir die Psychoanalyse untersagt hätte, wäre meine Situation wesentlich einfacher geworden, allein ich hätte die Liebkosung seines großen Auges kaum noch länger ausgehalten.

Ich erzählte ihm also nur von meiner Schlaflosigkeit und von meiner chronischen Bronchitis, ferner von den Blutwallungen in meinen Wangen, an denen ich damals litt, von gewissen stechenden Schmerzen in den Beinen und schließlich von meiner sonderbaren Vergeßlichkeit bezüglich gewisser Dinge.

Doktor Paoli untersuchte meine Ausscheidung in meiner Gegenwart. Das Gemenge färbte sich schwarz. Doktor Paoli machte ein ernstes Gesicht. Endlich einmal eine wirkliche Analyse und keine Psychoanalyse! Ich dachte mit Vergnügen und Rührung an meine ferne Vergangenheit, an die Zeit, da ich noch Chemiker war und wirkliche Analysen durchführte: ich, eine Retorte und ein Reagens! Das Element, das analysiert werden sollte, schlief, bis das Reagens es gebieterisch aufweckte. Es gibt in der Retorte keine Hemmungen; zumindest fallen sie bei der geringsten Temperaturerhöhung. Verstellung und Lüge sind dort überhaupt unmöglich. In dieser Retorte begab sich nichts, was an mich und mein ganzes Verhalten erinnern konnte, nichts erfand für den Experimentierenden erlogene Details über seine Kindheit, nichts bestätigte die Diagnose des Sophokles. Da war alles Wahrheit. Die zu analysierende Sache blieb in der Phiole eingesperrt und wartete, stets sich selber gleich, auf das Reagens. Wenn dieses dazukam, geschah stets dasselbe. In der Psychoanalyse dagegen wiederholt sich nie die gleiche Vision oder dasselbe Wort. Man müßte diese Analyse überhaupt anders bezeichnen. Vielleicht Seelenabenteuer. Ja, das stimmt: wenn man sich einer solchen Analyse unterzieht, so ist es, als begäbe man sich in einen Wald, ohne zu wissen, ob man dort einem Räuber oder einem Freund begegnen wird. Man weiß auch nicht genau, wann eigentlich das Abenteuer vorbei ist. In dieser Hinsicht erinnert die Psychoanalyse an den Spiritismus.

Doktor Paoli glaubte nicht, daß es sich um Zucker handle. Er wollte mich jedenfalls am nächsten Tag wiedersehen, um inzwischen die Flüssigkeit durch Polarisation zu prüfen.

Ich ging fort, im Geiste mit der Diabetes ruhmvoll behaftet. Ich war im Begriff, zum Doktor S. zu eilen und ihn zu fragen, wie er die Ursachen einer solchen Krankheit in meiner Psyche analysieren und damit aus meinem Körper vertreiben würde.

Aber ich hatte schon genug von diesem Individuum. Nicht einmal um ihn auszulachen, wollte ich ihn wiedersehen.

Ich muß gestehen, daß die Zuckerkrankheit für mich eine wahre Beruhigung war. Ich sprach darüber mit Augusta, der natürlich sofort die Tränen in die Augen kamen. Sie sagte: «Du hast dir in deinem Leben so viele Krankheiten eingebildet – es mußte ja so enden, daß du einmal wirklich krank wirst!»

Dann versuchte sie, mich zu trösten.

Ich aber freute mich meiner Krankheit. Ich verstand plötzlich den armen Copler, der eine wirkliche Krankheit einer eingebildeten weitaus vorzog. Ich war jetzt restlos mit ihm eines Sinnes. Eine wirkliche Krankheit war ja so einfach: man mußte sie gewähren lassen. Tatsächlich, als ich dann in einem medizinischen Werk die Beschreibung meiner süßen Krankheit las, entdeckte ich in allen ihren Stadien nicht etwa ein Todesprogramm, sondern ein ausgesprochenes Lebensprogramm! Fort mit den Vorsätzen! Endlich war ich sie los. Alles würde nun ohne mein Dazutun seinen Weg gehen.

Ich entdeckte auch, daß meine Krankheit immer, oder fast immer, sehr angenehm war. So ein Kranker ißt und trinkt viel, große Entbehrungen und Leiden gibt es für ihn nicht, nur muß er sich vor Schwellungen hüten. Und selbst sein Tod ist süß und sanft.

Bald danach telephonierte Doktor Paoli. Er teilte mir mit, daß keine Spur von Zucker zu finden sei. Ich ging am nächsten Tag zu ihm. Er verordnete mir eine Diät, die ich ein paar Tage lang einhielt, und irgendein Tränklein, dessen Zusammensetzung er mit unentzifferbarer Schrift auf ein Rezept hinkritzelte und das mir einen Monat lang guttat.

«Nicht wahr, die Diabetes war ein Schreckgespenst?» fragte er mich lächelnd.

Ich widersprach nur sanft, ich sagte jedenfalls nicht, daß ich mich nun, da mich die Diabetes verlassen hatte, sehr einsam fühlte.

Um diese Zeit kam mir zufällig das berühmte Buch des Doktor Beard über die Neurasthenie in die Hände. Ich folgte den

Ratschlägen, die ich dort fand, ich wechselte am Anfang jeder Woche die Medizinen, deren Rezepte ich aus dem Buch mit deutlicher Schrift abschrieb. Einige Monate lang schien mir die Kur gutzutun. Nicht einmal Copler hat in seinem Leben soviel Trost in Arzneien gefunden wie ich zu jener Zeit. Aber dieser Glaube verging. Ich hatte jedenfalls für einige Zeit Urlaub von der Psychoanalyse bekommen.

Da traf ich zufällig den Doktor S. Er fragte mich, ob ich beschlossen hätte, die Kur aufzugeben. Dabei war er sehr höflich, viel höflicher als zu den Zeiten, da er mich sicher in seinen Klauen wußte. Offenbar wollte er mich wiedergewinnen. Ich sagte ihm, ich hätte dringende Geschäfte vor, Familienangelegenheiten, die mich gänzlich in Anspruch nähmen und in Besorgnis versetzten; sobald ich aber zur Ruhe käme, würde ich ihn sofort wieder besuchen. Ich wollte ihn bitten, mir mein Manuskript zurückzugeben, aber ich wagte es nicht. Diese Bitte wäre eine deutliche Erklärung gewesen, daß ich von der Kur nichts mehr wissen will. Ich verschob daher den Versuch auf ein andermal, vielleicht wird Doktor S. bis dahin selber gewahr werden, daß ich nicht mehr an eine Kur denke.

Bevor er mich verließ, sagte er einige Worte in der deutlichen Absicht, mich wieder einzufangen: «Wenn Sie heute Ihre Psyche prüfen, werden Sie sie verändert finden. Passen Sie auf, Sie werden zu mir zurückkehren. Sie werden darauf kommen, daß ich Sie in einer verhältnismäßig kurzen Zeit der Gesundheit wesentlich näher gebracht habe.»

Ich aber glaube, daß ich mir mit seiner Hilfe und durch das Studium meiner Psyche nur neue Krankheiten zugezogen habe.

Meine Absicht ist jetzt, mich von seiner Kur zu heilen. Ich vermeide Träume und Erinnerungen. Nur durch sie ist mein armer Kopf so verwirrt, daß er sich auf seinem Halse nicht mehr sicher sitzen fühlt. Ich bin entsetzlich zerstreut. Wenn ich mit Leuten von irgendeiner Sache spreche, versuche ich, ohne es zu wollen, mich an irgendeine andere zu erinnern, die ich kurz vorher erwähnt oder getan habe und die plötzlich vergessen ist; oder an einen verschwundenen Gedanken, der mir von ungeheurer

Wichtigkeit zu sein scheint, gleich jenen Gedanken, die meinem Vater kurz vor seinem Tod zu schaffen machten und an die er sich gleichfalls nicht mehr erinnern konnte.

Fort mit diesen Spielereien, wenn ich nicht im Irrenhaus enden will.

Sollte ich geheilt sein?

15. Mai 1915.

Wir haben zwei Feiertage in unserer Villa in Lucinico verbracht. Mein Sohn Alfio muß sich von einer Influenza erholen. Er wird mit seiner Schwester noch einige Wochen dort bleiben. Zu Pfingsten wollen auch wir wieder hinfahren.

Es ist mir endlich gelungen, zu meinen lieben Vorsätzen zurückzukehren: Ich will nicht mehr rauchen. Ich fühle mich schon viel besser, seitdem es mir gelungen ist, mich von der Freiheit zu befreien, die dieser Idiot von Arzt mir gestatten wollte. Heute, am Fünfzehnten des Monats, wurde ich von der Schwierigkeit überrascht, die unser Kalender einem regelmäßigen und ordentlichen Vorsatz entgegenstellt. Kein Monat gleicht dem anderen. Um meinen Vorsatz besser zu demonstrieren, müßte ich dann aufhören zu rauchen, wenn am selben Tag auch etwas anderes aufhörte: z. B. ein Monat. Aber außer dem Juli und August und dem Dezember und Januar gibt es keine anderen Monate, die aufeinanderfolgend zusammen eine gerade Anzahl von Tagen ergeben. Die Zeit kennt wirklich keine Ordnung.

Um mich besser auf meinen Vorsatz zu konzentrieren, verbrachte ich den Nachmittag des zweiten Tages allein an den Ufern des Isonzo. Es gibt keine bessere Konzentration, als den Blick starr auf fließendes Wasser zu richten. Man bleibt ruhig, das vorbeiziehende Wasser bringt die Abwechslung, die man braucht. Das Wasser bleibt niemals sich selber gleich (sei es auch nur für den Bruchteil eines Augenblicks), weder an Farbe noch an Gestalt.

Das war ein seltsamer Tag. Vermutlich ging ganz oben in der Höhe ein starker Wind, denn die Wolken veränderten ihre Form. Unten blieb die Luft unbewegt. Von Zeit zu Zeit geschah es, daß die schon warme Sonne sich durch einen plötzlichen Riß zwischen den bewegten Wolken einen Weg bahnen konnte. Dann überflutete sie mit ihren Strahlen irgendeinen Hügel oder Berggipfel und ließ inmitten der Schatten, die die ganze Landschaft bedeckten, ein saftiges Maigrün aufblitzen. Die Luft war warm. Die Wolkenflucht am Himmel hatte etwas Frühlingshaftes. Es gab keinen Zweifel: das Wetter war gleichfalls im Begriff, gesund zu werden.

In meiner Konzentration genoß ich einen der wenigen Augenblicke, die das geizige Leben manchmal gewährt, die voll echter und großzügiger Gerechtigkeit sind und in denen man aufhört, sich als Opfer zu fühlen. Angesichts des Grüns, das so reizvoll unter den zerstreuten Sonnenstrahlen aufglänzte, vermochte ich über mein Leben und auch über meine Krankheit zu lächeln. In beiden hat die Frau eine große Rolle gespielt. Sogar schon die Details einer Frau, ihre kleinen Füße, ihre Taille, ihr Mund – so etwas konnte meine Tage ausfüllen. Und wie ich mein Leben und auch meine Krankheit vor meinem Geist Revue passieren ließ, liebte und verstand ich beide! Um wieviel schöner war doch mein Leben als das der sogenannten Gesunden, die immer (außer in besonderen Augenblicken) ihre Frau schlagen oder schlagen wollen. Ich hingegen war nur von der Liebe geleitet worden. Wenn ich nicht an meine Frau dachte, dachte ich in gewisser Hinsicht immer noch an sie, indem ich sie in Gedanken darum um Verzeihung bat, daß ich an eine andere dachte. Andere Männer verlassen ihre Frauen enttäuscht und verzweifeln am Leben. Mein Leben ist niemals ohne Sehnsucht gewesen. Nach jedem Schiffbruch tauchten die Illusionen gleich in ihrer ganzen Größe wieder auf. Es entstand ein Traum, der von noch schöneren Gliedmaßen, Tönen und Gebärden handelte.

Jetzt erinnere ich mich, daß eine von den vielen Lügen, die ich jenem großartigen Beobachter, dem Doktor S., auftischte, folgendermaßen lautete: «Ich habe nach Adas Abreise meine Frau nicht mehr betrogen.» Auch auf diese Lüge basierte er eine ganze Theorie. Aber an diesem Tag, am Ufer des Flusses, wurde ich mir plötzlich und mit Schrecken bewußt, daß ich tatsächlich seit einigen Tagen, vielleicht seit dem Aufgeben der Kur, keine weibliche Gesellschaft (außer der meiner Frau) mehr gesucht hatte. Sollte ich geheilt sein, wie Doktor S. annahm? Meine alte Visage schauen die Frauen schon seit langer Zeit nicht mehr an. Wenn ich nun auch aufhörte, sie anzusehen, dann wäre jede Beziehung zwischen mir und ihnen abgebrochen.

Wenn mich ein solcher Verdacht in Triest befallen hätte, hätte ich ihn sofort auf seine Richtigkeit prüfen können. Hier war das wesentlich schwerer.

Wenige Tage zuvor hatte ich die Memoiren des Da Ponte in Händen, dieses Abenteurers und Zeitgenossen Casanovas. Sicherlich war auch er durch Lucinico gekommen. Ich träumte nun davon, auf eine seiner gepuderten Damen zu stoßen, deren schöne Glieder von Krinolinen verborgen wurden. Mein Gott! Wie hatten es diese Frauen nur angestellt, sich so rasch und so oft hinzugeben, da ihnen doch diese steifen Stoffmassen höchst hinderlich gewesen sein mußten!

Es scheint, daß dieser Gedanke mich trotz meiner Kur noch genügend aufregte. Aber diese Aufregung war doch zu künstlich hervorgerufen worden und reichte nicht aus, mich zu beruhigen.

III.
«Das Leben eines alten Mannes
ist wirklich wild»

Über das Alter und die Kuren dagegen

Der Greis

Die Sache hat sich dieses Jahr zugetragen, im Monat April, der uns einen Tag wie den andern düsteres, regnerisches Wetter und nur zwischenhinein ein paar unverhoffte Sonnenstrahlen und ein bißchen Wärme brachte.

Eines Abends fuhr ich mit Augusta von einem kurzen Ausflug nach Capodistria im Automobil nach Hause zurück. Meine Augen waren müde von der Sonne, und ich fühlte das Bedürfnis nach Ruhe. Nicht nach Schlaf, sondern nach Nichtstun. Ich war weit weg von den Dingen, die mich umgaben und die ich doch an mich herankommen ließ, weil nichts anderes da war, das sie ersetzt hätte: Sie glitten an mir vorüber, ohne mir etwas zu sagen. Nach Sonnenuntergang war alles auch recht farblos geworden, um so mehr, als an die Stelle der grünen Felder jetzt die grauen Häuser und düsteren Straßen getreten waren, die ich so gut kannte, daß ich schon im voraus wußte, was kommen würde. Ob man sie ansah oder schlief, kam ungefähr auf eins heraus.

Auf der Piazza Goldoni mußten wir vor dem Verkehrspolizisten anhalten, und ich wurde wieder munter. Da sah ich ein junges Mädchen auf uns zukommen, das im Bestreben, anderen Wagen auszuweichen, dem unseren so nahe kam, daß es ihn fast streifte. Sie war weiß gekleidet mit grünen Bändchen am Hals und grünen Streifen auch auf der leichten, offenen Pelerine, unter der ihr ebenfalls weißes Kleid hervorsah, das wie die Pelerine mit feinen Streifen von dem gleichen leuchtenden Grün besetzt war. Das ganze Figürchen war ein Bild des Frühlings. Was für ein schönes Mädchen! Die Gefahr, in der sie sich sah, entlockte ihr ein Lächeln, während ihre großen schwarzen, weit offenen Augen abwägend blickten. Das Lächeln ließ das blendende Weiß ihrer Zähne aus diesem rosigen Gesicht hervorleuchten. Im Bemühen, sich schmaler zu machen, hatte sie die Hände gegen die Brust gedrückt, und in der einen hielt sie die weichen Handschuhe. Ich sah diese Hände ganz genau, ihr Weiß und ihre Form, die langen Finger und die schmale Handfläche, die in die Rundung des Handgelenks überging.

Und da, ich weiß nicht warum, hatte ich die Empfindung, daß es grausam gewesen wäre, den Augenblick entfliehen zu lassen, ohne zwischen mir und dem jungen Mädchen irgendeine Beziehung zu knüpfen. Zu grausam. Doch Eile tat not, und die Eile schuf die Verwirrung. Ich erinnerte mich! Zwischen ihr und mir bestand ja schon eine Beziehung. Ich kannte sie. Ich grüßte sie, indem ich mich gegen das Wagenfenster vorneigte, um gesehen zu werden, und begleitete meinen Gruß mit einem Lächeln, das meine Bewunderung für ihren Mut und ihre Jugend bekunden sollte. Doch sofort hörte ich wieder auf zu lächeln, weil mir einfiel, daß dabei all das Gold in meinem Munde sichtbar wurde, und betrachtete sie jetzt ernst und aufmerksam. Das junge Mädchen hatte gerade noch Zeit, mich neugierig anzusehen, und erwiderte den Gruß mit einem zögernden, leichten Neigen des Kopfes, was ihrem Gesicht etwas sehr Zerknirschtes gab. Das Lächeln war daraus verschwunden, was seinen Ausdruck – wie bei einem Wechsel des Lichtes – so verwandelte, als hätte sich zwischen sie und meine Augen ein Prisma geschoben.

Augusta hatte sofort das Lorgnon an die Augen geführt, als sie das junge Mädchen in Gefahr sah, überfahren zu werden. Auch sie grüßte, um es mir gleichzutun, und fragte: «Wer ist dieses junge Mädchen?»

Den Namen wußte ich wirklich nicht mehr. Ich heftete die Augen fest auf die Vergangenheit mit dem lebhaften Wunsch, ihn dort wiederzufinden, und durcheilte die Jahre, eins ums andere, weit, weit zurück. Da entdeckte ich das Mädchen an der Seite eines Freundes meines Vaters. «Die Tochter des alten Dondi», murmelte ich etwas unsicher. Nun, da ich den Namen ausgesprochen hatte, schien es mir, als erinnerte ich mich deutlicher. Die Erinnerung an das junge Mädchen rief eine andere Erinnerung wach. Ich sah eine kleine Villa in einem kleinen grünen Garten, und dabei fielen mir die Worte ein, mit denen dieses junge Mädchen die ganze Gesellschaft zum Lachen gebracht hatte: «Warum fällt nie eine Katze allein vom Dach, warum fallen immer gleich zwei?» So hatte sie damals, wie heute auf der Piazza Goldoni, ihre kecke Naivität vor aller Welt kundgetan, und auch ich war damals so naiv gewesen, daß ich mit allen andern mitlachte, statt sie, schön und begehrenswert wie sie war, in die Arme zu nehmen. Ich will sagen, daß diese Erinnerung mich für einen Augenblick wieder jung machte und mir ins Gedächtnis zurückrief, daß auch ich einmal imstande gewesen war, zuzugreifen, festzuhalten, zu kämpfen.

Augusta machte diesem verworrenen Traum ein Ende, indem sie hell auflachte: «Die Tochter des alten Dondi ist heute so alt wie du! Wen hast du da gegrüßt? Die Dondi war ja sechs Jahre älter als ich. Ha ha ha! Hätte die hier gestanden, so wäre sie wohl, statt über die Gefahr zu lächeln wie dieses junge Mädchen, hinkend und humpelnd unter unsere Räder geraten.»

Wiederum änderte sich das Licht dieser Welt, als erreichte es mich plötzlich durch ein Prisma. Ich stimmte nicht sogleich in Augustas Lachen ein. Aber ich mußte es wohl! Sonst hätte ich ihr verraten, wie wichtig ich dies Abenteuer nahm, und dies wäre das erste Mal gewesen, daß ich Augusta etwas gebeichtet hätte. «Ach ja, daran hatte ich nicht gedacht. Alles verschiebt sich, jeden Tag ein wenig, was in einem Jahr viel ausmacht und in siebzig Jahren sehr viel.» Dann sagte ich etwas, was aufrichtig war. Indem ich mir die Augen rieb wie einer, der geschlafen hat, bemerkte ich: «Ich hatte ganz vergessen, daß ich selber alt bin und daß deshalb auch alle meine Altersgenossen alt sind. Selbst jene, die ich nicht habe alt werden sehen, und auch die andern, die im verborgenen blieben und nie von sich reden machten, sie alle sind, ohne daß jemand darauf geachtet hätte, jeden Tag älter geworden.» Die Anstrengung, jenes kurze Aufblitzen von Jugend, das ich hatte erleben dürfen, zu verheimlichen, machte mich kindisch. Ich mußte einen anderen Ton anschlagen, und so fragte ich mit der gleichgültigsten Miene: «Wo lebt denn eigentlich die Tochter des alten Dondi?» Augusta wußte es nicht. Sie sei nicht mehr nach Triest zurückgekehrt, nachdem sie sich mit einem Ausländer verheiratet hatte.

Und darum sah ich die arme Dondi vor mir, wie sie, nun freilich in langen Röcken, irgendwo in einem Erdenwinkel als eine Unbekannte lebte, das heißt unter Menschen, die sie nie jung gesehen hatten. Dieser Gedanke rührte mich, denn das war mein eigenes Geschick, obwohl ich mich nie von hier fortbegeben habe. Augusta ist die einzige, die sagt, daß sie sich meiner genau erinnere: all der großen Tugenden meiner Jugend und einiger Fehler, vor allem meiner Angst vor dem Altwerden, die sie mir noch immer nicht verzeiht, obwohl sie inzwischen hätte bemerken können, wie begründet sie war. Aber ich glaube ihr nicht. Von ihr ist mir jedenfalls nicht viel mehr in Erinnerung als das, was ich sehe. Außerdem kannte sie meine Jugend ja nur teilweise, ich will sagen, sehr oberflächlich. Ich selber erinnere mich deutlicher an meine Jugendabenteuer als an das Aussehen und an die Gefühle meiner Frau. Mitunter, ganz unversehens, ist es mir, als kehre die Jugend wieder, und ich muß rasch vor den Spiegel treten, um mich in der Zeit zurechtzufinden. Ich betrachte dann diese Partie unter meinem Kinn, die durch schlaffe Hautfalten entstellt ist, um an den Platz zurückzukehren, an den ich gehöre. Einmal erzählte ich meinem Neffen Carlo, der Arzt ist und jung und der sich deshalb aufs Alter versteht, von diesen Momenten eingebildeter Jugend, die mich zuweilen überkommen. Boshaft lächelnd sagte er, dies sei sicher eine Alterserscheinung, denn ich hätte ganz vergessen, wie man sich als junger Mensch fühle, und müsse erst die Falten an meinem Hals betrachten, um zu mir selbst zurückzufinden. Und laut lachend fügte er hinzu: «Das ist geradeso wie bei deinem Nachbarn, dem alten Cralli, der allen Ernstes glaubt, er sei der Vater des Kindes, das seine junge Frau demnächst zur Welt bringen wird.»

Das denn doch nicht! Ich bin noch jung genug, nicht in dergleichen Irrtümer zu verfallen. Ich kann mich nur nicht sicher genug in der Zeit zurechtfinden. Und vielleicht ist das nicht meine Schuld allein. Davon bin ich überzeugt, auch wenn ich es nicht wagen würde, mit Carlo darüber zu reden; er würde es nicht verstehen und mich nur auslachen. Die Zeit vollbringt ihre Verheerungen nach einem unfehlbaren und grausamen Plan, dann entfernt sie sich in einem langen, immer noch wohlgeordneten Zuge von Tagen, Monaten und Jahren; doch wenn sie so weit weg ist, daß sie unsern Blicken entschwindet, verwirren sich ihre Reihen. Jede Stunde sucht ihren Platz in irgendeinem andern Tag und jeder Tag in irgendeinem andern Jahr. Deshalb erscheint in der Erinnerung das eine Jahr voller Sonne, wie ein einziger Sommer, ein anderes dagegen von Anfang bis zu Ende von Kälte durchschauert. Und kalt und ohne Licht ist wahrlich das Jahr, in dem in unserer Erinnerung nichts an seinem richtigen Platze steht: dreihundertundfünfundsechzig Tage zu je vierundzwanzig Stunden tot und entschwunden. Ein wahres Massengrab!

Zuweilen flammt in solchen toten Jahren ganz unversehens ein Licht auf und beleuchtet die eine oder andere Episode, in der man erst jetzt eine seltene Blume des eigenen Lebens, voll süßen Dufts, entdeckt. Deshalb war mir das Fräulein Dondi niemals so nahe wie an diesem Tag auf der Piazza Goldoni. Früher, in jenem kleinen Garten (vor wie vielen Jahren?), hatte ich sie kaum gesehen, und in meiner Jugend war ich an ihr vorbeigegangen, ohne ihre Anmut und Unschuld wahrzunehmen. Und nun, da ich sie wiedergefunden habe und man uns beisammen sieht, fangen die Leute zu lachen an. Warum sah ich, warum erkannte ich sie nicht früher? Vielleicht wird in der Gegenwart jedes Ereignis durch unsere Sorgen, durch die uns drohenden Gefahren getrübt? Sehen und erfassen wir es erst, wenn wir fern sind, in Sicherheit?

Ich aber kann mich hier, in meinem kleinen Zimmer, sogleich in Sicherheit bringen, meine Gedanken auf diesen Blättern sammeln, um die Gegenwart in ihrem unvergleichlichen Licht zu betrachten und zu analysieren und auch zu jenem Teil der Vergangenheit vorzudringen, der noch nicht entschwunden ist.

Ich werde also die Gegenwart und den noch nicht entschwundenen Teil der Vergangenheit beschreiben, nicht um die Erinnerung daran festzuhalten, sondern um mich zu sammeln. Hätte ich das immer getan, so wäre ich bei jener Begegnung auf der Piazza Goldoni nicht so verdutzt und verwirrt gewesen. Ich hätte dem jungen Mädchen keinen Namen beigelegt, der ziemlich sicher nicht der seine war. Ich hätte es einfach angeschaut, wie es jeder kann, dem unser Herrgott das Augenlicht erhalten hat. Von Kopf bis Fuß.

Ich fühle mich nicht alt, aber ich habe das Gefühl, eingerostet zu sein. Um mich lebendig zu fühlen, muß ich denken und schreiben, denn das Leben, das ich führe, mit all den Tugenden, die ich habe und die mir zugeschrieben werden, und all den Neigungen und Pflichten, die mich binden und lähmen, beraubt mich jeder Freiheit. Ich lebe in derselben Untätigkeit, in der man stirbt. Aber ich will mich aufraffen, will erwachen. Vielleicht werde ich dann auch tugendhafter und liebevoller. Leidenschaftlich tugendhaft sogar. Aber das wird dann meine ganz eigene Tugend sein und nicht die von den andern gepredigte, die mich, wenn ich sie anlege, nicht kleidet, sondern einschnürt. Ich muß dieses Gewand entweder ein für allemal ablegen oder lernen, es auf meine Maße zurechtzuschneidern.

Das Schreiben wird für mich daher eine hygienische Maßnahme sein, der ich mich jeden Abend, kurz bevor ich meine Purganz nehme, unterziehen werde. Und ich hoffe, daß in diesen Blättern auch die Worte stehen werden, die ich für gewöhnlich nicht ausspreche, denn nur so wird die Kur erfolgreich sein.

Schon einmal schrieb ich mit demselben Vorsatz, aufrichtig zu sein, und auch damals handelte es sich um eine hygienische Maßnahme, denn jene Übung sollte mich auf eine psychoanalytische Behandlung vorbereiten. Die Behandlung hatte keinen Erfolg, aber die Blätter blieben. Wie kostbar sie sind! Mir scheint, ich hätte nur jenen Teil des Lebens gelebt, den ich beschrieben habe. Gestern las ich sie wieder durch. Leider begegnete ich in ihnen nicht der alten Dondi (Emma hieß sie, ja, Emma), dafür entdeckte ich viele andere Dinge. Auch ein wichtiges Ereignis, das zwar nicht erzählt ist, an das jedoch ein leer gelassener Raum erinnert, in den es sich ganz natürlich einfügt. Ich würde es sogleich aufschreiben, wenn ich es jetzt nicht vergessen hätte. Doch es geht nicht verloren; bestimmt werde ich es beim Durchlesen jener Blätter wiederfinden. Und die sind da, immer zu meiner Verfügung, jeder Unordnung entrissen. Die Zeit ist darin kristallisiert, und man findet sie wieder, wenn man es versteht, die richtige Seite aufzuschlagen. Wie bei einem Kursbuch.

Sicherlich habe ich all das getan, was darin erzählt ist, jedoch wenn ich darüber lese, erscheint es mir bedeutungsvoller als mein Leben selbst, das mir lang und leer vorkommt. Es ist begreiflich, daß, wenn man über das Leben schreibt, es gewichtiger wird, als es ist. Das Leben selber wird verwässert und daher getrübt durch allzu viele Dinge, die in seiner Beschreibung nicht erwähnt werden. Man spricht darin vom Atem erst, wenn er beschwerlich wird, und auch von Ferien, Schlaf und Essen nicht eher, als einem diese Dinge aus irgendeiner tragischen Ursache abgehen. In der Wirklichkeit dagegen kehren sie, zusammen mit vielen anderen solchen Betätigungen, immer wieder, regelmäßig wie ein Pendel, und füllen gebieterisch einen so großen Teil unseres Tages, daß darin zum Weinen wie zum Lachen nicht allzuviel Platz bleibt. Schon aus diesem Grunde wirkt die Beschreibung eines Lebens, von dem ein großer Teil – der, den alle kennen und von dem sie nicht reden – ausgespart wird, soviel lebendiger als das Leben selbst.

Kurzum, dadurch, daß man sein Leben erzählt, wird es idealisiert, und ich schicke mich an, diese Aufgabe ein zweites Mal auf mich zu nehmen, zitternd, als gehe es um eine heilige Sache. Wer weiß, vielleicht finde ich in der Gegenwart, wenn ich sie aufmerksam betrachte, etwas von meiner Jugend wieder, der ich mit meinen müden Beinen nicht nachlaufen kann und die ich heraufzubeschwören suche, damit sie zu mir kommt. Schon in den wenigen Zeilen, die ich niederschrieb, tauchte sie auf und erfüllte mich so, daß sich die Müdigkeit des Alters in meinen Adern verringerte.

Es besteht jedoch ein großer Unterschied zwischen dem Gemütszustand, in dem ich das vorige Mal mein Leben erzählte, und dem heutigen. Meine Lage ist seither einfacher geworden. Wohl befinde ich mich noch immer in einem Konflikt zwischen Gegenwart und Vergangenheit, aber wenigstens drängt sich zwischen diese beiden nicht mehr die Hoffnung, die bange Hoffnung auf die Zukunft. So lebe ich also weiter in einer gemischten Zeit, wie es das Schicksal des Menschen ist, dessen Grammatik jedoch nur jene reinen Zeiten kennt, die für die Tiere gemacht zu sein scheinen, die, solange man sie nicht erschreckt, unbekümmert in einer kristallenen Gegenwart leben. Für den Greis jedoch (ja, ich bin ein Greis: es ist das erste Mal, daß ich es ausspreche, und das ist die erste Errungenschaft, die ich meiner neuen Selbstbesinnung verdanke) wird das Leben durch die Verstümmelung, durch die es das verlor, was es nie besessen hat – die Zukunft –, einfacher, zugleich aber auch so sinnlos, daß man versucht wäre, die kurze Gegenwart darauf zu verwenden, sich die wenigen Haare auszuraufen, die auf dem verunstalteten Kopf noch übrig sind.

Ich jedoch versteife mich darauf, in dieser Gegenwart etwas anderes zu tun, und wenn sie mir, wie ich hoffe, noch Raum für eine Tätigkeit läßt, so werde ich den Beweis geliefert haben, daß diese Gegenwart länger ist, als es den Anschein hat. Sie zu messen, ist schwierig, und der Mathematiker, der dies unternehmen wollte, würde sich gewaltig irren und den Beweis liefern, daß er nicht zuständig ist. Ich glaube wenigstens zu wissen, wie man bei einer solchen Messung vorzugehen hätte. Sobald es unserem Gedächtnis gelungen ist, die Ereignisse von all dem zu befreien, was an ihnen Überraschung, Schrecken und Unordnung hervorrufen konnte, kann man sagen, daß sie in die Vergangenheit übergegangen sind.

Ich habe darüber so lange nachgedacht, daß sogar mein tatenloses Leben mir die Gelegenheit zu einem Experiment bot, das dieses Problem erhellen könnte, wenn ein anderer das Experiment mit genaueren Instrumenten wiederholte, das heißt, wenn man an meine Stelle einen Menschen setzen würde, der im exakten Aufzeichnen besser geschult wäre als ich.

Eines Tages im vergangenen Frühjahr brachten Augusta und ich den Mut auf, mit unserm Automobil eine Fahrt über Udine hinaus zu machen und in einer berühmten Locanda zu essen, wo man sich noch auf die bedächtige und unfehlbare Kunst des Bratens am Spieß versteht. Danach fuhren wir noch etwas weiter, um den mächtigen Karnischen Alpen näher zu sein. Plötzlich kam jene Müdigkeit über uns, die sich bei alten Leuten einstellt, wenn sie bewegungslos in einer zu bequemen Stellung verharren. Wir stiegen aus, und das Bedürfnis, uns die Füße zu vertreten, war so stark, daß wir einen kleinen bewaldeten Hügel hinaufkletterten, der sich neben der Landstraße erhob. Dort oben wurde uns zum Lohn eine Überraschung zuteil. Wir sahen die Straße nicht mehr, ja nicht einmal mehr die Felder zu Füßen der Anhöhe, auf der wir standen, sondern nur noch unzählige sanfte, grüne Hügel, die alles verdeckten und nur den Ausblick auf die nahen mächtigen Berge mit den blauen Felsgipfeln freiließen, die ernst auf uns herniederschauten. Zu Fuß waren wir schneller in eine neue Umgebung gelangt als mit dem Auto, und ich stieß einen tiefen Seufzer der Erleichterung aus: eine Freude, die ich nicht mehr vergessen habe! War diese Freude der Überraschung zuzuschreiben oder der balsamischen, vom Straßenstaub freien Luft oder unserer Einsamkeit, die vollkommen zu sein schien? Die Freude machte mich unternehmungslustig, und ich schritt auf der Anhöhe weiter bis zum anderen Ende, das der Straßenseite, von der wir gekommen waren, gegenüberlag. Es war ein bequemer Weg, ein im hohen Gras ausgetretener Fußpfad. Von hier aus entdeckte ich ein Häuschen am Fuße des Hügels und davor einen Mann, der mit kräftigen Hammerschlägen ein Stück Eisen auf einem Amboß bearbeitete. Und wie ein Kind wunderte ich mich darüber, daß der metallische Klang dieses Ambosses erst dann mein Ohr erreichte, wenn sich der Hammer schon wieder zum neuen Schlag erhoben hatte. Wie kindlich von mir; aber sehr kindlich ist auch Mutter Natur, die solche Unstimmigkeit zwischen Licht und Klang erfindet.

Die Freude an diesen Farben und dieser Einsamkeit blieb mir lange im Gedächtnis haften und folglich auch der Zwiespalt zwischen meinem Ohr und meinem Auge. Später mischte sich die Ernsthaftigkeit der Erinnerung ein, die Logik meines Verstandes, um die Unordnung der Natur zu korrigieren, und wenn ich heute an jenen Hammer zurückdenke, so höre ich schon in demselben Augenblick, da er auf den Amboß niederfällt, den Ton, den er hervorruft, widerhallen. Zugleich aber hat sich das Schauspiel irgendwie verfälscht. An die Stelle der Unordnung der Gegenwart trat die Unordnung der Vergangenheit. Jene Hügelfamilie wurde noch zahlreicher, und alle waren dichter bewaldet. Auch die Felsen der Berge wurden noch düsterer und strenger, vielleicht rückten sie auch noch näher; aber alles war geordnet und aufeinander abgestimmt. Das schlimme ist nur, daß ich mir nicht notierte, wie viele Tage jene Gegenwart brauchte, um sich so zu verwandeln. Aber auch wenn ich es notiert hätte, hätte ich doch nichts anderes dazu sagen können als: Im Geiste des siebzigjährigen Zeno Cosini reifen die Dinge in soundso vielen Stunden und soundso vielen Minuten. Wie viele andere Experimente hätte man an den verschiedensten Individuen und in ihren verschiedensten Altersstufen vornehmen müssen, um schließlich die Gesetzmäßigkeit zu entdecken, von der die Grenze zwischen Gegenwart und Vergangenheit bestimmt wird.

Und so werde ich, wie mein verstorbener Vater, mein Leben mit einem Notizbüchlein in der Hand beschließen. Wie habe ich über jenes Büchlein gelacht! Zwar lächle ich auch heute noch, wenn ich daran zurückdenke, daß er es eigentlich zukünftigen Dingen vorbehielt. Er notierte darin, was er erledigen mußte, das Datum für regelmäßig abzustattende Besuche und so weiter. Ich besitze noch eines seiner Büchlein. Viele Aufzeichnungen beginnen mit einer Mahnung: Nicht vergessen, an dem und dem Tage das und das zu tun. Er glaubte an die Wirksamkeit der Mahnungen, die er in diesem Büchlein begrub. Ich habe den Beweis, daß sein Vertrauen unbegründet war. Ich fand eine Notiz, die lautet: Unter keinen Umständen (diese Worte sind unterstrichen) vergessen, Olivi gelegentlich zu sagen, daß mein Sohn bei meinem Tode vor allen als der eigentliche Chef des Hauses erscheinen soll, obwohl er es nie sein wird.

Man muß annehmen, daß die Gelegenheit, mit Olivi zu reden, sich nicht mehr geboten hat. Aber jedes Bemühen, sich von einer Zeit in die andere zu versetzen, ist bereits ein eitles Unterfangen, und man muß schon so naiv sein wie mein Vater, um zu glauben, man könne seine eigene Zukunft lenken. Mag sein, daß die Zeit, wie die Philosophen versichern, gar nicht existiert, aber ganz gewiß existieren die Gefäße, die sie enthalten, und die sind beinahe hermetisch verschlossen. Nur spärliche Tropfen sickern vom einen ins andere.

[...]

Ich bin des Schreibens müde für heute abend. Augusta, die mich von der andern Seite des Korridors her vor einer Weile rief, wird in ihrem wohlbereiteten Bett schon eingeschlafen sein, den Kopf umwunden von dem unterm Kinn geknoteten Netz, das sie willig erträgt, um ihr weißes, kurzgeschnittenes Haar zu bändigen. Eine Beengung, eine Last, die mich kein Auge zutun ließe. Ihr Schlaf ist noch immer leicht, doch geräuschvoller als früher. Ganz besonders bei den ersten Atemzügen, beim ersten Sichfallenlassen. Es hört sich gerade so an, als seien andere Organe, die vorher untätig waren, auf einmal herbeibeordert worden, um die Atemzüge zu dirigieren, und als begehrten sie nun auf, weil man sie unversehens aus der Ruhe aufgerüttelt hat. Eine schreckliche Maschine sind wir, wenn wir alt sind! Sooft ich Augustas Kraftanstrengung mitangehört habe, bangt mir vor der, die mir selber bevorsteht, und ich finde keinen Schlaf, es sei denn, daß ich mir die doppelte Dosis Schlafpulver zugestehe. Deshalb tue ich gut daran, erst dann zu Bett zu gehen, wenn Augusta schon schläft. Allerdings wecke ich sie damit auf, aber sie schläft dann geräuschloser wieder ein.

Und hier gebe ich mir, nach dem Beispiel meines Vaters, eine Ermahnung: «Merke dir, daß du dich in diesen Aufzeichnungen nicht allzusehr über das Alter beklagen sollst! Du würdest deine Lage erschweren.»

Doch es wird schwierig sein, nicht darüber zu sprechen. Weniger naiv als mein Vater, weiß ich von vornherein, daß dies eine nutzlose Ermahnung ist. Den ganzen Tag alt sein, ohne eine

Pause! Und mit jedem Augenblick älter werden! Ich gewöhne mich nur mit Mühe daran, so zu sein, wie ich heute bin, und morgen muß ich mich derselben Mühe unterziehen, um mich wieder auf den Stuhl zu setzen, der noch unbequemer geworden ist. Wer kann mir das Recht nehmen, zu reden, zu schreien, zu protestieren? Zumal der Protest der kürzeste Weg zur Resignation ist.

Gäbe es auf dieser Welt keine Greise, könnte man sich unmöglich vorstellen, daß aus dem rosigen Gesicht des Kindes, in dem sich ein noch nahezu ungeformtes Leben ausdrückt, dieses harte Pergament, das bleiche Gesicht des Greises, werden kann, das ganz aus Linien besteht, die das Leben in der langen Zeit eine nach der anderen gezogen hat, ohne Rücksicht auf Harmonie, und deren eine Gedanken, vielleicht auch leidvolle Gedanken, bedeuten können, während andere das Leid des Fleisches selbst bedeuten, das sich zusammenzieht oder spannt, weil es über- oder unterernährt ist, wie lauter Narben, die die ursprünglichen Linien verwischen, es sei denn, daß sie, da sie aus demselben Material gemacht sind, deren Karikatur hervorbringen.

◆◆◆

Ich verstehe nicht, wie mir in meinem törichten Leben etwas so Ernstes wie das Alter zustoßen kann.

◆◆◆

Ich bin ein Mensch, der ausgesprochen zur Unzeit geboren wurde. In meiner Jugend ehrte man nur die Alten, und die Alten von damals, das kann man sagen, ließen es nicht einmal zu, daß die Jungen über sich selber redeten. Sie geboten ihnen sogar dann zu schweigen, wenn man über Dinge sprach, die eigentlich ihre Angelegenheit gewesen wären, über die Liebe zum Beispiel. Eines Tages, so erinnere ich mich, unterhielten sich einige

Altersgenossen meines Vaters in seiner Gegenwart über eine große Leidenschaft, die einen reichen Triestiner erfaßt hatte und durch die er sich zugrunde richtete. Es waren alles Leute um die Fünfzig und darüber, die mich meinem Vater zuliebe in ihrer Gesellschaft duldeten und mich mit dem Kosenamen «junges Füllen» bezeichneten.

Ich brachte den Alten natürlich den Respekt entgegen, den die damalige Zeit forderte, und brannte darauf, sogar die Liebe von ihnen zu lernen. Etwas aber war mir an der Geschichte nicht klar, und um die gewünschte Aufklärung zu erhalten, warf ich folgende Worte ins Gespräch: «Ich hätte in einem solchen Falle ...» Mein Vater fuhr mir sofort über den Mund: «Sieh einmal an! Jetzt wollen sich auch schon die Flöhe kratzen.»

Nun, da ich alt bin, respektiert man nur die Jungen, so daß ich mein Leben verbracht habe, ohne jemals respektiert worden zu sein. Das dürfte auch der Grund sein, warum ich sowohl gegen die Jugend, die man jetzt respektiert, als auch gegen die Alten, die man damals respektierte, eine gewisse Antipathie empfinde. So stehe ich denn isoliert in dieser Welt, da mir sogar mein Alter immer als Minderwertigkeit angelastet wurde.

◆◆◆

Das Alter beginnt mit Minuten, die zu Stunden werden, die zu Tagen werden.

◆◆◆

10. 1. 1906

Warum, zum Teufel, spreche ich soviel von meinem Alter? Gewiß nicht aus Angst vor dem Tod, der weder Neugier noch Angst in mir weckt. Ich glaube, daß mein Leben tatsächlich zu kurz gewesen ist. Es war erfüllt von Träumen, die ich weder aufschrieb noch behielt. Ich bedaure nicht, daß ich nicht genügend genossen habe, aber ich bedaure aufrichtig, daß ich diesen ganzen Zeitraum nicht festgehalten habe. Im übrigen, wehe, wenn viele andere so dächten wie ich! Arme Menschheit! Wie viele Autobiographien!

Letizia wuchs heran, und das einzige, was ich von ihrer früheren Kindheit aufbewahrt habe, sind verblaßte Photographien! Alles um mich her stirbt täglich im Vergessen, weil ich fasziniert zusehe, von einem Haufen Leute belästigt, die mir die Ohren vollschreien. Siora Livia war eben noch zwanzig, und nun ist sie schon über einunddreißig. Mir kommt es vor, als sei sie schon immer so alt gewesen. Und wenn sie in das Alter kommt, in dem man hinfällig wird, dann werden wir immer alt gewesen sein.

◆◆◆

Siebzig Jahre scheinen viel, wenn man sie von unten nach oben betrachtet. Betrachtet man sie von oben, sind sie gar nichts. Erst gestern war meine Hochzeit, erst gestern taumelte ich von Ada zu Alberta und landete schließlich bei Augusta. Und das Komische ist, daß die Zeit, die meiner Eheschließung vorausging, meine eigentliche Jugend, mir noch näher ist als die andere. Mein Vater begleitet mich immer noch. Ich lächle über ihn, ich streite immer noch mit ihm, und dann streichle ich ihn voller Mitleid wegen seiner Schwäche, die sich in mir nicht wiederholt hat. Wie jung ich bin!

◆◆◆

13. Juni 1917

Ein alter Mensch ist notgedrungen ein ordentlicher Mensch. Inzwischen muß ich, mit sechsundfünfzig Jahren, auf drei Arten von Brillen achten, und das hat mich an Ordnung gewöhnt. Daher beginne ich mein Buch der Erinnerungen von neuem, voller Zuversicht, daß ich es zu Ende führen werde.

So viele Dinge und Personen, die mir so wichtig waren, sind

ein für allemal gestorben, und das bekümmert mich außerordentlich! Wie blaß sind jene Dinge und jene Personen! Nichts ist übriggeblieben von ihnen als abstrakte und vielleicht falsche Begriffe. Ich selbst könnte am Ende glauben, ich sei immer so gewesen, wie ich heute bin, während ich mich doch an Haß- und Liebesgefühle erinnere, die mir heute fremd sind. Ich bin jedoch im Zweifel darüber, ob ich mich nicht wesentlich ändere, wenn ich meine Wünsche ändere. Vielleicht ist das Wesentliche die Art und Weise. Da ich jedoch so wenig aufgeschrieben habe, kann ich es nicht nachprüfen. Gewiß erinnere ich mich gern an Wünsche und heftige Abneigungen, doch weiß ich nicht mehr, ob mir die aufgezeichneten Dinge auf Grund meiner Trägheit entgingen oder ob es das Schicksal so wollte, und ob die Dinge, die ich haßte, mich bis heute begleiten, weil ich zu wehrlos war oder weil sie zu stark waren. Napoleon muß über sein Leben besser Bescheid gewußt haben, auch wenn er es erst aufzeichnete, als sein eigentliches Leben vorbei war. Vor vier Jahren, kurz vor dem ersten Weltkrieg, unternahm ich eine große Reise, die mich durch ganz Europa führte. Ich erinnere mich, daß ich unterwegs wünschte, alle Felder sollten gute Erträge liefern, und die Bauern in ihren verschiedenartigsten Trachten sollten den Lohn ihrer Arbeit ernten. Und mir schien, ich hätte etwas Großartiges geleistet und Napoleon hätte mich beneiden können. Als dann der Weltkrieg ausbrach, schmerzte mich jede Niederlage, da ich gewiß nicht den Krieg gebraucht hatte, um den Haß loszuwerden.

Das Leben in einer gemischten Zeit

Mit diesem Datum beginnt für mich eine neue Zeitrechnung. Ich entdeckte dieser Tage etwas Wichtiges in meinem Leben, ja das einzig Wichtige, das mir je widerfahren ist: die von mir verfaßte Beschreibung eines Teils meines Lebens. Gewisse Aufzeichnungen, die ich für einen Arzt, der mir dies verordnete, gesammelt und dann beiseite gelegt hatte. Ich lese und lese sie immer wieder, und es fällt mir leicht, sie zu ergänzen, alle Dinge an den Platz zu setzen, an den sie gehören und den ich in meiner Unerfahrenheit nicht zu finden wußte. Wie lebendig ist doch dieses Stück Leben, und wie endgültig tot ist der Teil, den ich nicht erzählt habe. Ich suche ihn zuweilen angestrengt, denn ich fühle mich wie verstümmelt, doch er ist nicht mehr zu finden. Dabei weiß ich, daß der von mir beschriebene Teil meines Lebens gar nicht der wichtigste ist. Er wurde zum wichtigsten, weil ich ihn festgehalten habe. Und was bin ich nun? Nicht derjenige, der gelebt hat, sondern derjenige, den ich beschrieben habe. Oh! Das einzig Wichtige im Leben besteht in der Selbstbesinnung. Wenn dies einmal alle mit der gleichen Klarheit erkennen wie ich, dann werden alle schreiben. Das Leben wird literarisiert sein. Die eine Hälfte der Menschheit wird sich damit befassen, das, was die andere Hälfte niedergeschrieben hat, zu lesen und zu studieren. Die Selbstbesinnung wird die meiste Zeit in Anspruch nehmen und sie somit dem grauenvollen wirklichen Leben entziehen. Und sollte der eine Teil der Menschheit protestieren und sich weigern, die Ausführungen des anderen zu lesen, um so besser. Jeder wird sich selber lesen. Das eigene Leben mag dadurch klarer oder dunkler werden, aber es wird sich wiederholen, es wird sich korrigieren, es wird sich kristallisieren. Zumindest wird es nicht so bleiben, wie es ist, bedeutungslos, kaum geboren schon begraben, mit all diesen Tagen, die vorübergehen und sich – einer dem anderen gleich – ansammeln und zu Jahren fügen, zu Jahrzehnten, zu diesem leeren Leben, das nur geeignet ist, eine Ziffer in der Bevölkerungsstatistik abzugeben. Ich will wieder schreiben. Ich will mein ganzes Ich in diese Papiere legen, mein Dasein. Bei mir zu Hause nennen sie mich einen Brummbären. Ich will sie überraschen. Ich will meinen Mund nicht mehr auftun, sondern mich in diesen Papieren ausbrummen. Ich bin nicht für den Kampf geschaffen, und wenn man mir zu verstehen gibt, daß ich keine rechte Ahnung mehr von den Dingen habe, dann will ich nicht widersprechen und auch nicht zu beweisen suchen, daß ich noch durchaus imstande bin, für mich und für meine Familie zu entscheiden, sondern will hierher flüchten, um meine heitere Laune wiederzufinden.

Ich selber aber werde die Überraschung erleben, daß ich, wie ich mich jetzt hier beschreibe, sehr verschieden bin von dem Menschen, den ich vor Jahren beschrieben habe. Auch das nicht beschriebene Leben hat seine Spuren hinterlassen. Mir scheint, daß es sich im Laufe der Zeit etwas aufgehellt hat. Ich habe nicht mehr diese dummen Gewissensbisse, diese qualvolle Angst vor der Zukunft. Wovor sollte ich auch Angst haben? Was ich jetzt erlebe, ist ja diese Zukunft. Sie vergeht, ohne eine neue einzuleiten. Sie ist daher auch keine wirkliche Gegenwart. Sie befindet sich außerhalb der Zeit. In der Grammatik fehlt eine letzte Zeit. Es stimmt zwar daß mir die Sache mit der Verjüngungsoperation außerordentlich wichtig erschien. Aber nachdem ich mich in einer Anwandlung von Eigensinn zu dieser Operation entschlossen hatte, sah ich ihr ohne rechte Überzeugung entgegen, verstört, jederzeit bereit, mich anders zu besinnen, immer die Ohren gespitzt, ob nicht meine Frau, meine Tochter oder mein Sohn im letzten Moment doch noch einen Protestschrei ausstoßen würden, um mich davon abzuhalten. Keiner aber machte den Mund auf, möglicherweise brannten sie alle darauf, Zeugen eines so erstaunlichen Experiments zu werden, das sie nichts kostete. So fügte ich mich denn und litt dabei, ohne es zu zeigen. Ich hatte mir selbst den Rückweg abgeschnitten, indem ich zuerst meiner Frau und meiner Tochter lautstark meinen Entschluß verkündete, um sie zu erschrecken oder zu bestrafen, und mich dann am Telefon auch dem Arzt gegenüber festlegte, um sie noch mehr zu erschrecken, noch härter zu strafen. So endete ich ganz gegen meine Absicht auf dem Operationstisch. Dann kam diese Furunkulose, die mich seit einem Monat im Zimmer festhält.

Im übrigen aber ist das Alter ein ruhiger Lebensabschnitt. So ruhig, daß es schwerfällt, ihn aufzuzeichnen. Wo soll ich nur ansetzen, um zu schildern, was der Operation voranging? Das Weitere ist dann leicht. Die Erwartung der Jugend, die die Operation mir bringen sollte, war selber wie eine Art Jugend, etwas, was einem besonderen Lebensalter gleichkam und was ich mit all seinen großen Schmerzen und großen Hoffnungen zu beschreiben vermag. Ich sehe jetzt mein Leben, wie es mit der Kindheit begann, in die Wirrnis der Knabenzeit überging, die eines schönen Tages im Jünglingsalter Klärung fand – eine Art Zerstörung von Illusionen –, sodann unversehens in die Ehe mündete, in eine Resignation, gegen die ich dann und wann aufbegehrte, und schließlich ins Alter hineinglitt, dessen hauptsächliches Kennzeichen war, daß es mich in den Schatten verbannte und mir die Rolle des Hauptdarstellers entzog. Für alle, sogar für mich, hatte mein Leben jetzt nur noch den Zweck, die anderen, meine Frau, meine Tochter, meinen Sohn und meinen Enkel, stärker in den Vordergrund treten zu lassen. Dann kam die Operation, und alle blickten voll Bewunderung auf mich. Ich war erregt, ich kehrte ein paar Lebensstrecken zurück, und sie waren meinen eigenen einstigen Lebensstrecken sehr ähnlich, ich will sagen, den Strecken jenes Lebens, das noch keiner Operationen bedurfte, des natürlichen, allen Menschen gegebenen Lebens; und meine Erregung führte mich schließlich zu diesen Papieren, die ich, so glaube ich, nie hätte verlassen dürfen. Dieser Vorwurf, den ich mir mache, scheint mir gerechtfertigt, im Grunde aber ist er auch nicht vernünftiger als der Vorwurf, den sich jener andere alte Mann machte, der vermeinte, seine Kräfte seien versiegt, weil er den Frauen entsagt hatte. Jetzt schreibe ich, weil ich muß, früher dagegen wäre ich von Gähnen befallen worden, sooft ich die Feder zur Hand genommen hätte. Ich glaube daher, daß die Operation doch von heilsamer Wirkung gewesen ist.

Die Verjüngungsoperation

GIOVANNI CHIERICI (siebzigjährig)
GUIDO, sein Neffe (angehender Arzt)
ENRICO BIGGIONI, Verehrer seiner Tochter Emma
HERR BONCINI, Geschäftsmann

Giovanni und Enrico.
Giovanni trägt einen eleganten Pyjama.

GIOVANNI: Das hier ist mir sehr unangenehm. Ich habe mich Guido zuliebe darauf eingelassen, weil ich ihm so viel verdanke. Ich habe nur nicht richtig verstanden, ob dieser Alte schon operiert ist oder noch nicht.

ENRICO: Er ist noch nicht operiert. Darum kommt er ja, er will sehen, wie die Operation bei Ihnen gewirkt hat.

GIOVANNI: Wie will er das denn beurteilen, er hat mich doch früher gar nicht gekannt?

ENRICO: Herr Guido hat die Fotografie mitgebracht, die kurz vor der Operation von Ihnen gemacht wurde.

GIOVANNI: Von mir wurde eine Fotografie gemacht? Ach ja! Ich habe sie sogar gesehen. Eine gräßliche Fotografie! Ich war verängstigt, ich dachte nur an das, was mir bevorstand. Es ist ein Porträt der Panik.

ENRICO: Um so besser. Dann ist der Unterschied deutlicher.

GIOVANNI: Um so besser? Das finde ich nicht. Ich verlange, daß diese Fotografie vernichtet wird!

◆

Giovanni, Enrico, Guido und Boncini.

BONCINI *in seinem Gespräch mit Guido fortfahrend*: Wer mit Verpackungsgut handelt, muß sogar schlauer sein als andere Geschäftsleute. Er muß auskundschaften, wo leeres Verpackungsgut vorhanden, aber nicht gefragt ist, und wo leeres Verpackungsgut gefragt, aber nicht vorhanden ist. Er muß herauskriegen, wie dringend es gefragt ist, um den Preis der Nachfrage anzupassen. Der Preis muß niedrig sein, wenn es wenig, und hoch, wenn es stark gefragt ist. Und so weiter.

GUIDO: Aber hier handelt es sich nicht um Frachtfässer.

BONCINI: Ein bißchen Faß sind wir alle.

GIOVANNI: Verzeihen Sie, aber ich bin nicht dieser Ansicht.

BONCINI *zu Enrico, den er wohlwollend betrachtet und mit der Fotografie, die er in Händen hält, vergleicht*: Sie sind also siebzig Jahre alt?

ENRICO: Aber nein! Ich bin gerade achtunddreißig.

BONCINI *zu Guido*: Warum wurde er denn operiert?

GIOVANNI: Ich bin der Operierte.

BONCINI *reicht ihm die Hand*: Sehr erfreut!

Guido stellt vor.

BONCINI *nach einer langen Pause, während der er Giovanni mit der Fotografie vergleicht*: Sicher, eine gewisse Verbesserung ist festzustellen. Hier befanden Sie sich in äußerst schlechtem Zustand. Es fehlten Ihnen etliche Reifen und Dauben. Sie waren wirklich ein kaputtes Faß.

GIOVANNI: Was sagt er? Ich verstehe nicht. *Dann aufgebracht:* Aber Sie bedürfen dringend der Operation. Sie wissen ja nicht mehr, was Sie reden. Gehen Sie, eilen Sie und lassen Sie sich operieren.

BONCINI *gütig und milde*: Ich wollte Sie nicht beleidigen. Sie können mich natürlich nicht verstehen, wenn ich Ausdrücke aus meinem Beruf brauche, die Sie nicht kennen. Sie waren so freundlich, mich zu empfangen, um mir bei einem sehr bedeutsamen Schritt in meinem nicht mehr jungen Leben zu helfen. Ich bin Ihnen dafür sehr dankbar.

GIOVANNI: Ich tue es meinem Neffen zuliebe.

BONCINI: Ich verstehe, Sie tun es nicht mir zuliebe, aber ich finde, daß auch ich ein bißchen Aufmerksamkeit verdiene. Wir sind im selben Alter. Zwischen uns gibt es nur einen Unterschied. Sie sind operiert und ich noch nicht. Aber Menschen einer Altersklasse sollten zusammenhalten. Wo kommen wir hin, wenn auch Sie trotz Ihres Alters die Jugend vorziehen? Dann gehört alles der Jugend, auch der Beifall der Alten.

GIOVANNI *besänftigt*: Ich ... *Zögernd:* ... will Ihnen nichts Böses. Ich bin ja bereit, Ihnen zu helfen. Aber ich bin nicht mehr auf der Seite der Alten. Ich sage nicht, daß ich auf der Seite der Jungen bin. Ich bin jung und alt zugleich. Kurz ... lassen Sie sich operieren, dann werden wir uns wirklich verstehen. Dann gehören wir wieder zur selben Altersklasse.

GUIDO: Natürlich, die Menschheit teilt sich jetzt in alte Junge und junge Alte.

GIOVANNI: Genau. Und ich bin ein junger Alter. *Lachend:* Es gibt auch alte Junge. *Zu Guido, auf Enrico weisend:* Dieser Herr ... Wie heißt er noch?

GUIDO: Biggioni.

GIOVANNI: ... ist alt, trotz seiner Jugend. Darum ist er mir unsympathisch. Vermutlich hat er sich einer Veralterungsoperation unterzogen. Das muß es sein. Er steht uns dauernd vor den Füßen. Er ist verliebt!

BONCINI *stand nahe genug, um zu verstehen*: Ein verliebter ... Greis? Aber wenn er verliebt ist, ist er nicht alt.

GIOVANNI: Davon verstehen Sie nichts. Auch Verliebte können alt sein. Ein wirklich junger Mann liebt zwar die Frauen, aber er denkt nicht immer an sie, er liebt von Zeit zu Zeit.

GUIDO: Das stimmt physiologisch. Die Kraft ist am stärksten, wenn sie nur unter bestimmten Bedingungen zu bestimmten Zeiten verausgabt wird.

BONCINI *zögernd*: Glauben Sie das wirklich? *Dann entschlossen:* Dann lasse ich mich nicht operieren. Leben Sie wohl.

GIOVANNI: Was hat er jetzt?

GUIDO: Sie können natürlich gehen, wenn Sie wollen. Aber nachdem sich der Onkel für Sie Zeit genommen hat, scheint es mir nicht sehr höflich, die Unterredung einfach abzubrechen.

BONCINI: Gut, dann erlauben Sie mir, Ihrem Onkel ein paar Fragen zu stellen. Aber mischen Sie sich bitte nicht ein! Herr Chierici! Bedauern Sie nicht, für diese Operation so viel Geld ausgegeben zu haben? Das ist nämlich der Kern des Problems.

GIOVANNI: Mich kümmert es nicht, wie notwendig Sie die Operation brauchen. Ich verdiene dabei nichts. Aber wenn Sie mich schon fragen, will ich Ihnen gestehen: ich bin auch heute noch fest davon überzeugt, daß Doktor Giannottini für seine Operation zuviel verlangt. Er ist ein Halsabschneider.

GUIDO: Aber Onkel!

GIOVANNI: So ist es doch. Solange nur Doktor Giannottini diese Operation einwandfrei machen kann, nützt er die Situation natürlich aus. Ich selbst habe mich unter ähnlichen Umständen genauso verhalten. Einmal bot sich mir die Gelegenheit, einen bestimmten Markt an mich zu reißen ...

ENRICO: Handelte es sich um den Kaffeemarkt?

GIOVANNI: Um etwas ganz anderes ... irgend etwas in Holzkisten ... Ich weiß es nicht mehr ...

BONCINI: Sein Gedächtnis ist schwach, das ist ein schlechtes Zeichen.

GIOVANNI *zu Guido*: Was sagt er?

BONCINI: Auch mit dem Gehör steht es nicht zum besten.

GUIDO *dozierend*: Gehör und Gedächtnis regenerieren zuletzt.

GIOVANNI: Mein Leben ist verjüngt. Alles an mir ist jünger. Die Kosten? Ich lege schon jetzt Geld zurück, um die Operation in zehn Jahren wiederholen zu können. Ich kann es kaum erwarten. Ebenso in zwanzig Jahren und wieder in dreißig. Natürlich hoffe ich, daß die Operation billiger wird. Und wenn Doktor Giannottini bei seinen Preisvorstellungen

234

bleibt, werde ich ohne weitere Umstände zur Konkurrenz überlaufen, das habe ich ihm gesagt.

GUIDO: Aus seinen Worten spricht die Jugend. Finden Sie nicht?

BONCINI: Nein! Auch ich kaufe meine Fässer da, wo ich sie am günstigsten kriege, und ich bin noch nicht operiert.

GIOVANNI *zu Guido*: Habe ich ihn überzeugt? *Zu Boncini*: Ich hatte die Jugend verloren und vergessen, und nun habe ich sie wiedergefunden. Die holde heißgeliebte Jugend! Jetzt weiß ich wieder, wie sie ist! Und ob ich es weiß! *Abwesend.*

GUIDO: Bravo, Onkel.

BONCINI: Verzeihen Sie, aber kommen wir zur Hauptsache. Wie geht es mit den Frauen?

GIOVANNI: Womit?

GUIDO: Mit den Frauen.

GIOVANNI: Den Frauen? Wie kommen Sie darauf? Was haben die Frauen damit zu tun? Ich bin zwar verjüngt, aber ich bleibe ein Ehrenmann.

BONCINI *enttäuscht*: Auch nach der Operation?

GIOVANNI: Mehr denn je.

GUIDO *zieht Boncini beseite*: Hören Sie, mein Onkel ist ein alter ... ein junger ... ich meine, er ist nicht ganz ehrlich. Er würde seine geheimsten Wünsche niemals beichten, es sei denn vor der Frau, die ihn erlösen kann. *Lacht.*

GIOVANNI: Was sagst du? Warum lachst du?

GUIDO: Wissen Sie, Onkel, dieser Mann ist nicht wie Sie, er erwartet von der Operation vor allem das, was Sie ablehnen.

GIOVANNI: Dummkopf.

BONCINI *zieht Guido beiseite*: Also kann man von ihm nicht die Wahrheit erfahren?

GUIDO: Kaum.

BONCINI: Ich komme mit diesem Alten nicht zurecht. Er ist trotz der Operation ein spröder Dickschädel, wie alle Alten. Haben Sie nicht einen anderen zur Hand? Natürlich müßte er schon ... schon präpariert sein.

GUIDO: Gleich zur Hand habe ich leider keinen.

BONCINI: Das ist schade.

GIOVANNI: Da Sie beide so viel zu bereden haben, kann ich ja gehen. Ich bin Ihnen gern behilflich. Aber Sie können nicht erwarten, daß ich meine wiedergewonnene Jugend damit verbringe, auf Ihren Segen zu warten.

GUIDO *flüstert Giovanni ins Ohr*: Er will nicht so viel bezahlen wie Sie, Onkel.

GIOVANNI: So eine Ungerechtigkeit kann man mir doch nicht antun! *Dann*: Soll ich ihm sagen, wieviel ich bezahlt habe?

GUIDO: Besser nicht.

BONCINI *zu Giovanni*: Da Sie mich so gütig empfangen haben, möchte ich Sie um ein Wiedersehen bitten. Aber nicht hier. Könnten wir nicht zusammen spazierengehen? Ich gelte als sehr gesellig, Sie werden schon sehen. Natürlich bin ich jetzt etwas in Sorge. Diese Operation ist das riskanteste Geschäft, auf das ich mich je eingelassen habe. Ich bin im Moment nicht in der heitersten Stimmung.

GIOVANNI: Sagen Sie ruhig die Wahrheit. Mir können Sie ohnehin nichts vormachen: Sie wollen sehen, wie ich mich bewege, wie gut ich zu Fuß bin. Das ist eine anständige Frage. Ganz anders, als wenn es Sie interessiert, wie ich auf Frauen anspreche. Heute gehe ich nicht mehr aus: Ich habe eine dringliche Angelegenheit zu regeln. Haben Sie gehört? Eine dringliche. Vor der Operation gab es nichts Dringliches mehr für mich. Aber morgen um Punkt 17 Uhr werde ich spazierengehen, wie immer vor dem Abendessen. Und wenn Sie wollen, können Sie mitkommen. Ich bin zwar nicht so gesellig, dafür aber in der heitersten Stimmung, und ich habe großen Respekt vor dem Alter und werde Sie gern mitnehmen.

BONCINI: Danke! *Zögernd*: Wir werden uns bestimmt gut unterhalten. Da ich der Ältere bin, kann ich Ihnen vielleicht mit Ratschlägen dienen.

GIOVANNI: Das glaube ich nicht.

BONCINI: Oder wir können gemeinsam beraten, wie wir unsere Jugend am besten genießen ... wenn wir sie einmal haben. Sie

müssen meine Ratschläge ja nicht unbedingt annehmen ...
und ich nicht die Ihren ... Aber wir könnten unsere Gedanken
austauschen.

GIOVANNI *gebieterisch*: Aber auch die Gedanken müssen anständig und taktvoll sein. Das darf ich verlangen. Ich will meine
Jugend nicht vor die Säue werfen. Kurz, reden können wir,
aber so, daß das keuscheste Ohr unsere Worte mit Freuden
hören könnte.

BONCINI *blickt ihn verächtlich an, halblaut zu Guido*: So viel für
eine Verjüngung auszugeben, um sie so zu nutzen.

GUIDO: Das sind nur Worte – glauben Sie mir – nur Worte.
Auch ich rede manchmal so – selten zwar – aber es kommt
vor.

BONCINI: Jedenfalls bin ich noch zu nichts entschlossen. Schade,
daß Sie keinen anderen Operierten zur Hand haben. Aus diesem werde ich wohl niemals klug. Morgen gehe ich mit ihm
spazieren. Die Straßen sind jetzt voll von nackten Mädchen-
beinen. Ich will mal sehen, welchen Eindruck sie auf ihn machen.

ENRICO: Tun Sie das! Tun Sie das! Ich bin seit seiner Operation
ein einziges Mal mit Herrn Chierici ausgegangen. Mir
scheint, er betrachtet die Frauen mit Wohlgefallen, sogar mit
Lust.

BONCINI: Als ich hereinkam und dachte, Sie seien der Siebzigjährige, war ich zu allem bereit. Schade!

GIOVANNI: Redet nur, redet nur. Wenn ihr nichts dagegen habt,
lese ich solange meinen «Piccolo».

BONCINI: Verzeihen Sie, Herr Chierici. Sie müssen verstehen.
Das ist sehr wichtig für mich.

GIOVANNI: Wenn ich so viel Aufhebens gemacht hätte, wäre
meine Operation nie zustande gekommen. Ich habe geprüft,
gebilligt und gehandelt. Ich bin kein Angsthase.

BONCINI *betrübt zu Guido*: Vielleicht war sein Zustand vor der
Operation sogar besser! *Dann mit einem Seufzer:* Ich bin nach
wie vor unentschlossen. Leider. Ich komme morgen wieder.
Zu Giovanni: Ich komme morgen nachmittag um fünf Uhr

wieder. Ich bedanke mich für Ihr Wohlwollen. Leben Sie wohl bis morgen. *Zu Guido, der ihn begleitet:* Sagen Sie Doktor Giannottini noch nichts. Er muß warten. Ich bin vorläufig zu nichts bereit.

◆

Giovanni und Guido.

GUIDO *nähert sich Giovanni:* Onkel, ich habe mit Freude gehört, wie sehr Sie inzwischen von den Vorteilen der Operation überzeugt sind. Ich war schon ziemlich besorgt: Ich hatte Ihnen dazu geraten und fühle mich jetzt verantwortlich.

Giovanni lenkt Enrico ab. Er gibt ihm einen Artikel zu lesen, über den er ihm später berichten soll.

GIOVANNI: Auch ich mache mir ab und zu Sorgen. Mein Gott! Wenn all dies wieder vergehen sollte! Ich könnte nicht mehr wie früher leben. Glaubst du, die Gefahr besteht?

GUIDO *zögernd:* Nein! Nein! Wenn die Operation einmal erfolgreich war, hält sich die Wirkung über mehrere Jahre.

GIOVANNI: Zehn Jahre, sagtest du?

GUIDO: Vielleicht ein paar mehr, vielleicht ein paar weniger.

GIOVANNI: Dann will ich mich beruhigen und fest glauben, daß ich morgen beim Erwachen diese Wärme, diese Lebenslust, dieses Licht wiederfinde. Ja. Man kann es Licht nennen: etwas Strahlendes.

GUIDO *erstaunt:* Wirklich?

GIOVANNI: Tu nicht, als ob du es nicht wüßtest.

GUIDO: Natürlich weiß ich es. Aber jeder empfindet diese Neubelebung anders: Dem einen erscheint sie wie Ihnen als Licht, dem anderen als Wärme. Einige Glückliche sprechen von Elektrizität.

GIOVANNI: Auch ich könnte es Elektrizität nennen. Ein Kribbeln, das sich im ganzen Körper ausbreitet. Ich fühle, wie weit mein Körper reicht. Ich weiß plötzlich, daß ich Fußsohlen habe. Das wußte ich natürlich schon immer, weil sie mich ja getragen haben. Aber jetzt weiß ich es, weil ich sie fühle, und darum tragen sie mich auch viel besser. Dieser Alte ... wie heißt er?

GUIDO: Boncini.

GIOVANNI: Dieser Boncini wollte von mir wissen, wie Frauen auf mich wirken. Ich habe ihm gesagt, so gesehen gebe es für mich keine Frauen. Es tut mir leid: ich war nicht ganz ehrlich. Es gibt auch die Frauen. Es hat sie zwar immer gegeben, aber es ist wie mit den Fußsohlen. Früher sah ich sie und dachte: Ach ja, es gibt sie noch, aber nicht mehr für dich. Jetzt schaue ich sie an und denke ... auch wenn es sich nicht schickt... wie soll ich sagen? Sie sind natürlich nicht für mich, aber sie sind für mich wie jene, die einmal, wenn ich gewollt hätte, für mich gewesen wären.

GUIDO: Ich verstehe nicht recht: Sie sind wie jene, die einmal, wenn Sie gewollt hätten, für Sie gewesen wären?

GIOVANNI *ungeduldig*: Gewisse Dinge kann ein junger, unerfahrener Mann wie du eben nicht verstehen. Trotzdem wäre es gut, wenn ich mit dir darüber reden könnte. Da ich es nicht erklären kann, will ich wenigstens darüber reden: Ich habe sofort angefangen zu träumen, sofort.

GUIDO: Sofort? Sofort nach der Operation?

GIOVANNI: Ja, sofort. Früher habe ich nur in der Gegenwart gelebt. Ich habe höchstens ein paar Stunden voraus oder zurück gedacht. Und plötzlich bin ich da herausgesprungen.

GUIDO: Herausgesprungen?

GIOVANNI: Jetzt lebe ich selten in der Gegenwart. So wie ich meine Fußsohlen spüre, spüre ich auch die Vergangenheit. Ich kann nicht sagen, daß ich mich an sie erinnere. Das wäre zu wenig. Ich erlebe sie. Ich erlebe meine Jugend. Ich meine die andere, nicht diese hier.

GUIDO *zögernd*: Welche andere?

GIOVANNI *verträumt*: Plötzlich bin ich wie in die Zeit meiner Heirat versetzt. Ich erlebe sie noch einmal. In allen Einzelheiten. Und auch, was ihr vorangegangen ist. Der Entschluß, Pauletta zu verlassen und Anna zu heiraten.

GUIDO: Kurz, das Übliche, man verläßt eine und nimmt eine andere.

GIOVANNI: O nein, nicht das Übliche. Jetzt, wo ich darüber nachdenke, finde ich es eine merkwürdige, unglaubliche Geschichte. Ich betrachte sie und staune, als ob sie nicht mir geschehen wäre, als ob nicht ich, ich selbst so gehandelt hätte. Nichts ist schlecht daran, weißt du. In meinem ganzen Leben gibt es nichts Schlechtes, es sei denn, daß ich Anna geheiratet habe, obwohl ich Pauletta heiraten wollte. [...] Der Alte ... wie heißt er noch? *Guido versteht nicht.* Der Alte, der mit mir spazierengehen will.

GUIDO: Ach der! Boncini.

GIOVANNI: Boncini hätte mich nicht verstanden, wenn ich ihm gesagt hätte, ich denke jetzt zwar an Frauen, aber nur an die, die in meiner Jugend jung waren. Verstehst du? Mein Leben stellt sich auf den Kopf. Die Erinnerung trägt mich an seine Anfänge zurück. Du weißt doch Bescheid über diese Operation, glaubst du, sie kann das bewirken? Daß man zu den Anfängen zurückkehrt? Zuerst sieht man und erinnert sich, und dann springt man mitten hinein?

GUIDO *gerührt*: Ja, Onkel, vielleicht ist es so. *Dann:* Aber ich habe mit unseren Patienten nie so vertraulich gesprochen. Das versteht sich! Es sind in der Regel angesehene Persönlichkeiten, die sich nicht dem Erstbesten anvertrauen.

GIOVANNI: Aber dem Arzt muß man alles sagen. Ich spreche zum erstenmal darüber, und ich bin sehr froh, daß ich es tue! Ich will festhalten, was mir geschieht, damit nichts mehr verlorengeht. Heute hätte ich fast mit Anna darüber gesprochen. Ich konnte mich aber noch rechtzeitig beherrschen. Obwohl sie vermutlich schon zu alt ist, um sich über gewisse Dinge aufzuregen. Trotzdem, wie sollte ich ihr sagen, daß ich mit meinen Erinnerungen plötzlich bei Pauletta angelangt bin. [...]

GUIDO: Vorläufig, Onkel, begehren Sie eine bestimmte Frau. Daran sieht man, daß die Operation wirkt. Wer erst einmal eine Frau begehrt, begehrt mit der Zeit auch andere.

GIOVANNI: Paß auf, was du sagst, Nichtsnutz. Von Begehren war nicht die Rede! Ich begehre nur, sie zu sehen, ich möchte sie um mich haben, in meiner Nähe, mit diesem Gang und diesem Gesichtchen. Sonst nichts! Merk dir das! Du sollst mich nicht für einen Wüstling halten.

GUIDO *lacht zuerst und beherrscht sich dann*: Aber Pauletta wird weder diesen Gang noch dieses Gesichtchen bis heute bewahrt haben. Was tun?

Meine Frau ist alt, und auch alle ihre Freundinnen sind es. Das Leben eines alten Mannes ist wirklich wild.

Das Herz

Kleines, anmutiges Organ, das Herz. Es will schlagen. Daher ist es im Organismus die Glocke. Viele Jahre lang schrieb man ihm die Liebe zu, bis eines schönen Tages jemand, der gerade liebend tätig war, sagte: Aber damit hat doch das Herz nichts zu tun! Und alles gab ihm recht. Es hatte wirklich nichts damit zu tun. Solche Entdeckungen gibt es in Hülle und Fülle auf dieser Welt, Entdeckungen wie das Ei des Kolumbus. Ja, die Geschichte liefert noch ein ähnliches Ei. Und das ist wirklich historisch. Man glaubte, es seien tausenderlei Hexereien nötig, damit ein Küken aus dem Ei schlüpfe. Da kam ein junger Mann und erklärte: Das Ei enthält alles, was es braucht, um sich in ein Küken zu verwandeln.

Und nun ist das Herz auf die Funktion reduziert, die ihm zukommt und die es so beschäftigt, daß ihm keine Zeit für andere Funktionen bleibt. Ich kenne seine Arrhythmie, und die genügte, um mich von der Bedeutung dieses geräuschvollen Organs zu überzeugen. Einer seiner Schläge fehlt: tack, tack, tack ... tack – und wenn man sich den Puls hält, fühlt man sofort das Leben dahinschwinden in diesem Intervall, das ganz kurz ist, aber doch lang genug, um die Frage aufkommen zu lassen: Fängt es noch einmal an oder macht es Ernst?

Und manchmal frage ich mich ängstlich: Wann ruht das Herz sich eigentlich aus? Wenn ich schlafe, ruht es nicht. Aber einem lebendigen Ding darf doch die Ruhe nicht fehlen. Und um mich aufzuheitern, dachte ich, daß Dinge denkbar seien, die sich nicht ausruhen.

Mein Müßiggang

Ja, die Gegenwart kann man nicht einfach auf dem Kalender suchen oder auf der Uhr, die man beide nur betrachtet, um das eigene Verhältnis zur Vergangenheit festzulegen oder um mit einem Anschein von Gewissenhaftigkeit den Weg in die Zukunft zu beschreiten. Ich, die Dinge und die Personen, die mich umgeben, wir sind die wahre Gegenwart.

Meine Gegenwart setzt sich ihrerseits aus verschiedenen Zeiten zusammen: Da ist einmal eine erste sehr lange Gegenwart: mein Abschied von den Geschäften. Sie dauert jetzt acht Jahre. Ein rührendes Nichts-mehr-zu-tun-Haben. Sodann gibt es besonders wichtige Ereignisse, die diese Gegenwart unterteilen: zum Beispiel die Heirat meiner Tochter, ein längst vergangenes Ereignis, das in jene andere lang andauernde Gegenwart einfließt, die durch den Tod ihres Ehemanns unterbrochen – vielleicht auch neu hergestellt oder, besser gesagt, korrigiert – wurde. Die Geburt meines kleinen Enkels Umberto, die gleichfalls weit zurückliegt, denn die wahre Gegenwart in meiner Beziehung zu Umberto ist die Liebe, die ich ihm inzwischen entgegenbringe: ein Erfolg, den er für sich buchen kann, obwohl er nichts davon weiß, sondern glaubt, er habe von Geburts wegen Anspruch darauf. Aber glaubt dieses winzige Wesen überhaupt etwas? Seine, das heißt meine Gegenwart in bezug auf ihn ist eben sein selbstsicherer kleiner Schritt, den zuweilen schmerzliche Ängste zum Stocken bringen, die aber in der Gesellschaft seiner Puppen wieder vergehen, falls es ihm nicht gelingt, seiner Mutter oder meinen, des Großvaters, Beistand zu erzwingen. Meine Gegenwart, das ist auch Augusta, so wie sie jetzt lebt – die Ärmste! –, mit ihren Tieren, den Hunden, Katzen und Vögeln, und in ihrer ewigen Unpäßlichkeit, die sie nicht mit der nötigen Energie kurieren will. Sie tut nur das wenige, das Doktor Raulli ihr verordnet, und hört weder auf mich – der ich doch mit übermenschlicher Kraft die gleichen Zustände, Abnutzungserscheinungen des Herzens, zu überwinden wußte – noch auf Carlo, unseren Neffen (Guidos Sohn), der erst kürzlich von der Universität zurückgekehrt ist und somit die modernsten Heilmittel kennt.

Ein Großteil meiner Gegenwart wird zweifelsohne von der Apotheke bestritten. Diese Gegenwart begann zu einer Zeit, die ich nicht genau angeben kann, doch erfuhr sie immer wieder Einschnitte durch neue Medikamente und Heilmethoden. Wohin sind die Zeiten, als ich noch glaubte, allen Bedürfnissen meines Organismus Genüge zu tun, wenn ich allabendlich eine reichliche Dosis Lakritzenpulver oder einfache Brompräparate in Pulverform oder als Brühe einnahm? Jetzt verfüge ich mit Carlos Hilfe über ganz andere Kampfmittel gegen die Krankheit. Carlo sagt mir alles, was er weiß, ich hingegen sage ihm nicht alles, was ich denke, denn ich habe Angst, er könnte mir nicht beipflichten, könnte mit seinen Einwänden die Festung zerstören, in der ich mich mit so großer Mühe verschanzt habe und die mir eine Ruhe und Sicherheit gewährleistet, wie sie Menschen in meinem Alter gewöhnlich nicht haben. Eine richtige Festung! Carlo glaubt, daß ich alle seine Ratschläge aus Vertrauen zu ihm so prompt befolge. Ach wo! Ich weiß, daß er vieles weiß, und ich versuche, es zu lernen und anzuwenden, jedoch mit Bedacht. Meine Arterien sind nicht in Ordnung, das ist sicher. Im vergangenen Sommer stieg mein Blutdruck auf 240. Es war eine Zeit tiefster Niedergeschlagenheit, ob aus diesem oder einem anderen Grunde, weiß ich nicht. Schließlich gelang es mir, durch ein Jodpräparat, das ich in großen Dosen nahm, und durch ein anderes Medikament, dessen Namen ich mir nie merken kann, den Blutdruck auf 160 zu senken, und da ist er bis heute geblieben ... Ich habe einen Augenblick meine Aufzeichnungen unterbrochen, um ihn mit dem kleinen Apparat, der immer auf meinem Tisch bereitsteht, zu überprüfen.

Genau 160! Früher fühlte ich mich ständig vom Schlaganfall bedroht, ich spürte geradezu, wie er herannahte. Die Nähe des Todes machte mich nicht eben gütig, denn es ist schwer, Leute zu lieben, die, von keinerlei Schlaganfall bedroht, einen mit dem Ausdruck hassenswerter Unbeschwertheit bedauern, bemitleiden und sich dabei unterhalten.

Unter Carlos Anleitung aber behandelte ich auch jene Organe, die bisher in keiner Weise Hilfe verlangt hatten. Es ist jedoch klar, daß sich jedes meiner Organe nach so vielen arbeitsreichen Jahren müde fühlen kann und ihm Hilfe also nur guttut. So schicke ich ihm die nicht verlangte Hilfe. Wie oft seufzt der Arzt, wenn die Krankheit bereits ausgebrochen ist: «Man hat mich zu spät gerufen!» Es empfiehlt sich daher vorzubeugen. Gewiß kann ich keine Leberkuren anwenden, wenn an der Leber keine Krankheitszeichen festzustellen sind, aber ich kann mich auch nicht der Gefahr aussetzen, so zu enden wie der Sohn eines meiner Freunde, der mit 32 Jahren und bei voller Gesundheit eines schönen Tages infolge eines heftigen Anfalls von Gelbsucht die Farbe einer Melone annahm und innerhalb von achtundvierzig Stunden starb. «Er war nie krank gewesen», sagte mir sein armer Vater, «er war ein Koloß und mußte sterben.» Viele Kolosse nehmen ein schlimmes Ende. Ich habe dies wiederholt beobachten können und freue mich daher, daß ich kein Koloß bin. Vorsicht aber ist eine gute Sache, und so beschenke ich jeden Montag meine Leber mit einer Pille, die sie vor plötzlichen akuten Krankheiten schützen soll, wenigstens bis zum nächsten Montag. Die Nieren kontrolliere ich durch regelmäßige Analysen, und bis jetzt hat sich noch kein Krankheitssymptom an ihnen gezeigt. Ich weiß aber, daß sie Hilfe nötig haben könnten. Die strenge Milchdiät am Dienstag verschafft mir eine gewisse Sicherheit für den Rest der Woche. Das Allerschönste wäre freilich, wenn sich die anderen Leute, die nie an ihre Nieren denken, einer tadellosen Nierenfunktion erfreuten und ich, der ihnen allwöchentlich ein Opfer darbringt, eines Tages die gleiche Überraschung erleben sollte wie einst der arme Copler.

Vor ungefähr fünf Jahren befiel mich eine chronische Bronchitis, die mir den Schlaf raubte; ich mußte immer wieder aus dem Bett springen und jede Nacht mehrere Stunden in einem Fauteuil sitzend verbringen. Der Arzt wollte es mir nicht sagen, aber es handelte sich dabei gewiß auch um Herzschwäche. Raulli verordnete mir damals, das Rauchen aufzugeben, abzunehmen und wenig Fleisch zu essen. Da es schwer war, das Rauchen aufzugeben, versuchte ich, die ärztliche Verordnung zu kompensieren, indem ich auf den Fleischgenuß ganz verzichtete. Aber auch das Abnehmen war nicht leicht. Ich wog damals vierundneunzig Kilo netto. Im Verlauf von drei Jahren gelang es mir, zwei Kilo abzunehmen. Ich hätte also, um auf das von Raulli gewünschte Gewicht zu kommen, weitere achtzehn Jahre gebraucht. Es war einfach schwer, wenig zu essen und zugleich auf Fleisch zu verzichten.

Ich muß hier zugeben, daß ich meine Abmagerung einzig Carlo verdanke. Sie war einer seiner ersten Heilerfolge. Er riet mir, eine meiner drei täglichen Mahlzeiten zu überspringen, und ich beschloß, das Abendessen zu opfern, das wir in Triest um acht Uhr abends einnehmen, im Gegensatz zu den anderen Italienern, die mittags ein zweites Frühstück essen und die Hauptmahlzeit um sieben Uhr. So fastete ich täglich achtzehn Stunden ununterbrochen.

Dafür schlief ich besser. Ich fühlte sofort, daß das Herz jetzt, da es sich nicht mehr mit der Verdauung abplagen mußte, jeden seiner Schläge dazu verwenden konnte, Blut in die Venen zu pumpen, die Rückstände aus dem Organismus zu entfernen und vor allem die Lungen zu versorgen. Ich, der ich schon die Schrecken der Schlaflosigkeit erfahren hatte, die furchtbare Erregtheit eines Menschen, der die Ruhe mit aller Macht herbeisehnt und sie gerade deshalb nicht finden kann, lag nun reglos da, in gelassener Erwartung der Wärme und des Schlafes. Er hielt lange an, eine richtige Pause in diesem anstrengenden Leben. Der Schlaf nach einer üppigen Mahlzeit ist dagegen etwas ganz anderes: Da kümmert sich das Herz allein um die Verdauung und ist von jeder anderen Sorge entbunden.

Dabei zeigte sich mir vor allem eines: daß ich besser zum Verzicht als zur Mäßigung geeignet war. Es fiel mir leichter, überhaupt nichts zu Abend zu essen, als das Mittagessen und das Frühstück einzuschränken. Hier gab es nun keine weiteren Einschränkungen mehr. Zweimal am Tag konnte ich soviel essen, wie ich wollte. Das schadete nicht, denn es folgten ja achtzehn Stunden der Selbstverzehrung. Anfangs ergänzte ich das aus Pastasciutta und Gemüsen bestehende Mittagessen durch ein paar Eier. Dann aber strich ich auch sie, nicht weil Raulli oder Carlo es so wünschten, sondern um die vernünftigen Ratschläge des Philosophen Herbert Spencer zu befolgen: Er hatte ein Gesetz entdeckt, wonach die Organe, die sich – infolge Überernährung – zu rasch entwickeln, nicht so kräftig werden wie jene, die für ihr Wachstum mehr Zeit benötigen. Natürlich ging es dabei um Kinder, aber ich bin überzeugt, daß auch der Stoffwechsel eine Entwicklung ist und daß auch ein siebzigjähriges Kind gut daran tut, seine Organe zu lieben anstatt sie zu überfüttern. Hinterher war Carlo mit meiner Theorie sehr einverstanden, ja manchmal möchte er mir sogar einreden, er selber habe sie erfunden.

Bei meiner Bemühung, auf das Abendessen zu verzichten, war mir das Rauchen von großem Nutzen, und zum erstenmal in meinem Leben versöhnte ich mich auch theoretisch mit ihm. Ein Raucher fastet leichter als ein Nichtraucher. Ein tüchtiger Zug aus der Zigarette schläfert jeglichen Appetit ein. Dem Rauchen, so meine ich, habe ich es zu verdanken, daß ich mein Körpergewicht auf achtzig Kilogramm netto herunterbringen konnte. Es ist außerordentlich beruhigend, jetzt aus gesundheitlichen Gründen zu rauchen. Man raucht ein bißchen mehr, mit absolut ruhigem Gewissen. Im Grunde ist die Gesundheit ein Zustand, der einem Wunder gleichkommt. Da er durch die Zusammenarbeit verschiedener Organe erreicht wird, deren Funktion wir, obwohl wir sie kennen, nie ganz ergründen können (das gibt sogar Carlo zu, der die ganze Wissenschaft beherrscht, selbst die unserer Ignoranz), darf man annehmen, daß es eine vollkommene Gesundheit überhaupt nicht gibt. Andernfalls wäre es ja ein noch größeres Wunder, daß sie nachläßt.

Die Dinge, die in Bewegung sind, könnten sich ewig weiter

bewegen. Warum nicht? Ist dies nicht das Gesetz des Himmels, wo sicherlich das gleiche Gesetz herrscht wie auf der Erde? Ich aber weiß, daß von der Geburt an auch die Krankheit vorgesehen und angelegt ist. Irgendein Organ ist von allem Anfang an schwächer, arbeitet mit einer gewissen Anstrengung und zwingt so ein Bruderorgan ebenfalls zur Anstrengung; und auf jede Anstrengung folgt Erschöpfung und damit, am Ende, der Tod.

Deshalb, und nur deshalb, bedeutet die Krankheit, auf die der Tod folgt, keinerlei Unordnung in unserer Natur. Ich bin zu unwissend, um sagen zu können, ob es dort oben am Himmel, so wie hier unten auf der Erde, möglicherweise auch Tod und Fortpflanzung gibt. Ich weiß nur, daß die Bewegungen einiger Sterne, auch einiger Planeten, etwas fehlerhaft sind. Es darf als sicher gelten, daß ein Planet, der sich nicht um sich selber dreht, lahm ist oder blind oder bucklig.

Unter unseren Organen aber gibt es eines, das im Zentrum steht, sozusagen die Sonne eines Planetensystems darstellt. Bis vor wenigen Jahren glaubte man, es sei das Herz. Heute wissen alle, daß unser ganzes Leben vom Sexualorgan abhängt. Carlo rümpft die Nase, wenn er von Verjüngungsoperationen hört, aber sogar er zieht den Hut, sobald von den Sexualorganen die Rede ist. Er sagt: Wenn es gelänge, die Sexualorgane zu verjüngen, dann würde sich sicherlich auch der ganze übrige Organismus verjüngen. Das brauchte man mir nicht erst beizubringen. Das hätte ich von selber gewußt. Aber es wird nicht gelingen. Es ist unmöglich. Weiß Gott, welche Wirkungen die Affendrüse hat. Vielleicht fühlt der Operierte beim Anblick einer schönen Frau den Drang, auf den nächsten Baum zu klettern. Das wäre ja auch ein Akt von Jugendlichkeit.

Es ist klar: Mutter Natur ist manisch, das heißt, sie hat die Manie der Fortpflanzung. Sie hält einen Organismus so lange am Leben, wie Hoffnung besteht, daß er sich fortpflanzt. Danach tötet sie ihn, und sie tut es auf die unterschiedlichste Weise, denn sie hat auch noch die Manie, geheimnisvoll zu bleiben. Sie liebt es nicht, ihre Absicht zu enthüllen, indem sie sich etwa immer der gleichen Krankheit bediente, um die Alten zu beseitigen. Einer Krankheit, welche die Ursache unseres Todes klar erkennen ließe, ein kleiner Krebs, immer an der gleichen Stelle.

Ich bin stets sehr unternehmungslustig gewesen. Da eine Operation nicht in Betracht kam, wollte ich Mutter Natur überlisten, wollte sie glauben machen, ich wäre immer noch zur Fortpflanzung befähigt, und nahm mir eine Geliebte. Es war die ruhigste Liebesbeziehung meines Lebens. Vor allem hatte ich nicht das Gefühl, einen Seitensprung zu begehen oder Augusta zu betrügen. Das wäre ja auch ein absurdes Gefühl gewesen: Ich empfand meinen Entschluß, mir eine Geliebte zu nehmen, so, als schickte ich mich an, in die Apotheke zu gehen.

Natürlich komplizierten sich in der Folge die Dinge ein wenig. Man kommt schließlich darauf, daß sich ein ganzer Mensch nicht wie ein gewöhnliches Medikament verwenden läßt: Man hat es mit einem komplizierten Medikament zu tun, das auch eine starke Dosis Gift enthält. Ich war noch nicht richtig alt. Die Geschichte liegt drei Jahre zurück, ich zählte also 67 Jahre: Ich war noch kein Greis. Daher geschah es, daß mein Herz, das als Organ von zweitrangiger Bedeutung mit dem Abenteuer nichts zu tun haben sollte, schließlich doch daran teilhatte. Und so kam es, daß an manchen Tagen auch Augusta aus meinem Abenteuer ihren Vorteil zog, sie wurde verwöhnt, geliebt, entschädigt wie zu Carlas Zeiten. Merkwürdig ist nur, daß Augusta darüber überhaupt nicht erstaunt war, sie bemerkte dieses Neue nicht einmal. Sie lebt seelenruhig dahin und findet es ganz natürlich, daß ich mich mit ihr weniger abgebe als in früheren Zeiten, aber unsere jetzige Passivität vermindert in keiner Weise unsere gegenseitige Bindung, die einst durch Zärtlichkeiten und Koseworte geknüpft worden war. Diese Zärtlichkeiten und Koseworte müssen nicht ständig wiederholt werden, damit die Bindung zwischen uns fortdauere, immer lebendig und gleich innig bleibe. Als ich eines Tages, um mein Gewissen zu beruhigen, zwei Finger unter ihr Kinn schob und ihr lange in die treuen Augen blickte, schmiegte sie sich hingebungsvoll an mich und bot mir ihre Lippen: «Du bist immer gleich zärtlich geblieben.»

Im ersten Augenblick war ich ein wenig überrascht. Als ich dann aber aufmerksam in die Vergangenheit zurückschaute, erkannte ich, daß ich es tatsächlich nie so sehr an Zärtlichkeit hatte fehlen lassen, daß dadurch die Liebe, die ich Augusta einst entgegengebracht hatte, verleugnet worden wäre. Ich hatte sie auch jeden Abend etwas zerstreut umarmt, ehe ich die Augen zum Schlafe schloß.

Es war einigermaßen schwer, die Frau zu finden, die ich suchte. Im Hause gab es keine, die für diese Aufgabe in Betracht kam, zumal ich es auch vermeiden wollte, mein Heim zu besudeln. Ich hätte es gleichwohl getan, angesichts der Zwangslage, in der ich mich befand, Mutter Natur zu überlisten, damit sie den Augenblick noch nicht für gekommen erachte, mir die Todeskrankheit zu schicken, und auch angesichts der großen, ungeheuren Schwierigkeit, die für einen betagten, mit Nationalökonomie befaßten Mann darin bestand, das Geeignete außer Haus zu finden – doch hier bot sich wirklich gar keine Möglichkeit. Die schönste Frau in unserem Hause war tatsächlich Augusta. Es gab noch ein vierzehnjähriges Mädchen, das Augusta für bestimmte Arbeiten heranzog. Hätte ich mich diesem Mädchen genähert, Mutter Natur hätte mir nicht geglaubt, das war mir klar; sie hätte mir schleunigst den Garaus gemacht, irgendeinen ihrer Blitze auf mich herabgeschleudert, die sie ja stets zur Verfügung hat.

Unnötig zu erzählen, wie ich Felicita fand. Der Gesundheit zuliebe ging ich, um mich mit Zigaretten zu versorgen, täglich weit über die Piazza Unità hinaus und zwang mich so zu einem mehr als halbstündigen Spaziergang. Die Verkäuferin war ein altes Weib, die Besitzerin des Ladens aber, die alle Tage für ein paar Stunden kam, um sie zu kontrollieren, war eben Felicita, ein etwa vierundzwanzigjähriges Mädchen. Anfangs dachte ich, sie hätte die Tabaktrafik geerbt; viel später erfuhr ich, daß sie sie gekauft hatte, mit ihrem eigenen Geld. Dort lernte ich sie kennen. Wir waren bald handelseinig. Sie gefiel mir. Sie war eine Blondine, stets bunt gekleidet, zwar schienen mir die Stoffe nicht eben kostbar zu sein, aber es waren immer wieder neue und überaus auffallende. Sie war stets stolz auf ihre Schönheit, die aus einem kleinen, durch kurzgeschnittenes, aber dichtgelocktes Haar aufgebauschten Köpfchen und einem zierlichen Figürchen bestand, das so kerzengerade war, als hätte sie einen Stock verschluckt und hielte sich etwas nach hinten geneigt. Ihre Vorliebe für lebhafte Farben fiel mir sofort auf. Diese Vorliebe sprang besonders in die Augen, wenn sie zu Hause war. Die Wohnung war nicht immer gut geheizt, und einmal registrierte ich, wie viele Farben Felicita auf sich geladen hatte: ein rotes Tuch um den Kopf, nach der Art unserer Bäuerinnen geknotet, ein gelbes Brokattuch um die Schultern, eine rot-gelb-grün abgesteppte Schürze über dem blauen Rock und in verschiedensten Farben bestickte Wollpantoffeln. Eine geradezu orientalische Erscheinung; das blasse kleine Gesicht aber stammte unverkennbar aus unserer Gegend, es hatte diese Augen, die Dinge und Menschen aufmerksam betrachten, um allen Vorteil aus ihnen herausschlagen zu können. Wir machten sogleich ein Monatsgehalt aus, und es war, ehrlich gestanden, so ansehnlich, daß ich es nicht ohne Wehmut mit jenen so viel geringeren Vorkriegshonoraren verglich. Und die teure Felicita begann schon am 20. von dem fällig werdenden Gehalt zu reden, was mir einen guten Teil des Monats verdarb. Sie war aufrichtig, offen. Ich war es weniger, und sie erfuhr nie, daß ich auf Grund des Studiums medizinischer Texte zu ihr gekommen war.

Auch ich vergaß es bald. Ich muß gestehen, daß ich heute dieser Wohnung nachtrauere, die ländlich-primitiv war, bis auf ein geschmackvoll eingerichtetes Zimmer, dessen Luxus meinen Zahlungen entsprach. Es war in sehr strengen Farben gehalten und nicht sehr hell, Felicita wirkte darin wie eine bunte Blume. Felicita hatte auch einen Bruder, der in derselben Wohnung wohnte: ein sehr ernster Mensch, ein tüchtiger Elektrotechniker, der ziemlich gut verdiente. Er machte einen etwas schlecht ernährten Eindruck, das kam aber nicht daher, daß er unverheiratet war, sondern, wie man leicht erraten konnte, von seiner Sparsamkeit. Ich unterhielt mich jedesmal mit ihm, wenn Felicita ihn rief, damit er in unserem Zimmer die elektrischen Sicherungen überprüfe. Ich erkannte bald, daß Bruder und Schwester gemeinsam daran arbeiteten, sich so rasch wie möglich ein gewisses Vermögen zu schaffen. Felicita führte ein streng geregeltes Leben zwischen Geschäft und Wohnung, und Gastone zwischen Werkstatt und Wohnung. Felicita schien weit mehr zu verdienen als Gastone, das spielte aber keine Rolle, da sie – wie ich später erfahren sollte – die Mithilfe ihres Bruders für unerläßlich hielt. Er war es auch gewesen, der den Ankauf der Tabaktrafik organisiert hatte, die sich als eine gute Geldanlage erwies. Er war so überzeugt, das Leben eines rechtschaffenen Menschen zu führen, daß er für die Arbeiter, die ihren ganzen Verdienst ausgaben, ohne an das Morgen zu denken, nur Worte der Verachtung übrig hatte.

Kurz, es war ein recht gutes Miteinander. Das Zimmer, das so ernst wirkte und so ordentlich gehalten war, erinnerte ein wenig an einen ärztlichen Ordinationsraum. Nur daß Felicita eine etwas bittere Medizin war, die man hinunterschlucken mußte, ohne den Gaumennerven Zeit zu lassen, sie zu lange auszukosten. Gleich zu Beginn, eigentlich noch vor Abschluß des Vertrages und um mich zu ihm zu ermutigen, schmiegte sie sich an mich und sagte: «Weißt du, es graust mir gar nicht vor dir.» Da es mit großer Liebenswürdigkeit gesagt wurde, klang es ziemlich liebenswürdig, aber ich war erstaunt. Ich hatte, offen gestanden, noch nie an die Möglichkeit gedacht, es könnte jemandem vor mir grausen. Ich hatte vielmehr gemeint, zur Liebe, deren ich mich infolge einer falschen Auslegung der Gesundheitsvorschriften so lange enthalten hatte, zurückgefunden zu haben, um mich einem Menschen, der mich begehrte, hinzugeben, zu schenken. Das wäre die richtige gesundheitsfördernde Praxis gewesen, die ich anstrebte, andernfalls mußte die Kur unvollständig bleiben und konnte nicht sehr wirksam sein. Aber trotz des Geldes, das ich für die Kur bezahlte, wagte ich es nicht, Felicita auseinanderzusetzen, wie ich sie mir wünschte. Und sehr oft verdarb sie mir die Kur in aller Ahnungslosigkeit, während sie sich mir hingab: «Merkwürdig! Es graust mir gar nicht vor dir.» Eines Tages flüsterte ich ihr, mit der Brutalität, zu der ich gelegentlich fähig bin, zärtlich ins Ohr: «Merkwürdig! Auch mir graust es gar nicht vor dir.» Das brachte sie so sehr zum Lachen, daß die Kur unterbrochen werden mußte.

Und doch, um mich innerlich aufzurichten, um mich sicherer zu fühlen, würdiger, gehobener, um zu vergessen, daß ich einen Teil meines Lebens mit dem Bemühen verbrachte, kein Grausen zu erregen, wage ich es manchmal, zu mir selbst voll Stolz zu sagen, daß mich Felicita während einiger kurzer Augenblicke unserer langen Beziehung auch geliebt habe. Und wenn ich nach einem aufrichtigen Ausdruck ihrer Zuneigung suche, dann sehe ich ihn nicht in der stets unveränderten Liebenswürdigkeit, mit der sie mich empfing, nicht in ihrer mütterlichen Fürsorge, mit der sie mich vor Zugluft schützte, auch nicht in der Beflissenheit, mit der sie mich einmal in den Mantel ihres Bruders steckte und mir einen Schirm lieh, weil draußen, während wir beisammen waren, ein Unwetter losgebrochen war, sondern ich erinnere mich eines in aller Aufrichtigkeit hervorgestammelten Satzes: «Wie mir vor dir graust! Wie mir vor dir graust!»

Als ich eines Tages mit Carlo, wie üblich, über Medizin sprach, sagte er: «Du würdest ein Mädchen brauchen, das an Gerontophilie leidet.» Wer weiß? Ich gestand es Carlo nicht, aber vielleicht hatte ich dieses Mädchen schon einmal gefunden und dann verloren. Allerdings glaube ich nicht, daß Felicita eine aufrichtige Liebhaberin alter Männer war. Sie knöpfte mir zuviel Geld ab, als daß man annehmen könnte, sie habe mich um meiner selbst willen geliebt.

Sie war wirklich die kostspieligste Frau, die ich in meinem Leben kennengelernt habe. Mit ihren heiteren Augen, die sie oft halb zusammenkniff, um schärfer sehen zu können, studierte sie in aller Unbefangenheit, bis zu welchem Grad ich mich ausplündern lassen würde. Anfangs und lange Zeit hindurch begnügte sie sich genau mit der vereinbarten Monatssumme, denn da war ich noch nicht zum Sklaven der Gewohnheit geworden und hatte ihr zu verstehen gegeben, daß ich weitere Spesen ablehnen würde. Sie versuchte mehrmals, Hand an meine Brieftasche zu legen, steckte dann aber zurück, um sich nicht dem Risiko auszusetzen, mich zu verlieren. Einmal aber gelang es ihr doch. Sie erhielt von mir das Geld für einen ziemlich teuren Pelz, den ich nachher nie an ihr sah. Ein anderes Mal ließ sie sich ein Kleid von mir bezahlen, ein Pariser Modell, und sie zeigte es mir sogar: So blind ich aber auch sein mochte, ihre bunten Kleider prägten sich einem unvergeßlich ein, und ich entdeckte, daß ich dieses Kleid schon früher an ihr gesehen hatte. Sie war eine sparsame Frau und täuschte mir nur Launen vor, weil sie dachte, daß ein Mann einer Frau leichter eine Laune als Geiz zugestehe. Meine Beziehung zu Felicita endete folgendermaßen:

Ich hatte das Recht, sie zweimal wöchentlich zu bestimmten Stunden zu besuchen. An einem Dienstag nun, als ich schon auf halbem Wege zu ihr war, merkte ich plötzlich, daß ich mich allein wohler fühlen würde. Ich kehrte in mein Studierzimmer zurück und widmete mich unbeschwert am Grammophon der «Neunten Symphonie» von Beethoven.

Am Mittwoch dann empfand ich zwar kein besonderes Bedürfnis nach Felicita, aber mein Geiz trieb mich zu ihr. Ich zahlte ihr ein beträchtliches Monatsgehalt, und wenn ich meine Rechte nicht ausnützte, kam sie mir gewissermaßen zu teuer. Man darf auch nicht außer acht lassen, daß ich mich Kuren, wenn ich sie einmal begonnen habe, mit äußerster Gewissenhaftigkeit unterziehe, mit wissenschaftlicher Präzision. Nur so kann man ja beurteilen, ob die Kur einem genützt hat oder nicht.

So rasch meine Beine mich tragen konnten, eilte ich in das Zimmer, das ich für das «unsere» hielt. In diesem Augenblick aber gehörte es einem anderen. Der dicke Misceli, ein Mann etwa meines Alters, saß in einer Ecke auf einem Sessel, während Felicita bequem auf dem Sofa ausgestreckt lag und genußvoll eine große, erlesene Zigarette rauchte, eine von denen, die man in ihrer Trafik nicht bekam. Eigentlich war es genau die gleiche Situation, in der Felicita und ich uns befanden, wenn wir allein waren, nur mit dem Unterschied, daß Misceli nicht rauchte, während ich mir noch vor Felicita die Zigarette anzuzünden pflegte.

«Sie wünschen?» fragte Felicita eisig und betrachtete aufmerksam die Fingernägel der Hand, mit der sie die Zigarette hielt.

Ich wußte nicht, was ich ihr sagen sollte. Ich fand aber um so leichter die Sprache wieder, als ich, ehrlich gestanden, keinerlei Groll gegen Misceli empfand. Der dicke Mann, der so alt war wie ich, aber viel älter aussah, weil er durch sein großes Gewicht behindert war, betrachtete mich unschlüssig durch die blitzenden Augengläser, die auf seiner Nasenspitze ruhten. Andere alte Männer kommen mir immer älter vor als ich.

«Oh, Misceli», sagte ich und war fest entschlossen, keine Szene zu machen, «wir haben uns lange nicht mehr gesehen.» Und ich reichte ihm die Hand, in die er seine dicke Hand legte und schlaff darin ruhen ließ. Noch immer brachte er kein Sterbenswort heraus! Er wirkte tatsächlich viel älter als ich.

Mit der Objektivität eines vernünftigen Menschen hatte ich zu diesem Zeitpunkt längst begriffen, daß meine Situation genau die gleiche war wie die Miscelis. Ich fand daher, daß keinerlei Anlaß vorlag, mich über ihn zu ereifern. Genaugenommen glich das Ganze einem zufälligen Zusammenprall auf der Straße. Man geht weiter, auch wenn einen der verletzte Körperteil schmerzt, und murmelt eine Entschuldigung.

Bei dieser Erkenntnis erwachte in mir wieder der Gentleman, der ich immer gewesen bin. Ich hielt es für meine Pflicht, auch Felicita die Situation zu erleichtern, und sagte zu ihr: «Hören Sie, Signorina, ich brauche hundert Päckchen ‹Sport›-Zigaretten, aber sorgfältig ausgesuchte, denn es handelt sich um ein Geschenk. Sie sollten möglichst weich sein. Ihre Trafik ist etwas entlegen, und so habe ich mir erlaubt, auf einen Sprung in Ihre Wohnung zu kommen.»

Felicita hob den Blick von ihren Fingernägeln und war sehr höflich. Sie stand auf und geleitete mich zur Tür. Mit leiser Stimme, aus der ein heftiger Vorwurf herausklang, brachte sie hervor: «Warum bist du gestern nicht gekommen?» Und gleich darauf: «Und warum bist du heute gekommen?»

Sie beleidigte mich. Es war widerlich, auf bestimmte Tage verwiesen zu werden, noch dazu bei dem Preis. Ich verschaffte mir sogleich Erleichterung, indem ich meinem Groll freien Lauf ließ: «Ich bin nur gekommen, um dir mitzuteilen, daß ich nichts mehr von dir wissen will und daß wir uns nicht mehr sehen werden!»

Sie schaute mich überrascht an, sie trat sogar, um mich besser betrachten zu können, von mir zurück, wobei ihr Körper für einen Moment noch stärker als sonst hintenüber geneigt war. Es war gewiß eine seltsame Haltung, sie verlieh ihr aber eine gewisse Grazie, die Grazie eines sicheren Menschen, der selbst in der schwierigsten Lage das Gleichgewicht zu halten versteht.

«Wie du willst», sagte sie und zuckte die Achseln. Um sich aber ganz zu vergewissern, daß sie mich richtig verstanden habe, fragte sie mich doch noch, während sie die Tür öffnete: «Wir sehen uns also nicht mehr?» Dabei sah sie mir forschend ins Gesicht.

«Gewiß werden wir uns nicht mehr sehen», sagte ich in einer Anwandlung von Zorn. Ich schickte mich an, die Stiegen hinunterzugehen, als der dicke Misceli in der Tür erschien und schrie: «Warte doch, warte, ich komme mit. Ich habe dem Fräulein auch schon gesagt, wie viele ‹Sport›-Zigaretten ich brauche. Hundert. So wie du.» Wir gingen die Stiegen zusammen hinunter, und erst nach längerem Zögern, das mir eine innige Befriedigung bereitete, schloß Felicita die Tür.

Wir schritten die steil abfallende Straße, die zur Piazza Unità führt, langsam hinab, indem wir vorsichtig einen Fuß vor den anderen setzten. Auf dieser abschüssigen Straße wirkte er, der um so viel mehr wog, ganz ohne Zweifel älter als ich. An einer Stelle stolperte er sogar und wäre beinahe hingefallen, wenn ich ihn nicht prompt gestützt hätte. Er dankte mir nicht. Er war etwas außer Atem und der anstrengende Abstieg noch nicht zu Ende. Deshalb, nur deshalb, sprach er nicht. Erst als wir den ebenen Platz hinter dem Rathaus erreichten, löste sich seine Zunge: «Ich selbst rauche gar keine ‹Sport›. Aber sie ist im Volk die beliebteste Zigarette. Ich muß meinem Tischler ein Geschenk machen, und da wollte ich mir gute besorgen, wie Fräulein Felicita sie hat.»

Jetzt, wo er zu sprechen begonnen hatte, konnte er nur noch Schritt vor Schritt setzen. Er mußte stehenbleiben, um in einer seiner Hosentaschen zu stöbern. Er zog eine goldene Zigarettendose hervor, drückte auf einen Knopf, und die Dose sprang auf. «Willst du eine?» fragte er. «Es sind nikotinfreie.» Ich nahm eine und blieb gleichfalls stehen, um sie anzuzünden. Er aber stand immer noch da, nur um die Zigarettendose wieder in seiner Tasche zu verstauen. Und ich dachte: Sie hätte einen Rivalen für mich finden können, der meiner würdiger ist. Ich kam tatsächlich sowohl beim Abstieg als auch auf der ebenen Strecke viel leichter voran als er. Mit ihm verglichen, war ich geradezu ein Jüngling. Außerdem rauchte er diese nikotinfreien Zigaretten, die gar keinen Geschmack haben. Da war ich doch weit männlicher. Ich hatte immer versucht, das Rauchen aufzugeben, aber diese Feigheit mit den nikotinfreien Zigaretten wäre mir nie in den Sinn gekommen.

Mit Gottes Hilfe langten wir beim Eingang zum Tergesteum an, hier galt es, sich zu verabschieden. Misceli sprach jetzt von ganz anderen Dingen: von Börsengeschäften, in denen er überaus bewandert war. Aber er schien mir irgendwie erregt und gleichzeitig etwas abwesend. Kurz, es schien mir, daß er zwar redete, aber sich selbst nicht zuhörte. In dieser Hinsicht war er wie ich, denn ich hörte ihm überhaupt nicht zu, sondern sah ihn an und versuchte gerade das zu erraten, was er nicht sagte.

Und ich wollte mich nicht von ihm trennen, ohne den Versuch gemacht zu haben, mich über das, was er dachte, genauer zu unterrichten. Zu diesem Zwecke begann ich, mich ihm ganz zu eröffnen. Das heißt, ich platzte heraus: «Diese Felicita ist wirklich ein Luder.» Misceli bot mir ein neues Schauspiel, nämlich das seiner Verlegenheit. Sein mächtiger Unterkiefer geriet in Bewegung wie bei einem Wiederkäuer. Bereitete er seine Rede dadurch vor, daß er zunächst einmal diesen Körperteil in Bewegung setzte, noch ohne zu wissen, was er sagen würde?

Er sagte dann: «Das finde ich nicht. Sie hat ausgezeichnete ‹Sport›.» Er wollte also die dumme Komödie bis ins Endlose fortsetzen. Ich geriet in Wut. «Du denkst also daran, noch einmal zu diesem Fräulein Felicita zu gehen?»

Er zögerte wieder. Sein Unterkiefer schob sich vor, wanderte nach links, dann nach rechts, ehe er wieder in die richtige Lage zurückfand. Dann sagte er, und zum erstenmal konnte er ein Lachen nicht ganz unterdrücken: «Sicher werde ich zu ihr gehen, sobald ich wieder ‹Sport› brauche.»

Auch ich lachte. Ich gab mich aber mit seinen Erklärungen immer noch nicht zufrieden. «Warum bist du dann heute gleich von ihr weggegangen?»

Er zauderte, und ich bemerkte in seinen dunklen Augen, die fest auf das Ende der Straße gerichtet waren, eine große Traurigkeit. «Ich habe meine Vorurteile. Wenn ich in irgendeiner Sache unterbrochen werde, dann sehe ich darin sogleich den Finger der Vorsehung und lasse alles bleiben. Einmal sollte ich eines wichtigen Geschäftes wegen nach Berlin fahren. Ich brach die Reise in Sesanna ab, weil der Zug dort aus irgendwelchen mir unbekannten Gründen mehrere Stunden lang nicht weiterfahren konnte. Ich glaube, daß man nichts auf dieser Welt erzwingen darf... besonders nicht in unserem Alter.»

Auch das genügte mir nicht, und ich fragte: «Hat es dir nichts ausgemacht, als du gesehen hast, daß auch ich mich bei Fräulein Felicita mit ‹Sport› eindecke?»

Er antwortete sofort und mit einer Entschiedenheit, die seinem Unterkiefer keine Zeit zum Rotieren ließ: «Was sollte mir denn das ausmachen? Eifersüchtig? Ich? Woher denn! Wir sind alt, wir zwei. Wir sind alt! Gelegentlich können wir uns die Liebe gestatten. Eifersüchtig aber dürfen wir nicht sein, wir würden sonst allzu leicht lächerlich. Nur keine Eifersucht! Wenn du auf mich hörst, dann zeige dich ja nicht eifersüchtig, man würde dich sonst auslachen.»

So, wie sie da auf dem Papier stehen, klingen diese Worte recht gutmütig, der Ton aber, in dem sie gesagt wurden, verriet eher Zorn und Verachtung. Sein dickes Gesicht war rot angelaufen, er trat an mich heran und maß mich, da er kleiner war als ich, von unten nach oben, als suche er an meinem Körper die verwundbarste Stelle. Warum war er so aufgebracht gegen mich, da er doch eben erklärt hatte, er sei nicht eifersüchtig? Was hatte ich ihm denn sonst getan? Vielleicht war er auf mich böse, weil ich seinen Zug in Sesanna aufgehalten hatte, als er nach Berlin fahren wollte.

Aber auch ich war nicht eifersüchtig. Das heißt, ich hätte gern gewußt, wieviel er Felicita monatlich zahlte. Ich glaube, wenn ich erfahren hätte, daß er – wie es mir auch richtig erschien – mehr zahlte als ich, wäre ich ganz zufrieden gewesen.

Ich aber hatte gar keine Zeit, danach zu forschen. Misceli wurde plötzlich sehr sanft und appellierte an meine Diskretion. Seine Sanftheit wurde zur Drohung, als er mich daran erinnerte, daß wir einander ausgeliefert seien. Ich beruhigte ihn: Ich sei gleichfalls verheiratet und wisse, welche Folgen in unserem Fall ein unbedachtes Wort haben könne.

«Oh», meinte er mit einer beschwichtigenden Geste, «es ist nicht meiner Frau wegen, weshalb ich dich um Diskretion bitte. Meine Frau kümmert sich um gewisse Dinge schon seit Jahren nicht mehr. Aber ich weiß, daß auch du bei Doktor Raulli in Behandlung bist. Und der hat mir damit gedroht, sich meiner nicht mehr anzunehmen, wenn ich mich nicht an seine Vorschriften halte, wenn ich auch nur ein Glas Wein trinke, mehr als zehn Zigaretten, und zwar diese nikotinfreien, am Tage rauche und nicht auch ... sonst enthaltsam bin. Er sagt, der Körper eines Mannes in unserem Alter halte sich nur deshalb im Gleichgewicht, weil er sich nicht entscheiden könne, nach welcher Seite er fallen solle. Man muß sich daher hüten, ihm diese Seite zu zeigen und ihm so die Entscheidung zu erleichtern.» Voller Selbstmitleid fuhr er fort: «Es ist im Grunde sehr leicht, einem anderen vorzuschreiben: Tu das nicht, tu jenes nicht und das dritte auch nicht. Man könnte ihm genausogut sagen, anstatt so zu leben, solle er sich lieber damit abfinden, ein paar Monate weniger zu leben.»

Er blieb noch einige Augenblicke stehen, um sich nach meiner Gesundheit zu erkundigen. Ich sagte ihm, daß mein Blutdruck einmal schon auf 240 gestiegen sei, was ihn sichtlich freute, denn er hatte es nur bis 220 gebracht. Während er einen Fuß auf die Treppe setzte, die zum Tergesteum führt, verabschiedete er sich von mir freundschaftlich mit den Worten: «Also, kein Sterbenswort – abgemacht.»

Das schöne Bild, das Raulli von dem Körper eines alten Mannes entworfen hatte, der sich nur deshalb aufrecht hält, weil er nicht weiß, nach welcher Seite er fallen soll, ließ mich tagelang nicht los. Sicherlich war für den alten Doktor die Bezeichnung «Seite» eine Umschreibung für *Organ*. Und auch der Ausdruck *Gleichgewicht* hatte zweifellos seine Bedeutung. Raulli mußte wissen, was er sagte. Bei uns alten Leuten ist unter Gesundheit eine fortschreitende und gleichmäßige Schwächung sämtlicher Organe zu verstehen. Wehe, wenn eines von ihnen im Rückstand, das heißt zu jugendlich bleibt. Ich stelle mir vor, daß dann die Zusammenarbeit der Organe in einen gegenseitigen Kampf umschlagen kann und daß die schwachen Organe niedergeboxt werden können. Welch prächtige Folgen das für den allgemeinen Körperhaushalt hat, läßt sich leicht denken. Möglicherweise hatte mir die Vorsehung, die über mein Leben wacht, diesen Misceli geschickt, um mir, und sei es durch diesen Mund mit dem wackelnden Unterkiefer, zu sagen, wie ich mich verhalten müsse.

So kehrte ich denn nachdenklich zu meinem Grammophon zurück. Auch in der «Neunten Symphonie» stieß ich auf die Organe, in Zusammenarbeit und im Kampf miteinander. Ihre Zusammenarbeit war aus den ersten Sätzen herauszuholen, besonders aus dem Scherzo, wo sogar den Pauken die Aufgabe zugewiesen ist, in zwei Noten zusammenfassend auszudrücken, was rings um sie die anderen raunen. Die Freude im letzten Satz aber schien mir wie eine Rebellion. Roh, von einer Kraft, die gewalttätig ist, aber durchzogen von leiser Wehmut und Verhaltenheit. Nicht umsonst macht sich im letzten Satz auch die menschliche Stimme geltend, dieser unvernünftigste Klang in der gesamten Natur. Es stimmt wohl, daß ich diese Symphonie früher oft anders gedeutet hatte, und zwar als die innigste Darstellung des Einklangs der widerstrebendsten Kräfte, in die schließlich auch die menschliche Stimme aufgenommen und mit ihnen verschmolzen wird. An diesem Tage aber erschien mir die Symphonie, obwohl von denselben Schallplatten wiedergegeben, so, wie ich es eben geschildert habe.

«Adieu, Felicita», murmelte ich, als die Musik erstarb. Man durfte nicht mehr an sie denken. Es lohnte nicht, ihretwegen einen plötzlichen Zusammenbruch zu riskieren. Es gibt so viele medizinische Theorien auf der Welt, daß es schwer ist, sich an eine von ihnen zu halten. Diese faulen Ärzte haben nur dazu beigetragen, das Leben schwieriger zu machen. Die einfachsten Sachen sind höchst kompliziert. Daß man sich alkoholischer Getränke enthalten soll, ist eine Vorschrift von einleuchtender Richtigkeit. Andererseits aber hat der Alkohol, wie man weiß, manchmal auch heilsame Wirkungen. Muß ich wirklich erst den Arzt abwarten, um mich durch dieses wirksame Heilmittel zu kräftigen? Zweifellos ist der Tod zuweilen das Werk einer plötzlichen Laune eines Organs, die vorübergehend sein könnte, oder eines zufälligen momentanen Zusammentreffens verschiedener Schwächen. Das heißt, es wäre momentan, wenn ihm nicht der Tod folgte. Man muß also alles tun, damit es momentan bleibt. Man muß bereit sein, sofort einzuschreiten, ja womöglich einem Krampf durch übertriebene Tätigkeit oder einem Kollaps durch Untätigkeit zuvorzukommen. Wozu also erst den Arzt abwarten, der herbeieilt, um sich eine Visite bezahlen zu lassen? Ich allein kann durch eine leichte Unpäßlichkeit darauf aufmerksam gemacht werden, daß etwas unternommen werden muß. Leider haben die Ärzte nicht gelernt, was in einem solchen Fall helfen kann. Ich schlucke daher vorsorglich mehrere Medikamente. Ich spüle ein Abführmittel mit einem Glas Wein hinunter, und dann beobachte ich mich. Es kann sich ergeben, daß noch weiteres nötig ist: ein Glas Milch, aber auch ein paar Tropfen Digitalis. Jene geringfügige Menge, die von einem so hervorragenden Mann wie Hahnemann empfohlen wurde und die völlig genügt, die für die Wiederherstellung des Lebens notwendigen Reaktionen zu bewirken, so als müsse ein Organ weniger gekräftigt oder angeregt, sondern lediglich ermahnt werden.

Erblickt es einen Tropfen Calcium, dann ruft es aus: «Sieh da! Das hatte ich ganz vergessen. Meine Pflicht ist es zu arbeiten.»

Damit war das Urteil über Felicita gefällt. Man konnte sie nicht dosieren.

Am Abend suchte mich Felicitas Bruder auf. Als ich ihn erblickte, fuhr ich vor Schreck zusammen, besonders weil ausgerechnet Augusta ihn in mein Studierzimmer geleitete. Ich hatte Angst vor dem, was er mir sagen würde, und so war ich sehr erleichtert, als Augusta sich gleich wieder zurückzog.

Er löste die Knoten eines Tuches, aus dem er ein Paket hervorholte: hundert Päckchen ‹Sport›-Zigaretten. Er teilte sie in fünf Partien zu zwanzig Päckchen, es war also leicht, die Anzahl nachzukontrollieren. Sodann zeigte er mir, daß sich jedes Päckchen beim Betasten weich anfühlte. Die Päckchen waren einzeln aus einer großen Lieferung ausgewählt worden. Er zweifelte nicht, daß ich zufrieden sein würde.

Ich war tatsächlich mehr als zufrieden, denn nach dem anfänglichen Schrecken fühlte ich mich jetzt vollkommen beruhigt. Ich bezahlte sofort die hundertsechzig Lire, die ich ihm schuldete, und dankte ihm sogar noch vergnügt. Vergnügt schon deshalb, weil mich eine richtige Lachlust befiel. Merkwürdige Frau, diese Felicita, die auch noch, als sie sitzengelassen wurde, die Interessen ihrer Tabaktrafik wahrnahm.

Der blasse, lange dünne Mann aber machte, nachdem er die erhaltenen Lire in die Tasche gesteckt hatte, keinerlei Anstalten, wieder zu gehen. Er kam mir irgendwie gar nicht wie Felicitas Bruder vor. Ich hatte ihn wohl schon früher ein paarmal gesehen, aber da war er besser gekleidet gewesen. Jetzt war er ohne Hemdkragen, und sein an sich nicht übler Anzug schien völlig aus den Nähten zu gehen. Merkwürdig auch, daß er es für notwendig hielt, an Arbeitstagen einen besonderen Hut zu tragen: der, den er da hatte, war ausgesprochen schmutzig und vom langen Gebrauch völlig aus der Form geraten.

Er sah mich fest an, zögerte aber zu sprechen. Es war, als wollte sein etwas düsterer Blick, der merkwürdig funkelnd war, mich auffordern, selber zu erraten, was er mir zu sagen habe. Als er endlich zu sprechen begann, drückte sein Blick immer dringlicher eine Bitte aus, so dringlich, daß er mir geradezu drohend erschien. Dringliche Bitten grenzen ja immer an Drohung. Ich verstehe sehr gut, daß bei manchen Bauern die Bilder der Heiligen, an die sie ihre Gebete gerichtet haben, strafweise unterm Bett landen.

Schließlich erklärte er mit fester Stimme: «Felicita sagt, wir haben den zehnten des Monats.»

Ich warf einen Blick auf den Kalender, von dem ich täglich ein Blättchen abreiße, und bestätigte: «Da hat sie vollkommen recht. Es ist der zehnte. Kein Zweifel.»

«Nun», meinte er zögernd, «dann hat sie Anspruch auf das Geld für den ganzen Monat.»

Einen Augenblick bevor er das sagte, war mir bereits klargeworden, warum er mich auf das Kalenderdatum aufmerksam gemacht hatte. Ich glaube, ich wurde rot, als ich bemerkte, daß zwischen Bruder und Schwester alles klar, offen und ehrlich war, auf der Grundlage genauer Kontenführung. Das einzige, was mich überraschte, war die ausdrückliche Forderung, den ganzen Monat zu bezahlen. Ich war gar nicht sicher, ob ich überhaupt noch etwas zu zahlen hatte. In meiner Beziehung zu Felicita hatte ich nicht immer genau Buch geführt. Hatte ich denn nicht immer im voraus bezahlt, und war somit nicht auch der Monatsrest bereits beglichen? Ich war einigermaßen sprachlos, während ich diese seltsamen Augen betrachtete, um herauszubekommen, ob sie eine dringliche Bitte oder eine Drohung ausdrückten. Es ist bezeichnend gerade für einen Mann von großer und langer Erfahrung, wie ich es bin, daß er nicht gleich weiß, wie er sich benehmen soll, weil ihm bewußt ist, daß ein einziges seiner Worte, eine einzige seiner Handlungen die unvorhergesehensten Folgen haben kann. Man muß nur die Weltgeschichte lesen, um zu sehen, was für ein seltsames Verhältnis zwischen Ursache und Wirkung bestehen kann. In meiner Unschlüssigkeit zog ich auf jeden Fall die Brieftasche hervor und zählte das Geld ab, aufmerksam darauf bedacht, nicht irrtümlicherweise einen Fünfhundert-Lire-Schein statt eines Hundert-Lire-Scheins

zu nehmen. Und als ich die Geldscheine gezählt hatte, überreichte ich sie ihm. So war alles bereits geschehen, während ich
immer noch glaubte, ich täte nur irgend etwas, um Zeit zu gewinnen. Dabei dachte ich: Einstweilen zahle ich, dann werde ich
die Sache überdenken.

Felicitas Bruder aber dachte nicht länger darüber nach; tatsächlich hörte sein Blick auf, mich zu fixieren, und verlor alle
Dringlichkeit. Er steckte das Geld in eine andere Tasche als die,
in welche er zuvor die hundertsechzig Lire getan hatte. Er hielt
auf getrennte Rechnung und auf getrenntes Geld. Er grüßte:
«Guten Abend, Signore», und ging. Gleich darauf aber kehrte er
zurück, denn er hatte auf einem Sessel ein weiteres Paket Zigaretten vergessen, das ganz dem glich, das er mir gebracht hatte.
Er entschuldigte sich für die nochmalige Störung: «Das sind
weitere hundert Päckchen ‹Sport›, die ich zu einem anderen
Herrn bringen muß.»

Sie waren sicherlich für den armen Misceli bestimmt, der
diese Zigaretten gleichfalls nicht leiden konnte. Ich aber rauchte
sie alle, bis auf wenige Päckchen, die ich meinem Chauffeur For-
tunato schenkte. Wenn ich eine Sache bezahlt habe, dann ver-
wende ich sie auch, früher oder später. Das ist ein Beweis für den
mir eigenen Sinn für Sparsamkeit. Und jedesmal, wenn ich diesen strohigen Geschmack im Munde verspürte, mußte ich lebhaft an Felicita und ihren Bruder denken. Und je öfter ich an sie
denken mußte, desto deutlicher konnte ich mich erinnern, daß
ich tatsächlich den Monatsbetrag, den ich im voraus hätte erle-
gen sollen, nicht bezahlt hatte. Nachdem ich schon gemeint
hatte, arg betrogen worden zu sein, war es für mich eine Erleichterung, als ich feststellte, daß man mich bloß für zwanzig unge-
nützte Tage hatte zahlen lassen.

Ich glaube, ich bin dann doch noch einmal zu Felicita gegangen, ehe die zwanzig Tage abgelaufen waren, für die ich bezahlt
hatte, und zwar ausschließlich aus dem oben lobend erwähnten
Sinn für Sparsamkeit, der mich auch bestimmt hatte, die
‹Sport›-Zigaretten in mich hineinzurauchen. Ich sagte mir: «Da
ich schon bezahlt habe, will ich noch einmal – zum letztenmal –

riskieren, meinem Organismus die Richtung zu zeigen, in die er fallen kann. Nur einmal noch! Er wird diese Chance gar nicht erkennen.»

Die Wohnungstür öffnete sich genau in dem Augenblick, in dem ich auf die Klingel drücken wollte. Überrascht erblickte ich in der Dunkelheit das schöne, blasse Gesichtchen, das von einem roten, bis über die Ohren und auf den Nacken herabreichenden Hut wie von einem Helm umschlossen war. Eine blonde Locke, eine einzige, fiel unter dem Hut auf die Stirn. Ich wußte, daß Felicita ungefähr um diese Zeit in die Trafik zu gehen pflegte, um diesen komplizierteren Sektor ihrer Geschäftstätigkeit zu überprüfen. Ich hatte jedoch gehofft, sie verleiten zu können, die kurze Zeit, die ich benötigte, damit zu warten.

Sie erkannte mich nicht gleich in der Dunkelheit. Sie nannte fragend einen Namen, der weder der meine noch der Miscelis war und den ich nicht genau verstand. Als sie mich erkannte, reichte sie mir höflich die Hand, ohne eine Spur von Groll, aber doch etwas neugierig. Ich hielt ihr kaltes Händchen mit meinen beiden Händen fest und wurde zudringlich. Sie überließ mir zwar ihre Hand, bog aber den Kopf zurück. Noch nie hatte sich der Stock, um den ihre Gestalt gebildet zu sein schien, so weit nach hinten geneigt, so weit, daß ich mich schon versucht fühlte, ihre Hand loszulassen und sie um die Taille zu fassen, und sei es nur, um sie zu stützen.

Und dieses ferne, mit jener einzigen Locke verzierte Gesicht sah mich an. Sah sie wirklich mich an? Faßte sie nicht vielmehr ein Problem ins Auge, das sie sich stellte und das sofort gelöst werden mußte, auf der Stelle, hier im Treppenhaus?

Sie zögerte lange, dann sagte sie: «Jetzt ist es unmöglich.» Sie sah mich immer noch an. Dann wich jede Unschlüssigkeit von ihr. Ihre zierliche Gestalt verharrte unbewegt in der gefährlichen Stellung, und ihr Gesichtchen blieb blaß und ernst unter der blonden Locke, doch ohne Hast, so als handle sie nach einem ernsten Entschluß, zog sie ihre kleine Hand zurück.

«Wirklich, es ist unmöglich!» sagte sie noch einmal. Diese Wiederholung sollte mich glauben machen, sie erwäge immer

noch, ob es nicht doch eine Möglichkeit gebe, mich zufrieden-
zustellen, aber außer der Wortwiederholung gab es kein Zeichen
dafür, daß sie tatsächlich überlegte und erwog. Sie hatte bereits
entschieden, endgültig.

Sie meinte dann noch: «Komm, wenn du kannst, am nächsten
Monatsersten ... Ich will sehen ... Ich will es noch überlegen.»

Erst seit kurzem, erst seitdem ich diese Geschichte meiner
Liebschaft mit Felicita niedergeschrieben habe, bin ich objektiv
genug, um mich und sie mit der nötigen Unvoreingenommen-
heit beurteilen zu können. Ich war gekommen, um mein Recht
auf die paar restlichen Tage meines Abonnements geltend zu
machen. Sie hingegen teilte mir mit, daß ich mich durch meinen
Verzicht dieses Rechts begeben hatte. Ich glaube, wenn sie mir
vorgeschlagen hätte, sofort ein neues Abonnement zu bezahlen,
ich hätte weniger gelitten. Ich bin auch sicher, daß ich mich nicht
gedrückt hätte. In diesem Augenblick hatte ich mich auf den
Pfad der Liebe begeben, und gerade in meinem Alter verhält
man sich leicht wie ein Krokodil auf dem Festland, von dem es
heißt, es brauche sehr lange, um seine Richtung zu ändern. Ich
hätte sofort für einen ganzen Monat bezahlt, selbst mit dem
Vorsatz, es zum letztenmal zu tun.

So aber war ich empört. Ich fand keine Worte. Mir blieb geradezu die Luft weg. Ich sagte: «Uff», voller Empörung. Ich
dachte, damit etwas gesagt zu haben, ich blieb sogar einen Augenblick stehen, als erwartete ich, daß sie auf mein «Uff», diesen
Aufschrei, der sie verletzen und zugleich meiner tiefen Enttäu-
schung Ausdruck geben sollte, irgend etwas antworten würde.
Aber weder sie noch ich sagten noch etwas. Ich begann die Stiegen hinunterzugehen. Nach ein paar Stufen blieb ich stehen und
wandte mich zurück, um nach ihr zu sehen. Vielleicht lag jetzt in
ihrem blassen Gesicht irgendein Zug, der soviel harten Egoismus, soviel kalte Berechnung Lügen strafte. Ich konnte ihr Gesicht nicht sehen. Sie war jetzt ganz damit beschäftigt, den
Schlüssel in das Türschloß zu stecken und ihre Wohnung abzusperren, die ein paar Stunden leer bleiben würde. Ich sagte noch
einmal: «Uff», aber es klang nicht mehr laut genug, um von ihr

gehört zu werden. Ich sagte es der ganzen Welt, unserer Gesellschaft, unseren Institutionen und Mutter Natur, die es alle miteinander zugelassen hatten, daß ich mich auf dieser Treppe und
in einer solchen Situation befand.

Es war mein letztes Liebesverhältnis. Jetzt, da sich dieses
ganze Abenteuer in die Regeln der Vergangenheit eingeordnet
hat, finde ich es nicht mehr ganz so unwürdig, als daß ich dieser
Felicita mit den blonden Haaren, dem blassen Gesicht, dem
schmalen Näschen, den geheimnisvollen Augen, mit ihrer
Wortkargheit, die nur selten verriet, wie kalt ihr Herz war, nicht
nachtrauern dürfte. Nach ihr aber war kein Platz mehr für neue
Lieben. Sie hatte mich erzogen. Bis dahin hatte ich, wenn der
Zufall es mir erlaubte, länger als zehn Minuten neben einer Frau
zu weilen, Hoffnung und Begehren in meinem Herzen aufsteigen gefühlt. Ich bemühte mich zwar, beides zu verbergen, aber
der gleichzeitige Wunsch, beides zu steigern, um das Leben und
meine Zugehörigkeit zu ihm intensiver zu spüren, war doch
noch stärker. Und um beides zu steigern, gab es kein anderes
Mittel, als beides in Worte zu kleiden und damit zu enthüllen.
Wer weiß, wie oft man über mich gelacht hat? Zur Greisenlauf-
bahn aber, zu der ich nun verurteilt bin, hat mich Felicita erzogen. Jetzt erst weiß ich, daß ich in der Liebe soviel wert bin, wie
ich bezahle.

Auch meine Häßlichkeit ist mir stets gegenwärtig. Erst heute
morgen untersuchte ich beim Erwachen die Stellung, in der sich
mein Mund in dem Augenblick befand, als ich die Augen öffnete. Der Unterkiefer hing nach jener Seite, auf der ich gelegen
hatte, auch meine dicke, schlaffe Zunge war nicht am richtigen
Platz.

Ich dachte sofort an Felicita, an die ich so oft mit Verlangen
und Haß zurückdenken muß. Nun aber murmelte ich: «Es
stimmt schon.»

«Was stimmt?» fragte Augusta, die sich gerade ankleidete.

Ich antwortete sofort: «Was ein gewisser Misceli sagt, den ich
gestern traf und der meinte, es sei unverständlich, wozu man auf
die Welt kommt, lebt und alt wird.»

Damit hatte ich ihr alles gesagt, ohne mich zu verraten.

Niemand trat bisher an Felicitas Stelle. Nichtsdestoweniger versuche ich Mutter Natur zu betrügen, die mich beobachtet, um mich sogleich aus der Welt zu schaffen, wenn sie bemerken sollte, daß ich zur Fortpflanzung nicht mehr befähigt bin. In weiser Dosierung, genau in der von Hahnemann vorgeschriebenen Menge, nehme ich täglich meine diesbezügliche Medizin: Ich betrachte die Frauen, die vorübergehen, ich verfolge ihre Schritte und versuche, in ihren Beinen mehr als ein Instrument zur Fortbewegung zu sehen und den Wunsch zu empfinden, sie anzuhalten und zu streicheln. Allerdings ist die Dosis dann manchmal noch sparsamer, als ich und Hahnemann es wünschen. Ich muß nämlich meine Augen überwachen, damit sie nicht verraten, was sie suchen, und da ist es nur begreiflich, daß die Medizin selten nützt. Man kann zwar, ohne Liebkosungen zu empfangen, das eigene Gefühl voll entfalten, aber man kann nicht ohne Gefahr, das eigene Gefühlsleben zum Erkalten zu bringen, absolute Gleichgültigkeit vortäuschen. Nun, da ich dies niedergeschrieben habe, begreife ich auch besser mein Abenteuer mit der alten Dondi. Ich grüßte sie, um ihr eine Liebenswürdigkeit zu erweisen und ihre Schönheit besser empfinden zu können. Es ist das Schicksal alter Menschen, sich auf einen schönen Gruß beschränken zu müssen.

Man darf nicht glauben, daß derlei flüchtige Beziehungen, die nur dem Zwecke dienen, sich vor dem Tode zu retten, keine Spuren hinterließen, nicht geeignet seien, das eigene Leben zu verschönen oder zu trüben, ganz so, wie es in meinen Beziehungen zu Carla oder zu Felicita der Fall war. Zuweilen – wenngleich selten – machen sie einen so starken Eindruck, daß sie eine unauslöschliche Erinnerung hinterlassen. Ich erinnere mich eines jungen Mädchens, das in der Straßenbahn mir gegenübersaß. Eine Erinnerung, die haften blieb. Es kam zwischen uns zu einer gewissen Vertraulichkeit, denn ich gab ihr einen Namen: Amphora. Das Gesicht war nicht besonders schön, aber ihre fast kugelrunden, leuchtenden Augen betrachteten alles mit der größten Neugier und einer etwas kindlichen Verschmitztheit.

Sie wird vielleicht schon über zwanzig gewesen sein, aber ich hätte mich nicht gewundert, wenn sie aus Übermut verstohlen an den dünnen Zöpfen des kleinen Mädchens gezogen hätte, das zufällig neben ihr saß. Ich weiß nicht, ob ihre an sich doch zierliche Büste wegen ihrer von Natur aus ungewöhnlichen Form oder wegen der, die das Kleid ihr gab, einer eleganten, an den Brunnenrand gelehnten Amphora glich. Ich bewunderte diese Büste sehr, und um Mutter Natur, die mich beobachtete, zu betrügen, dachte ich bei mir: Ich bin sicherlich noch nicht zum Tode bestimmt, denn wenn dieses Mädchen es wollte, wäre ich immer noch zur Fortpflanzung fähig.

Mein Gesicht muß, während ich diese Amphora betrachtete, einen merkwürdigen Ausdruck angenommen haben. Daß es der Ausdruck eines Fauns war, schließe ich aber aus, denn ich dachte an den Tod. Andere jedoch lasen von meinem Ausdruck das Begehren ab. Wie ich später bemerkte, war das Mädchen, das aus wohlhabender Familie sein mußte, in Begleitung eines kleinen alten Weibes, der Magd, die mit dem Mädchen zugleich die Straßenbahn verließ. Und dieses alte Weib blickte mich an, als es an mir vorbeiging, und murmelte mir zu: «Alter Faun.» Sie nannte mich alt. Sie rief den Tod herbei. Ich sagte zu ihr: «Alte Idiotin.» Sie aber entfernte sich, ohne mir zu antworten.

Der erkrankte Alte

Ein alter Mann, der wesentlich jünger aussieht, läßt sich von einem Arzt untersuchen. Der Arzt zeigt sich unzufrieden, rümpft die Nase, denn er findet das Herz merkwürdig geschwächt und die Lunge emphysematisch. Der Kranke errät, daß er gleich eine ungünstige Prognose zu hören bekommen wird. Im Lauf der Untersuchung sieht er sich dann veranlaßt, sein Alter zu nennen: ein sehr hohes Alter.

Da hellt sich das Gesicht des Arztes auf, und der Patient hat die Freude zu hören: «Es geht Ihnen gut, sehr gut.»

Doch noch zweifelnd fragt er: «Aber ist da nicht die Herzschwäche und das Emphysem?»

«Ach, das macht doch nichts, das hat nichts zu bedeuten», sagt der Arzt.

◆◆◆

Der Arzt am Krankenbett ist eine Großmacht.

◆◆◆

Nach einer Pause von vielen Jahren traf ich Signora G., die Witwe meines Freundes. Aus ihren Andeutungen klang der Vorwurf, daß ich mich weder um ihn, der nach vielen Jahren der Krankheit gelähmt gestorben war, noch um sie in ihrer Witwenschaft gekümmert hätte. Viele, viele Jahre in der Tat! Und doch hatte ich die ganze Zeit hindurch oft an ihn gedacht, jung, schön, reich und dann durch soviel Leid zerstört, und an sie, das unschuldige junge Mädchen, das auf dem Weg, der sie ins Glück geführt hatte, direkt ins Unglück weitergeschritten war! Nie hatte ich ihr Schicksal vergessen. Aber mein eigenes, das mir jetzt im Rückblick so leer erscheint, ließ mir nie Zeit, mich um die Freunde zu kümmern, die ich nicht gewohnheitsmäßig traf, sei es bei mir zu Hause oder bei ihnen. Und ich wurde wütend: In der Zwischenzeit hatten sich so viele andere nicht um mich gekümmert!

Feuriger Wein

Eine Nichte meiner Frau heiratete in dem Alter, in dem die jungen Mädchen aufhören, solche zu sein und zu alten Jungfern verkümmern. Die Ärmste hatte noch bis vor kurzem versucht, sich dem Leben zu verweigern, war dann aber durch das Drängen der ganzen Familie dazu gebracht worden, sich ihm wieder zuzuwenden und ihren Wunsch nach Reinheit und Religion aufzugeben; sie hatte sich bereit gefunden, mit einem jungen Mann, den die Familie als gute Partie für sie ausgesucht hatte, zu sprechen. Und schon war es aus mit der Religion und den Träumen von tugendhafter Einsamkeit! Die Hochzeit wurde sogar früher angesetzt, als die Verwandten es gewünscht hatten. Und nun saßen wir also am Polterabend beim Essen.

Ich, als alter Fuchs, lachte. Was hatte der junge Mann gemacht, um sie so rasch umzustimmen? Wahrscheinlich hatte er sie in die Arme genommen, um sie die Lust am Leben spüren zu lassen, und er hatte sie wohl eher verführt als überzeugt. Deshalb mußte man ihnen auch sehr viel Glück wünschen. Alle, die heiraten, können Glückwünsche brauchen, aber dieses junge Mädchen mehr als alle anderen. Welches Unglück, wenn sie eines Tages bereuen müßte, daß sie sich auf diesen Weg hatte zurücklocken lassen, vor dem ihr Instinkt sie gewarnt hatte. Und auch ich begleitete manches Glas mit Glückwünschen, die ich sogar auf diesen Sonderfall abzustimmen wußte: «Seid ein oder zwei Jahre glücklich, dann werdet ihr die anderen langen Jahre im dankbaren Gedenken, genossen zu haben, leichter ertragen. Die Freude läßt Bedauern zurück, und wenn das auch ein Schmerz ist, so doch einer, der den tiefen, den wahren Schmerz des Lebens überdeckt.»

Es sah nicht so aus, als empfände die Braut ein Bedürfnis nach so vielen Glückwünschen. Mir schien vielmehr, als sei ihr Gesicht geradezu erstarrt in einem Ausdruck vertrauensvoller Hingabe. Es war jedoch der gleiche Ausdruck wie damals, als sie ihren Willen verkündet hatte, sich in ein Kloster zurückzuziehen. Auch dieses Mal legte sie ein Gelübde ab, das Gelübde, ihr ganzes Leben lang froh zu sein. Es gibt Leute, die eben immerzu Gelübde ablegen. Würde sie dieses Gelübde besser halten als das vorige?

Alle anderen an der Tafel waren von heiterer Ungezwungenheit, wie Zuschauer es immer sind. Mir fehlte diese Ungezwungenheit völlig. Es war ein denkwürdiger Abend auch für mich. Meine Frau hatte bei Doktor Paoli erreicht, daß es mir an diesem Abend erlaubt sein sollte, zu essen und zu trinken wie alle anderen. Diese Freiheit war durch die Mahnung, daß sie mir schon am nächsten Tag wieder genommen würde, noch kostbarer geworden. Und ich benahm mich genauso wie die jungen Leute, denen man zum erstenmal den Hausschlüssel läßt. Ich aß und trank nicht aus Hunger oder Durst, sondern in der Gier nach Freiheit. Jeder Bissen, jeder Schluck sollte meine Unabhängigkeit demonstrieren. Ich öffnete den Mund weiter, als es nötig gewesen wäre, um die einzelnen Bissen hineinzuschieben, der Wein floß aus der Flasche in mein Glas, bis es überlief, und im nächsten Augenblick hatte ich es schon wieder geleert. Ich spürte einen Drang, mich zu bewegen, und obwohl ich wie festgenagelt auf meinem Stuhl saß, hatte ich das Gefühl, als liefe und spränge ich herum wie ein Hund, den man von der Kette gelassen hat.

Meine Frau verschlimmerte meinen Zustand noch, indem sie ihrer Nachbarin schilderte, welchen Diätvorschriften ich für gewöhnlich unterworfen war, während meine fünfzehnjährige Tochter Emma ihr zuhörte und sich wichtig machte, indem sie die Ausführungen ihrer Mutter noch hier und da ergänzte. Wollten sie mich unbedingt an die Kette erinnern, auch noch in dem Augenblick, in dem sie mir abgenommen worden war? Und alle meine Qualen wurden beschrieben: wie sie das bißchen Fleisch abwogen, das mir mittags erlaubt war, und ihm jeden Geschmack nahmen, und wie es abends nicht einmal mehr etwas abzuwiegen gab, da das Abendessen nur aus einem Brötchen mit einem Hauch von Schinken und einem Glas warmer Milch ohne Zucker bestand, von der mir fast übel wurde. Und während sie so sprachen, machte ich mir meine eigenen Gedanken über die Wissenschaft des Doktors und über ihre Liebe. Wenn mein Organismus wirklich so zerrüttet war, wie konnte man dann annehmen, daß er an diesem Abend – nur weil das Kunststück geglückt war, jemanden zu verheiraten, der es aus eigenem Antrieb nicht getan hätte – plötzlich soviel unverdauliches und schädliches Zeug vertragen würde? Beim Trinken bereitete ich mich auf die Rebellion des kommenden Tages vor. Die würden Augen machen!

Die anderen blieben beim Champagner, ich aber kehrte, nachdem ich einige Gläser getrunken hatte, um bei den verschiedenen Trinksprüchen mitzuhalten, zu dem einfachen Tischwein zurück, einem trockenen, sauberen istrischen Wein, den ein Freund des Hauses zu diesem Anlaß geschickt hatte. Ich liebte diesen Wein, wie man seine Erinnerungen liebt, und mißtraute ihm nicht, noch war ich überrascht, daß er, statt mir Heiterkeit und Vergessen zu schenken, den Zorn in meinem Herzen größer werden ließ.

Wie sollte ich auch nicht zornig sein? Man hatte mich eine scheußliche Zeit durchmachen lassen. Verängstigt und elend hatte ich jeden großzügigen Trieb in mir erstickt, um ihn durch Pillen, Tropfen und Pülverchen zu ersetzen. Kein Sozialismus mehr. Was ging es mich an, wenn Grund und Boden, entgegen jeder noch so einsichtigen Folgerung der Wissenschaft, weiterhin Gegenstand des Privatbesitzes blieben? Wenn deshalb so vielen das tägliche Brot und jenes Maß an Freiheit, das jeden Tag des Menschen verschönern sollte, versagt wurden? Hatte ich etwa das eine oder das andere?

An diesem seligen Abend versuchte ich, wieder der zu werden, der ich gewesen war. Als mein Neffe Giovanni, ein Riese, der gut zwei Zentner wiegt, mit seiner Stentorstimme gewisse Geschichtchen über seine Gerissenheit und die Einfältigkeit der anderen in geschäftlichen Dingen zu erzählen begann, fand ich in meinem Herzen den früheren Altruismus wieder. «Was wirst du tun», schrie ich ihn an, «wenn der Kampf unter den Menschen kein Kampf ums Geld mehr sein wird?»

Für einen Augenblick verschlug es Giovanni die Sprache bei meiner unerwarteten, rigorosen Frage, die seine ganze Welt zu erschüttern drohte. Er starrte mich mit seinen durch die Brille vergrößerten Augen an. Er suchte in meinem Gesicht nach Erklärungen. Alle schauten ihn an und hofften, über eine seiner Antworten lachen zu können, Antworten eines ungebildeten, intelligenten Geldsacks mit einem naiven, aber boshaften Witz, der immer überrascht, obwohl er auch schon vor Sancho Pansa bekannt war; er gewann indessen Zeit, indem er sagte, der Wein trübe zwar allen den Blick für die Gegenwart, mir aber vernebele er die Zukunft. Das war schon nicht schlecht, aber dann glaubte er, noch etwas Besseres gefunden zu haben, und brüllte: «Wenn niemand mehr ums Geld kämpfen wird, werde ich es ohne Kampf kriegen – alles, alles.» Man lachte viel, besonders darüber, wie er mehrere Male seine kräftigen Arme ausbreitete und dann wieder schloß, wobei sich die offenen Hände zu Fäusten ballten, als raffe er bereits das Geld zusammen, das ihm von allen Seiten her zuströmen müsse.

Die Debatte ging weiter, und keiner bemerkte, daß ich, wenn ich nichts redete, trank. Und ich trank viel und sagte wenig, ganz darauf bedacht, mein Inneres zu erforschen, um zu sehen, ob es sich endlich wieder mit Wohlwollen und Altruismus fülle. Es brannte ein wenig, dieses Innere. Doch es war ein Brennen, das sich später in eine milde Wärme verwandeln würde, in das Gefühl, wieder jung zu sein, das der Wein einem gibt, wenn auch leider nur für kurze Zeit. Und während ich darauf wartete, rief ich Giovanni zu: «Wenn du das Geld kassierst, das die anderen ablehnen, werden sie dich ins Loch stecken.»

Aber Giovanni rief sofort zurück: «Dann werde ich die Wärter bestechen und die einsperren lassen, die kein Geld haben, um sie zu bestechen.»

«Aber mit Geld wird man dann keinen mehr bestechen können.»

«Und warum sollte man es mir dann nicht lassen?»

Ich geriet in maßlosen Zorn: «Wir werden dich aufhängen», brüllte ich. «Du verdienst es nicht besser. Den Strick um den Hals und Gewichte an die Beine!»

Verblüfft brach ich ab. Mir schien, daß ich meinen Gedanken nicht richtig zum Ausdruck gebracht hatte. War ich denn wirklich so – ich? Nein, gewiß nicht. Ich überlegte: Wie konnte ich zu meiner Liebe zu allen lebenden Wesen zurückfinden, zu denen doch auch Giovanni gehören mußte? Ich lächelte ihm sofort zu, in einer ungeheuren Anstrengung, mich zu korrigieren, ihm zu verzeihen und ihn zu lieben. Aber er hinderte mich daran, denn er achtete überhaupt nicht auf mein wohlwollendes Lächeln und sagte, als resigniere er bei der Feststellung einer Ungeheuerlichkeit: «So ist es eben, alle Sozialisten enden in der Praxis als Henker.»

Er hatte mich besiegt, aber ich haßte ihn. Er zog mein ganzes Leben in den Schmutz, auch mein früheres, vor der Einmischung des Doktors, dem ich nachtrauerte, weil es in der Erinnerung so hell schien. Er hatte mich besiegt, weil er genau den Zweifel bloßlegte, der mich schon vor seinen Worten so geängstigt hatte.

Und gleich darauf traf mich eine neue Strafe.

«Wie gut er ausschaut», sagte meine Schwester, wobei sie mich mit Wohlgefallen betrachtete, und das war eine unglückliche Bemerkung, denn kaum hatte meine Frau sie gehört, witterte sie auch schon die Möglichkeit, dieses übertriebene Wohlbefinden, das mir das Gesicht rötete, könnte in um so schlimmere Krankheit umschlagen. Sie erschrak, als hätte sie in diesem Augenblick jemand vor einer unmittelbaren Gefahr gewarnt, und fiel heftig über mich her: «Schluß jetzt, Schluß!» schrie sie.

«Weg mit dem Glas!» Sie rief meinen Nachbarn zu Hilfe, einen gewissen Alberi, einen der längsten Männer der Stadt, mager, dürr und gesund, aber bebrillt wie Giovanni. «Seien Sie doch so gut und nehmen Sie ihm das Glas aus der Hand!» Und als sie sah, daß Alberi zögerte, wurde sie ganz wild vor Sorge und Aufregung: «Herr Alberi, seien Sie doch so gut und nehmen Sie ihm das Glas weg!»

Ich wollte lachen, das heißt, ich sagte mir, daß ein gebildeter Mensch nun lachen müsse, aber es war mir unmöglich. Ich hatte die Rebellion erst für den nächsten Tag vorgehabt, es war nicht meine Schuld, wenn sie nun sofort ausbrach. Diese Zurechtweisung vor allen Leuten war wirklich beleidigend. Alberi, dem ich, meine Frau und all die Leute, die ihn mit Essen und Trinken traktierten, völlig gleichgültig waren, verschlimmerte meine Situation noch, indem er sie ins Lächerliche zog. Er schielte über die Brille hinweg auf das Glas, das ich fest umschlossen hielt, näherte sich ihm mit den Händen, als ob er es mir entreißen wolle, und zog sie dann schnell wieder zurück, als habe er Angst vor mir, der ich ihm ins Auge sah. Alle lachten auf meine Kosten, Giovanni wie üblich so laut, daß ihm die Luft wegblieb.

Meine Tochter Emma glaubte, die Mutter brauche ihre Hilfe. In einem Ton, der mir übertrieben flehend vorkam, sagte sie: «Papa, trink nicht mehr!»

Und auf diese Unschuldige entlud sich nun mein ganzer Zorn. Ich fuhr sie mit einem harten und drohenden Wort an, das mir vom Ressentiment des Alten und des Vaters diktiert wurde. Sofort standen ihr die Tränen in den Augen, und ihre Mutter kümmerte sich nicht mehr um mich, sondern wandte sich ganz ihr zu, um sie zu trösten.

Mein Sohn Ottavio, damals dreizehn, lief genau in dem Augenblick zu seiner Mutter. Er hatte nichts bemerkt, weder den Kummer der Schwester noch den Streit, der ihn hervorgerufen hatte. Er wollte um Erlaubnis bitten, am nächsten Abend mit einigen Freunden, die ihm das eben vorgeschlagen hatten, ins Kino zu gehen. Aber meine Frau, die ganz von ihrem Amt als

Trösterin Emmas in Anspruch genommen war, hörte ihm nicht zu.

Ich wollte mich durch einen Akt der Autorität wieder aufrichten und schmetterte meine Erlaubnis: «Ja, natürlich, du gehst ins Kino. Das erlaube *ich* dir, und damit Schluß.» Ohne noch anderes hören zu wollen, kehrte Ottavio zu seinen Freunden zurück, nachdem er zu mir gesagte hatte: «Danke, Papa.» Schade, daß er gleich wieder fortlief. Wäre er bei uns geblieben, hätte mich der Anblick seiner Freude, die mein Machtwort bewirkt hatte, besänftigt.

Die gute Stimmung an unserem Tisch war für einige Augenblicke dahin, und ich hatte das Gefühl, auch der Braut gegenüber gefehlt zu haben, für die unsere ungetrübte Stimmung doch von guter Vorbedeutung sein sollte. Und dabei war sie die einzige, die meinen Kummer verstand, jedenfalls schien es mir so. Sie blickte mich geradezu mütterlich an, bereit, mir zu verzeihen und mich zu streicheln. Dieses Mädchen hatte immer den Anschein erweckt, als sei sie sich ihres Urteils völlig sicher. Wie damals, als sie nach dem Klosterleben strebte, glaubte sie sich auch jetzt allen überlegen, weil sie darauf verzichtet hatte. Nun erhob sie sich über mich, meine Frau und meine Tochter. Wir taten ihr leid, und ihre schönen grauen Augen richteten sich heiter gelassen auf uns, um zu ergründen, wo die Schuld liege, denn ihrer Meinung nach mußte, wo Schmerz war, auch eine Schuld zu finden sein.

Das erhöhte in mir noch den Groll gegen meine Frau, deren Verhalten uns diese Demütigung zugezogen hatte. Es machte uns allen, auch den Armseligsten an dieser Tafel, unterlegen. Dort unten, am Tischende, hatten sogar die Kinder meiner Schwägerin aufgehört zu schwatzen und kommentierten mit zusammengesteckten Köpfen den Vorfall. Ich packte mein Glas, im Zweifel, ob ich es leeren oder an die Wand oder gar gegen das Fenster auf der anderen Seite schleudern sollte. Schließlich leerte ich es in einem Zug. Das war der energischste Akt, weil er meine Unabhängigkeit demonstrierte. Mir schien es der beste Wein, den ich an diesem Abend getrunken hatte. Ich verlängerte den

Akt, indem ich mir noch einmal einschenkte und noch einmal einen Schluck trank. Aber die Freude wollte sich nicht einstellen, und das ganze übersteigerte Leben, das inzwischen meinen Organismus durchströmte, war Groll. Mir kam eine merkwürdige Idee. Meine Rebellion allein genügte nicht, um all die Verworrenheit aufzulösen. Sollte ich nicht auch der Braut vorschlagen, mit mir zu rebellieren? Zum Glück lächelte sie gerade in diesem Augenblick zärtlich dem Mann zu, der vertrauensvoll neben ihr saß. Und ich dachte: Sie hat noch keine Ahnung und glaubt, sie wisse, worauf es ankommt.

Ich entsinne mich noch, daß Giovanni sagte: «Laßt ihn doch trinken, der Wein ist die Milch der Alten.» Ich blickte ihn an und verzog mein Gesicht zu einem Lächeln, aber es gelang mir nicht, ihn zu mögen. Ich wußte, daß es ihm nur um die gute Stimmung ging und daß er mich besänftigen wollte wie ein ungezogenes Kind, das eine Zusammenkunft von Erwachsenen stört.

Ich trank danach wenig und nur dann, wenn sie zu mir herschauten, und sagte kein Sterbenswörtchen mehr. Überall um mich herum war fröhliches Gekreische, und es ging mir auf die Nerven. Ich hörte nicht zu, aber es war schwierig wegzuhören. Alberi und Giovanni waren sich in die Haare geraten, und es machte allen Spaß zu sehen, wie sich der Dicke mit dem Mageren herumschlug. Um was es ging, weiß ich nicht, aber ich hörte vom einen wie vom anderen ziemlich heftige Worte. Ich sah, wie Alberi dastand, sich zu Giovanni hinüberbeugte und dabei seine Brille fast bis über die Tischmitte schob, ganz nahe an den Gegner heran; der streckte seine zwei Zentner zwanzig bequem in einem Liegestuhl aus, den man ihm nach dem Essen zum Spaß hingestellt hatte, und musterte Alberi mit dem Blick des guten Fechters, als überlege er, wohin er den Stoß richten solle. Aber auch Alberi machte keine üble Figur, so dürr und dennoch gesund, wie er war, beweglich und munter.

Und ich entsinne mich auch der Glückwünsche und des endlosen Abschiednehmens beim Aufbruch. Die Braut küßte mich mit einem Lächeln, das mir immer noch mütterlich erschien.

Zerstreut nahm ich diesen Kuß entgegen. Ich überlegte, wann es mir vergönnt sein würde, ihr etwas von diesem Leben zu erklären.

Plötzlich wurde, von irgend jemand, ein Name genannt, der Name einer Freundin meiner Frau und einer ehemaligen Freundin von mir: Anna. Ich weiß nicht von wem noch in welchem Zusammenhang, aber ich weiß, daß es der letzte Name war, den ich hörte, ehe ich von der Tischgesellschaft in Ruhe gelassen wurde. Seit Jahren pflegte ich Anna oft bei meiner Frau zu sehen und mit der Freundschaftlichkeit und Gleichgültigkeit von Leuten zu begrüßen, die keinen Grund haben, sich dagegen zu verwahren, daß sie in derselben Stadt und in derselben Epoche geboren wurden. Doch jetzt fiel mir ein, daß sie vor vielen Jahren Opfer meines einzigen Liebesdelikts gewesen war. Ich hatte ihr fast bis zu dem Tag, an dem ich meine Frau heiratete, den Hof gemacht. Aber dann hatte niemand mehr über meinen Verrat gesprochen, der so abrupt gewesen war, daß ich nicht einmal versucht hatte, ihn auch nur mit einem einzigen Wort zu beschönigen, denn bald darauf hatte auch sie sich verheiratet und war sehr glücklich geworden. Sie war nicht zu unserem Essen gekommen, weil sie wegen einer leichten Grippe das Bett hüten mußte. Nichts Ernstes. Seltsam und beängstigend war dagegen, daß ich mich jetzt an mein Liebesdelikt erinnerte, das nun mein ohnehin schon beunruhigtes Gewissen bedrückte. Ich hatte geradezu das Gefühl, daß in diesem Augenblick mein altes Delikt bestraft werden sollte. Von seinem Lager aus, das aller Wahrscheinlichkeit das einer Genesenden war, hörte ich mein Opfer beteuern: «Wenn es eine Gerechtigkeit gibt, darfst du nicht glücklich sein.» Tief bedrückt ging ich ins Schlafzimmer. Ich war ein wenig verwirrt, denn es erschien mir nicht gerecht, daß nun meine Frau dazu ausersehen sein sollte, die zu rächen, die sie selbst verdrängt hatte.

Emma kam, mir gute Nacht zu sagen. Lächelnd, rosig, frisch. Die Tränen in ihren Augen waren der Lebensfreude gewichen, wie es bei allen gesunden und jungen Organismen der Fall ist.

Seit einiger Zeit verstand ich mich auf die Seelen meiner Mitmenschen, und meine Tochter war durchsichtig wie klares Wasser. Mein Wutausbruch hatte ihr vor aller Augen Wichtigkeit
verliehen, das genoß sie in voller Naivität. Ich gab ihr einen
Kuß, und ich bin sicher, dabei gedacht zu haben, daß es ein
Glück für mich sei, sie so heiter und zufrieden zu finden. Gewiß,
um sie zu erziehen, wäre es meine Pflicht gewesen, ihr vorzuhal-
ten, daß sie es mir gegenüber an Respekt habe fehlen lassen.
Aber ich fand nicht die richtigen Worte und schwieg. Sie ging,
und von meinem Versuch, diese Worte zu finden, blieb nichts
als Beunruhigung, als Verwirrung und Anstrengung, die ich
nicht gleich wieder loswurde. Um mich zu beruhigen, dachte
ich: Ich werde morgen mit ihr sprechen. Ich werde ihr meine
Gründe auseinandersetzen. Doch es nützte nichts. Ich hatte sie
gekränkt, und sie hatte mich gekränkt. Aber es war eine neue
Kränkung, daß sie nicht mehr daran dachte, während ich noch
immer daran dachte.

Auch Ottavio kam zum Gutenachtsagen. Ein seltsamer
Junge. Er sagte mir und seiner Mutter gute Nacht, als ob er uns
kaum sähe. Er war schon wieder draußen, als ich hinter ihm
herrief: «Freust du dich aufs Kino?» Er blieb stehen, versuchte
sich zu erinnern, und ehe er weiterrannte, sagte er trocken: «Ja.»
Er war sehr müde.

Meine Frau streckte mir die Pillenschachtel hin. «Sind es die?»
fragte ich mit gespielter Kaltblütigkeit.

«Ja, gewiß», sagte sie freundlich. Sie blickte mich forschend
an, und da sie nicht klug aus mir wurde, fügte sie zögernd hinzu:
«Ist dir nicht wohl?»

«Doch, doch», beteuerte ich entschlossen, während ich mir
einen Stiefel auszog. Und genau in diesem Augenblick fing mein
Magen entsetzlich zu brennen an. Das war es, was sie wollte,
dachte ich mit einer Logik, die mir erst jetzt zweifelhaft erscheint.

Ich schluckte die Pille mit etwas Wasser und spürte eine leichte
Linderung. Mechanisch küßte ich meine Frau auf die Wange. Es
war ein Kuß, wie er zu den Pillen paßte. Ich konnte ihn mir nicht

ersparen, wenn ich Diskussionen und Erklärungen vermeiden wollte. Aber ich konnte mich auch nicht dem Schlaf überlassen, ohne in dem Kampf, der für mich noch nicht zu Ende war, meine Position dargelegt zu haben, und während ich mich im Bett ausstreckte, sagte ich: «Ich glaube, die Pillen würden besser wirken, wenn man sie mit Wein nähme.»

Sie löschte das Licht, und bald verkündete mir ihr regelmäßiger Atem, daß sie ein ruhiges Gewissen hatte, das heißt also, dachte ich sofort, daß ihr alles, was mich betraf, vollkommen gleichgültig war. Ich hatte sehnsüchtig auf diesen Augenblick gewartet, und sofort sagte ich mir, daß ich nun endlich die Freiheit hätte, so geräuschvoll zu atmen, wie es mein körperlicher Zustand zu erfordern schien, oder sogar zu schluchzen, wie ich es in meiner Niedergeschlagenheit gern getan hätte. Aber in dieser Freiheit wurde der Kummer erst zu einem richtigen Kummer. Überhaupt war das gar keine Freiheit. Wie sollte ich dem Zorn Luft machen, der in mir tobte? Ich konnte nichts weiter tun als darüber brüten, was ich am nächsten Tag zu meiner Frau und zu meiner Tochter sagen würde: Seid ihr nur dann um meine Gesundheit besorgt, wenn es darum geht, mich vor allen bloßzustellen? So war es doch auch. Ich quälte mich hier einsam in meinem Bett, und sie schliefen seelenruhig. Dieses Brennen! Es hatte einen großen Teil meines Organismus ergriffen, es brannte bis zur Kehle hinauf. Auf dem Tischchen neben dem Bett mußte die Wasserflasche stehen, und ich streckte die Hand danach aus. Aber ich stieß an das leere Glas, und das leichte Klirren genügte, um meine Frau zu wecken. Die schläft ja immer mit einem offenen Auge.

«Ist dir nicht wohl?» fragte sie mit leiser Stimme. Sie war nicht sicher, ob sie richtig gehört hatte, und wollte mich nicht wecken. Soviel erriet ich, aber ich unterstellte ihr die eigensinnige Absicht, sich über dieses Unwohlsein zu freuen, das natürlich nur wieder der Beweis war, daß sie recht gehabt hatte. Ich verzichtete auf das Wasser und legte mich ganz sachte wieder zurück. Sogleich fiel sie von neuem in ihren leichten Schlaf, der es ihr gestattete, mich zu überwachen.

Kurz und gut, wenn ich in dem Kampf mit meiner Frau nicht unterliegen wollte, mußte ich schlafen. Ich schloß die Augen und legte mich zusammengekrümmt auf die Seite. Sofort mußte ich diese Stellung wieder aufgeben. Ich blieb jedoch hartnäckig und öffnete die Augen nicht. Aber in jeder Stellung hatte ein Teil meines Körpers zu leiden. Ich dachte: Mit einem solchen Körper kann man nicht schlafen. Ich war ganz wach, ganz Bewegung. Wer läuft, kann nicht an Schlaf denken. Von diesem Laufen kam mein Keuchen und das Stampfen meiner Schritte im Ohr, wie schwere Stiefel. Ich dachte, daß ich mich vielleicht zu behutsam im Bett bewegte, um auf einen Schlag und mit allen Gliedern die richtige Lage finden zu können. Man durfte sie nicht suchen. Man mußte alles von selbst den seiner Form gemäßen Platz finden lassen. Ich warf mich heftig herum. Sofort hörte ich meine Frau murmeln: «Ist dir nicht wohl?» Hätte sie andere Worte gebraucht, hätte ich geantwortet und sie um Hilfe gebeten. Aber auf diese Worte, die kränkend auf unseren Streit anspielten, wollte ich nicht antworten.

Sich ruhig zu halten konnte doch nicht so schwer sein. Warum sollte es schwierig sein zu liegen, wirklich im Bett zu liegen? Ich sah all die großen Schwierigkeiten vor mir, auf die wir in dieser Welt stoßen, und fand, daß es im Vergleich dazu wirklich ein Nichts sei, untätig dazuliegen. Jedes Luder kann doch stilliegen. In meiner Entschlossenheit erfand ich eine zwar komplizierte, aber unglaublich zweckmäßige Stellung. Ich schlug die Zähne in den oberen Teil des Kopfkissens und krümmte mich derart, daß auch die Brust auf dem Kissen lag, während das rechte Bein aus dem Bett hing und fast den Boden berührte, das linke aber auf dem Bett erstarrte und mich daran festnagelte. Ja, ich hatte ein neues System entdeckt. Nicht ich hielt mich am Bett fest, sondern das Bett sich an mir. Und diese Überzeugung von meiner Untätigkeit bewirkte, daß ich nicht aufgab, auch als die Beklemmung zunahm. Als ich schließlich nachgeben mußte, tröstete mich der Gedanke, daß ein Teil dieser furchtbaren Nacht vorbei sei, und ich wurde auch dadurch belohnt, daß ich mich, nachdem ich mich vom Bett befreit hatte, erleichtert fühlte wie ein Ringer, der sich der Umklammerung des Gegners entwunden hat.

Ich weiß nicht, wie lange ich dann ruhig lag. Ich war müde. Verwundert bemerkte ich hinter meinen geschlossenen Lidern einen seltsamen Schein, lodernde Flammen, die mir von dem Brand herzurühren schienen, den ich in meinem Inneren fühlte. Es waren keine wirklichen Flammen, sondern Farben, die Flammen vortäuschten. Sie beruhigten sich dann und schlossen sich zu runden Formen zusammen, zu Tropfen einer zähen Flüssigkeit, die bald alle in sanftes Blau übergingen, aber noch von einer leuchtendroten Linie umrandet waren. Sie kamen von einem Punkt hoch oben, wurden länger, und nachdem sie sich losgelöst hatten, verschwanden sie in der Tiefe. Ich war es, der zuerst dachte, daß diese Tropfen mich sehen könnten. Und sofort verwandelten sie sich, um mich besser zu sehen, in lauter kleine Augen. Während sie sich beim Sturz in die Länge zogen, bildete sich in ihrem Zentrum ein kleiner Kreis, der, indem er den blauen Schleier verlor, ein wirkliches, boshaftes und übelwollendes Auge freilegte. Ich war geradezu verfolgt von einer Menge, die mir übelwollte. Ich wehrte mich in meinem Bett, stöhnend und ächzend: «Mein Gott!»

«Ist dir nicht wohl?» fragte meine Frau sofort.

Es muß einige Zeit vergangen sein, ehe ich antwortete. Aber dann merkte ich, daß ich nicht mehr in meinem Bett lag, sondern mich daran festklammerte, weil es sich in einen Abhang verwandelt hatte, den ich hinabrutschte. Ich schrie: «Mir ist gar nicht wohl, mir ist hundeelend!»

Meine Frau hatte eine Kerze angezündet und stand in ihrem rosa Nachthemd neben mir. Das Licht beruhigte mich, ja, ich hatte das deutliche Gefühl, geschlafen zu haben und erst jetzt aufgewacht zu sein. Das Bett hatte sich wieder geradegerichtet, und ich lag ohne Mühe darin. Ich sah meine Frau überrascht an, denn nun, da ich wußte, daß ich geschlafen hatte, war ich nicht mehr sicher, sie um Hilfe gerufen zu haben. «Was willst du?» fragte ich.

Sie sah mich verschlafen und müde an. Mein Ruf hatte genügt, sie aus dem Bett zu schrecken, aber nicht, ihr das Verlangen nach Schlaf zu nehmen, so daß sie nicht einmal mehr Wert darauf legte, recht zu haben. Um es kurz zu machen, fragte sie: «Willst du von den Tropfen, die der Doktor dir zum Schlafen verschrieben hat?»

Ich zögerte, sosehr es mich auch nach einer Erleichterung verlangte. «Wenn du willst», sagte ich und bemühte mich, nur resigniert zu erscheinen. Die Tropfen nehmen hieß ja noch nicht zugeben, daß einem nicht wohl war.

Dann kam ein Moment tiefen Friedens. Er dauerte so lange, wie meine Frau in ihrem rosa Hemd beim schwachen Schein der Kerze neben mir stand, um die Tropfen abzuzählen. Das Bett war ein richtiges horizontales Bett, und es genügte, die Lider zu schließen, um jedes Licht auszulöschen. Aber von Zeit zu Zeit öffnete ich sie wieder, und dieses Licht und das Rosa des Hemds schenkten mir nicht weniger Trost als das völlige Dunkel. Doch sie wollte ihren Beistand auch nicht um eine Minute verlängern, und ich wurde in die Nacht zurückgeworfen, um allein um Frieden zu kämpfen.

Ich erinnerte mich, wie ich mich als junger Mann, um rascher einschlafen zu können, gezwungen hatte, an eine häßliche Alte zu denken, die mich jene schönen Gaukelbilder vergessen ließ, die mich bedrängten. Jetzt dagegen durfte ich gefahrlos die Schönheit beschwören, sie würde mir sicher helfen. Das war der Vorteil – der einzige – des Alters. Und ich dachte, indem ich ihre Namen aufzählte, an verschiedene schöne Frauen, Sehnsüchte meiner Jugend, aus einer Zeit, in der es unglaublich viele schöne Frauen gegeben hatte. Aber sie kamen nicht. Nicht einmal jetzt erhörten sie mich. Und ich ließ nicht ab von meinem Bemühen, sie heraufzubeschwören, bis aus der Nacht eine einzige schöne Gestalt aufstieg: Anna! Anna, genau wie sie vor so vielen Jahren gewesen war; aber das Gesicht, das schöne rosige Gesicht trug einen Ausdruck von Schmerz und Vorwurf. Denn sie wollte mir nicht den Frieden bringen, sondern das schlechte Gewissen. Das war klar. Und da sie nun einmal da war, begann ich mit ihr zu debattieren. Ich hatte sie verlassen, aber sie hatte sofort einen anderen geheiratet, was nur recht und billig war. Doch dann hatte sie ein Mädchen zur Welt gebracht, das jetzt fünfzehn war und ihr in der zarten Tönung der Haut, im Gold des Haares und dem Blau der Augen glich, deren Gesicht jedoch durch die Einmischung des Vaters, den man ihr ausgesucht hatte, entstellt war: die sanften Wellen des Haars waren zu krausen Löckchen geworden, sie hatte breite Wangen, einen großen Mund und übermäßig dicke Lippen. Doch die Farben der Mutter waren in dieser Vermischung mit den Zügen des Vaters wie ein schamloser Kuß vor aller Welt. Was wollte sie jetzt von mir, nachdem sie sich mir so oft mit dem Gatten verbunden gezeigt hatte?

Und zum erstenmal an diesem Abend glaubte ich, gesiegt zu haben. Anna wurde milder, fast als sähe sie es ein. Und nun mißfiel mir ihre Gesellschaft auch nicht mehr. Sie konnte bleiben. Und beim Einschlafen bewunderte ich sie, die Schöne und Gute, die nun von mir Überzeugte. Bald war ich entschlummert.

Ein gräßlicher Traum. Ich befand mich in einem komplizierten Bau, den ich aber sofort durchschaute, als wäre ich ein Teil davon. Eine weite Grotte, roh, ohne jeden phantastischen Zierat, wie die Laune der Natur ihn in den Grotten hervorbringt, und daher sicher ein Werk von Menschenhand; eine dunkle Grotte, in der ich auf einem hölzernen Dreifuß neben einem Glasschrein saß, den schwach ein Licht erhellte, das mir von ihm auszugehen schien, das einzige Licht, das in dem weiten Raum war und ausreichte, mich, eine Wand aus rohen Steinblöcken und darunter einen betonierten Sockel zu beleuchten. Wie ausdrucksvoll sind doch die Bauwerke des Traums! Man wird sagen, sie sind es, weil sie der, der sie entworfen hat, mühelos durchschaut, und das stimmt. Aber das Überraschende ist, daß der Architekt nicht weiß, daß er sie geschaffen hat, und sich, wenn er wach ist, nicht einmal mehr daran erinnert; und wenn er an jene Welt zurückdenkt, aus der er aufgetaucht ist und in der die Bauwerke so leicht emporsteigen, mag er sich wundern, daß man dort alles ohne ein einziges Wort versteht.

Ich wußte sofort, daß diese Grotte von einigen Männern erbaut worden war, die sie für eine von ihnen erfundene Kur verwendeten, eine Kur, die für einen der Eingeschlossenen (viele mußten sich dort unten im Dunkel befinden) tödlich sein mußte, für alle anderen aber heilbringend. Genau so! Eine Art Religion, die ein Sühneopfer erforderte, und das überraschte mich natürlich nicht.

Noch leichter war zu erraten, daß ich, den man so nahe neben den Glasschrein gesetzt hatte, in dem das Opfer ersticken sollte, ausersehen war, zum Nutzen aller anderen zu sterben. Und ich fühlte bereits die Schmerzen des furchtbaren Todes, der mich erwartete. Ich atmete schwer, der Kopf tat mir weh und hatte ein solches Gewicht, daß ich ihn mit den Händen stützte, die Ellbogen auf den Knien.

Plötzlich sprachen einige Menschen, die sich in der Dunkelheit verborgen hielten, all das aus, was ich schon wußte. Meine Frau redete als erste: «Beeil dich, der Doktor hat gesagt, daß du es bist, der in den Schrein da muß.» Das erschien mir schmerzlich, aber ganz logisch. Daher widersprach ich nicht, sondern tat so, als ob ich nicht hörte. Und ich dachte: Die Liebe meiner Frau ist mir schon immer töricht vorgekommen. Viele andere Stimmen riefen gebieterisch: «Wollen Sie endlich gehorchen?» Unter diesen Stimmen hörte ich deutlich die von Doktor Paoli heraus. Ich konnte nicht widersprechen, aber ich dachte: Er tut es, weil er dafür bezahlt wird.

Ich hob den Kopf, um noch einmal den Glasschrein zu betrachten, der mich erwartete. Da entdeckte ich, daß die Braut auf dem Deckel saß. Auch an diesem Ort bewahrte sie ihren unveränderlichen Ausdruck ruhiger Sicherheit. Ehrlich gesagt, ich verachtete diese Gans, aber ich merkte sofort, daß sie für mich sehr wichtig war. Darauf wäre ich auch im realen Leben gekommen, wenn ich sie auf dem Instrument hätte sitzen sehen, das dazu dienen sollte, mich zu töten. Und nun schaute ich sie schwanzwedelnd an. Ich kam mir vor wie eines jener winzigen

Hündchen, die sich schwanzwedelnd durchs Leben schlagen. Eine Schmach!

Aber die Braut sprach. Ohne jede Erregung, als wäre es die natürlichste Sache von der Welt, sagte sie: «Onkel, der Schrein ist für Euch.»

Ich mußte allein um mein Leben kämpfen. Auch das erriet ich. Ich hatte das Gefühl, eine gewaltige Anstrengung vollbringen zu können, ohne daß jemand es merkte. Genau wie ich vorher eine Kraft in mir gespürt hatte, die mich in die Lage versetzte, meinen Richter für mich zu gewinnen, ohne zu sprechen, so entdeckte ich nun in mir eine Kraft, ich weiß nicht, was es war, zu kämpfen, ohne mich zu bewegen, und damit meine Gegner ohne Vorwarnung zu überfallen. Und die Anstrengung führte sofort zum Erfolg. Denn schon saß Giovanni, der dicke Giovanni, in dem leuchtenden Glasschrein, auf einem Holzschemel, ähnlich dem meinen, und in der gleichen Stellung wie ich. Er saß vornübergebeugt, da der Schrein zu niedrig war, und hielt die Brille in der Hand, damit sie ihm nicht von der Nase fiel. Aber so machte er ein wenig den Eindruck, als ob er dabei wäre, einen Handel abzuschließen, und die Brille nur abgenommen hätte, um, ohne etwas zu sehen, besser nachdenken zu können. Und tatsächlich dachte er, obwohl schweißgebadet und schon schwer atmend, nicht an den nahen Tod, sondern war voller Bosheit, wie seine Augen verrieten, in denen ich den Entschluß zur gleichen Anstrengung las, die ich kurz zuvor unternommen hatte. Deshalb konnte ich auch kein Mitleid mit ihm haben, sondern fürchtete mich vor ihm.

Auch Giovannis Anstrengung hatte Erfolg. Kurz darauf saß Alberi, der lange, magere, gesunde Alberi, statt seiner im Schrein, in der gleichen Stellung wie Giovanni, die für ihn wegen seiner Körpermaße aber noch schlimmer war. Er war regelrecht zusammengeklappt und hätte sicherlich mein Mitleid erregt, wenn nicht auch bei ihm außer der Atemnot eine große Bosheit zu erkennen gewesen wäre. Er sah mich mit einem tückischen Lächeln von unten herauf an, wissend, daß es nur von ihm abhing, ob er in diesem Schrein sterben mußte oder nicht.

Vom Schrein herunter fing die Braut wieder zu reden an: «Jetzt ist die Reihe sicher an Euch, Onkel.» Sie betonte die Worte mit großer Pedanterie. Und ihre Worte wurden von einem anderen Ton begleitet, weit weg, hoch oben. Aus diesem langgezogenen Ton, der von einer Person herrührte, die sich eilig entfernte, erkannte ich, daß die Grotte in einem steilen Gang endete, der an die Erdoberfläche führte. Es war nur ein Zischen, aber ein Zischen der Zustimmung, und es kam von Anna, die mir noch einmal ihren Haß kundtat. Sie hatte nicht den Mut, ihn in Worte zu kleiden, weil ich sie tatsächlich überzeugt hatte, daß sie mir gegenüber schuldiger war als ich ihr gegenüber. Aber die Überzeugung vermag nichts, wenn es sich um Haß handelt.

Ich war von allen verurteilt. Fern von mir, irgendwo in der Grotte, gingen inzwischen meine Frau und der Arzt auf und ab, und ich erriet, daß meine Frau gereizt aussah. Sie gestikulierte heftig mit den Händen und zählte alle meine Missetaten auf: der Wein, das Essen und meine grobe Art gegen sie und meine Tochter.

Ich fühlte mich durch Alberis triumphierend auf mich gerichteten Blick zum Schrein hingezogen. Ich rutschte langsam mit meinem Schemel näher, immer nur um wenige Millimeter, aber ich wußte, wenn ich bis auf einen Meter heran wäre (so wollte es das Gesetz), würde ich mich mit einem einzigen Satz darin eingeschlossen finden und nach Luft schnappen.

Aber es gab noch eine Hoffnung auf Rettung. Giovanni, der sich von der Anstrengung seines harten Kampfes völlig erholt hatte, war neben dem Schrein erschienen, den er nicht mehr zu fürchten brauchte, weil er schon drinnen gewesen war (auch das war dort unten Gesetz). Er stand aufrecht im vollen Licht und sah bald Alberi an, der nach Luft schnappte und drohte, bald mich, der ich mich langsam näherte.

Ich schrie: «Giovanni! Hilf mir, ihn drinzuhalten ... ich geb dir Geld!» Die ganze Grotte hallte wider von meinem Schrei, und es klang wie Hohngelächter. Ich begriff. Es war umsonst zu bitten. Im Schrein mußte nicht der sterben, der zuerst hineingesteckt worden war, auch nicht der zweite, sondern der dritte.

Auch das war ein Gesetz der Grotte, das mich, wie alle anderen dieser Gesetze, zugrunde richtete. Außerdem war es hart, einsehen zu müssen, daß das Gesetz nicht erst in diesem Augenblick gemacht worden war, um ausgerechnet mir zu schaden. Es entstammte ebenfalls dieser Dunkelheit und diesem Licht. Giovanni antwortete nicht einmal, sondern zuckte die Achseln, um mir sein Bedauern anzudeuten, daß er mich nicht retten oder mir die Rettung verkaufen könne.

Und da schrie ich noch einmal: «Wenn es nicht anders geht, nehmt meine Tochter. Sie schläft hier nebenan. Es wird leicht sein.» Auch diese Schreie wurden von einem gewaltigen Echo zurückgeworfen. Ich war davon wie betäubt, aber ich schrie wieder, um meine Tochter zu rufen: «Emma, Emma, Emma!»

Und tatsächlich: Aus der Tiefe der Grotte erreichte mich Emmas Antwort, der Klang ihrer noch so kindlichen Stimme: «Hier bin ich, Papa, hier bin ich.»

Mir schien, sie habe nicht sofort geantwortet. Dann gab es eine heftige Erschütterung, die ich meinem Sprung in den Schrein zuschreiben zu müssen glaubte. Ich dachte noch: Daß dieses Mädchen immer trödeln muß, wenn es ums Gehorchen geht! Diesmal wurde mir ihre Trödelei zum Verhängnis, und ich war voll Groll.

Ich wachte auf. Das war die Erschütterung gewesen. Der Sprung von einer Welt in die andere. Ich hing mit Kopf und Oberkörper über dem Bettrand und wäre aus dem Bett gefallen, wenn meine Frau nicht herbeigeeilt wäre, um mich zu halten. Sie fragte: «Hast du geträumt?» Und dann, gerührt: «Du hast nach deiner Tochter gerufen. Siehst du, wie lieb du sie hast!»

Ich war zuerst geblendet von dieser Wirklichkeit, in der mir alles entstellt und verfälscht erschien. Und ich sagte zu meiner Frau, die doch auch alles wissen sollte: «Wie werden unsere Kinder uns je verzeihen können, daß wir ihnen dieses Leben gegeben haben?»

Doch sie, in ihrer Einfalt, sagte: «Unsere Kinder sind glücklich, daß sie leben.»

Das Leben, das ich in diesem Augenblick als das wahre emp-fand, nämlich das Leben des Traums, hielt mich noch immer in seinem Bann, und davon wollte ich Zeugnis ablegen: «Weil sie noch nichts wissen.»

Aber dann verstummte ich und hing meinen Gedanken nach. Im Fenster neben meinem Bett wurde es hell, und in diesem Licht fühlte ich sofort, daß ich den Traum nicht erzählen durfte, weil ich seine Schmach verbergen mußte. Aber schon bald, während das Sonnenlicht kühl und sanft und doch gebieterisch weiter ins Zimmer drang, empfand ich diese Schmach über-haupt nicht mehr. Es war nicht mein Leben, das Leben des Traums, und ich war nicht derjenige, der mit dem Schwanz we-delte und, um sich selbst zu retten, bereit war, die eigene Toch-ter zu opfern.

Ich mußte jedoch die Rückkehr in jene schreckliche Grotte vermeiden. Und so kam es, daß ich fügsam wurde und mich bereitwillig der Diät des Doktors unterwarf. Aber sollte ich je – ohne meine Schuld, also nicht wegen übermäßigen Trin-kens, sondern in den letzten Fieberschauern – in jene Grotte zurückkehren müssen, würde ich sofort in den Glasschrein springen, falls es ihn gibt, um nicht mit dem Schwanz zu wedeln und Verrat zu üben.

Der erste Schultag

Am 2. Januar 1927 schrieb Herr Giovanni Respiro in ein dickes Heft, das er gekauft hatte, um seine Erinnerungen darin niederzulegen: «Ich wurde am 19. Dezember 1861 geboren. Aber wann bin ich in so deutlicher Weise auf die Welt gekommen, daß ich mich daran erinnern kann? Ich glaube, das geschah im Jahr 1866. Ich hatte mir so gewünscht, zur Schule zu gehen, und endlich durfte ich hin. Als ich aber in der Schule angekommen war, muß ich von irgendeinem Mitschüler oder vom Lehrer gekränkt, geärgert oder bedroht worden sein, denn ich erinnere mich, daß ich mich an die Tür klammerte, die zum Ausgang führte und damit zu dem Ort, der am nächsten von daheim und von meiner Mama lag. Ich blieb dort stundenlang, denn man erlaubte mir nicht, die Schule zu verlassen, aber es gelang ihnen auch nicht, mich von dort wegzubringen. Man wollte kein Aufsehen erregen, und so ließ man mich an diesem Platz weinen, zuerst ein heftiges Weinen, das dann schwächer wurde, weil man mich völlig allein ließ, festgeklammert an diese Türklinke. In der Einsamkeit ebbte das Weinen ab. Vielleicht fuhr ich überhaupt nur damit fort, um bereit zu sein, es sogleich wiederaufzunehmen, wenn jemand käme. Genauso läßt auch mein Chauffeur den Motor laufen, wenn wir für kurze Zeit halten, um sich die Mühe zu ersparen, ihn neu anzulassen.»

Doch am nächsten Tag fühlte er das Verlangen, diesen ersten kurzen Eintrag zu korrigieren. Stimmte es überhaupt, daß ihn jemand in der Schule gekränkt hatte? Es war ihm, als erinnere er sich, daß ihm, nachdem er sich so lange gewünscht hatte, zur Schule zu gehen, die Befriedigung seines Wunsches in dem Moment, in dem er sich von seiner Mama trennen mußte, wie ein schrecklicher Einbruch vorkam. «Aber kann ich das erzählen?» fragte sich der Alte. «Wird man nicht glauben, daß ich von meiner Geburt an ein Dummkopf gewesen sei?» Wenn man so viele Jahre auf dem Buckel hat, ist es sehr schwierig, sich an die eigene Geburt zu erinnern.

[...]

Die Zukunft der Erinnerungen

Ein Land, weit weg von Italien und von Triest. Besser als an das Land selbst erinnerte sich Roberto an die Krise, die ihn dorthin gebracht hatte, nämlich an die endlose Reise. Verona! Ein Hotelbus mit großen Fenstern und auch zwei verzierten Spiegeln, die klingelten, während das Fahrzeug über das Steinpflaster holperte. Er erinnerte sich an die Ankunft und an die Abfahrt, nicht an den Aufenthalt – wahrscheinlich schlief er in der Nacht tief, nach dem Tag auf der Bahn. Dann erinnerte er sich noch an den Brenner und an einen Engländer, der ihm, dem Kind, in miserablem Italienisch erklärt hatte, daß man den Gipfel des Gebirges zu Fuß schneller erreichen könnte als mit der Bahn, die sich in langen Schleifen hinaufwand. Danach kam Innsbruck und der Schnee, nichts als Schnee, und nicht *eine* Kontur eines Hauses. Die Nacht, die sie in Innsbruck verbracht hatten, existierte ebensowenig wie die Nacht in Verona.

Gewiß mußte sich nach Innsbruck, viele Stunden nach der Abfahrt, eine Szene ereignet haben, die der alte Mann in seinem Gedächtnis wiederfand: Er war in heftiges Weinen ausgebrochen, und Vater und Mutter wollten ihn beruhigen, besänftigen. Ein großer Schmerz, die Entdeckung der eigenen Unterlegenheit. Der Vater, der sich anschickte, die beiden Kinder im Internat allein zu lassen, wollte sofort damit beginnen, ihr Leben zu regeln. Armando, der dreizehn Jahre alt war, hätte die Aufsicht über Roberto übernehmen sollen, der erst elfeinhalb war. Bis dahin war dies allerdings nicht der Fall gewesen, und daher rührten die Verblüffung und der Schmerz Robertos. Denn Roberto war sehr ungestüm, und eigentlich hatte sich Armando eher von Roberto kommandieren lassen. Sie wurden gerade deshalb ins Internat geschickt, damit Roberto gezähmt würde, der sich, kaum hatte er die Nase zum Nest hinausgesteckt, als zu stark erwies für die schwache Mutter (vielleicht war sie schon damals krank?) und den Vater, der den ganzen Tag in seinem Büro beschäftigt war. Das kleine Männchen hatte rasch Gesellschaft gefunden, die nicht zu ihm paßte. Der Vater und die Mutter wußten nicht, was er in den langen Stunden trieb, die er weder zu Hause noch in der Schule war. Sie wußten, daß er sich seiner neuen Kleider schämte und sein Bestes tat, um sie sofort zu ruinieren, daß er rauchte und eine Menge häßlicher Wörter wußte. Er suchte sie sich auch aus Büchern zusammen und kannte alle schmutzigen Wörter aus der *Göttlichen Komödie*, und nur die.

Die Mutter versuchte, den ungeheuren Schmerz zu besänftigen, und auch der Vater. Ihnen stand eine lange, große Trennung bevor, und sie hätten gern gewollt, daß der Abschied nicht allzu schwer fiele.

Kufstein! Ein langer Aufenthalt auf einem Bahnhof mit vielen Bahnsteigen; sie standen im Freien neben den Gepäckstücken, die am Boden abgestellt waren. Es ist kalt, obwohl es Juni ist. Gott weiß, wieviel Uhr es ist. Es ist nutzlos, danach forschen zu wollen, denn die ferne Erinnerung kennt nicht solche Genauigkeit. Morgengrauen oder Sonnenuntergang oder vielleicht der Mittag eines Tages, der ganz im Halbschatten liegt. Wer weiß? Vielleicht war die Sonne jenes Tages durch die große zeitliche Entfernung verblaßt.

Seltsam! Der Aufenthalt auf jenem Bahnsteig, in der Erinnerung mit keinem Wort, mit keinem denkwürdigen Ereignis verknüpft, war nicht vergessen. Es kann jedoch sein, daß Roberto spürte, daß er die Alpen überquert hatte und sich jenseits der Mauer befand, die sein Vaterland umschloß. Er wußte auch, in welcher Richtung die Reise fortgesetzt würde: zu jener weiten, endlosen Ebene hin, auf der er einige regelmäßige Hügel sich erheben sah, wie auf einem naiven Bild, doch vielleicht war auch dies vom unvollkommenen Gedächtnis vereinfacht worden, das die Einzelheiten, das ganze Gebirge, die Wälder, Straßen und

Häuser nicht festgehalten hatte. Die Landschaft mußte noch immer unverändert sein. Der Alte nahm sich vor, diesen Ort noch einmal zu besuchen, wenn er wieder ganz gesund wäre. Seltsam, daß er zum erstenmal diesen Wunsch spürte. Wie das Gedächtnis arbeitet, wenn man sich ihm widmet! Es ist eine aktive Kraft und gibt nicht viel her, wenn man es nicht in Anspruch nimmt.

Würzburg! Eine saubere, vornehme, wenig bevölkerte Stadt. Studenten mit blauen Mützen. Die kleine Familie besuchte einen riesigen Palast, der Bilder italienischer Maler enthielt. Roberto erinnerte sich an ein Zimmer, in dem das Echo den Ton, der es hervorrief, vervielfacht wiedergab. Wenn man ein Stück Papier zerriß, so klang es wie eine Trompete.

In Würzburg ereignete sich jedoch auch das Abenteuer, das die kleine Familie in Aufruhr versetzte. Der Vater wollte im Hotel mit Geldscheinen der Banca Triestina bezahlen, die seit alters das Recht hatte, eigene Banknoten auszugeben. Der Hotelbesitzer stieg von einer Art Thron herunter, der sich hinter einer hölzernen Balustrade befand, entsetzt darüber, daß man ihm so etwas als Bezahlung andrehen wollte, und kam hervor, um den Gast zu überwachen. Er brüllte, brüllte regelrecht, und so mußte Robertos Vater eine Bank aufsuchen, um seine Geldscheine gegen gängige Münze einzutauschen, und inzwischen die Familie und das Gepäck als Pfand zurücklassen.

Roberto war nicht erschrocken. Er erinnerte sich an nichts, was einem Schrecken geglichen hätte. Das Leben war für ihn immer in so sicheren Bahnen verlaufen, daß er nicht merkte, daß das Geld dabei wichtig sein konnte. Das Leben war für ihn ein Recht, und er verstand nicht, warum die Sache von Bedeutung sein sollte. Die Mutter jedoch, die kein Deutsch verstand, war erschrocken. Sie hatte den Schleier gelüftet, um sich die Tränen abzutrocknen, die ihre Wangen benetzten. Die Tränen flossen ungehindert, da die lange Reise, die bevorstehende Trennung von ihren kleinen Söhnen und die Sorge um den Gesundheitszustand ihres dritten Buben, der etwas kränkelnd zu Hause geblieben war, sie nervös gemacht hatten. Seit der Abreise von Triest hatten sie keine Nachricht von daheim erhalten.

Der Vater kehrte etwas entspannter zurück. Er hatte die Taschen voller großer silberner Geldstücke. Er beklagte sich über den Kurs, zu dem man ihm gewechselt hatte, und machte sich auf italienisch gegenüber seiner Frau Luft, während er bezahlte: «Was für ein Land von Spitzbuben!» Und dann: «So etwas Ignorantes! Sie kennen die Banknoten der Banca Triestina nicht!» Es war das erste Mal, daß Roberto ihn etwas gegen Deutschland sagen hörte. Der Vater bewunderte dieses Land so sehr, daß er frohgemut die eigenen Kinder dorthin brachte, um sie dort erziehen zu lassen. Aber wenn die eigenen Interessen berührt werden, ändert die Welt oft ihr Aussehen.

Anschließend fuhren sie eine Dreiviertelstunde mit dem Zug. An diesem Punkt mußte der Alte sich keine Mühe geben, um sich an jene Strecke zu erinnern, die er später so oft zurückgelegt hatte. Der Zug fuhr über einen Damm, der auf halber Höhe des Hügels auf der linken Mainseite gebaut worden war. Auf der anderen Seite des Flusses waren Hügel, die den anderen ähnelten, fast so, als würden sie in einem Spiegel reflektiert. Doch endeten einige der höchsten Kuppen im dichten braunen Unterholz des Waldes. Später erfuhr Roberto, daß, was er für Hügel gehalten hatte, die manchmal fast bis zum Fluß reichten, sich dann wieder einige Meilen entfernten, nichts anderes war als die launischen Ausläufer einer einzigen Hochebene. Spät, sehr spät begriff er, daß der Fluß den Boden ausgehöhlt und sich sein Tal geschaffen hatte, ein geduldiges Werk, das Jahrhunderte gedauert hatte. Und der Alte lächelte über sich selbst, während er sich erinnerte: Jeder Mensch ist blind gegenüber einem Teil der Welt. Es war schon viele Jahre her, seit Roberto das Dorf verlassen hatte, in dem er mehr als sechs Jahre gelebt hatte, als er erkannte, wie jenes Tal beschaffen war, in dem er zum Gefühl und zur Vernunft erwacht war. Genaue Beobachtung war nie seine Stärke gewesen. Wahrscheinlich hatte er auf dieselbe Weise die Menschen verstanden, mit denen er zu tun gehabt hatte. Wenn man jemanden verstehen will, ist es sehr wichtig, ihn in den Winkel zu versetzen, aus dem er gekommen ist, und Roberto wäre in diesem Maintal mit offeneren Augen umhergewandert, wenn er nicht immer einen Hügel vom anderen unterschieden und sie statt dessen als eine einzige Hochfläche gesehen hätte. Einzelne Hügel hatten sich plötzlich völlig voneinander abgehoben, denn manchmal hatte der Junge ins Tal hinabsteigen müssen, um vom einen zum anderen zu gelangen, da er nicht die Erfahrung gemacht hatte, daß er, hätte er einen größeren Bogen geschlagen, immer auf derselben Höhe hätte bleiben können, um auf eine andere Kuppe zu kommen. Und die Blindheit dauerte an, was den Ursprung der Dinge betraf. Wenn der Knabe gewußt hätte, daß der Fluß, der klein und unbedeutend war im Vergleich zu dem manchmal sehr ausgedehnten Tal, durch das er sich schlängelte, dieses Tal selbst geebnet oder geglättet hatte, dann hätte sich das Aussehen der ganzen Gegend verändert. Dort, wo das Tal breiter wurde, hatten sich Dörfer und Städtchen eingenistet, und dem naiven Auge des Kindes erschien es, als habe die emsige Bevölkerung den Hügel ausgehöhlt, um dann ihre Häuser zu seinen Füßen anzulehnen.

Sie stiegen auf einem kleinen Bahnhof aus, der ganz überwuchert war von grünen Kletterpflanzen. Herr Beer, der Direktor des Internats, erwartete sie am Bahnhof. Robertos Vater begrüßte ihn überschwenglich. Herr Beer war in Triest gewesen, um die Familie zu besuchen, die ihm zwei Schüler schickte. Auf Robertos Vater hatte er den Eindruck eines sehr gescheiten und gebildeten Mannes gemacht. Herr Dento war rasch in seinem Urteil über Dinge und Personen, änderte aber nur sehr langsam seine Meinung. Wenn er einmal seine Meinung gesagt hatte, dann lebte er damit so hartnäckig wie einer, der sich sein Haus mit eigenen Händen gebaut hat. Die Dinge änderten sich, die Person, die er liebte, wurde suspekt, und er fand alle möglichen Argumente, um sie zu verteidigen und zu erklären. Wenn er dann schließlich die Schläge spürte, die der Verräter ihm versetzte, dann erst empörte er sich über die Verruchtheit der menschlichen Natur – nur, um dann zu sagen, daß die Person, die er geliebt hatte, immer noch besser sei als alle anderen.

Herr Beer, ein Mann von ungefähr vierzig Jahren, trug immer einen langen schwarzen Bratenrock. Ein blondes Kinnbärtchen umrahmte sein ziemlich hölzernes Gesicht mit der feinen Nase; die Wangen waren glatt und nicht sehr frisch, das ganze, völlig regelmäßige und farblose Gesicht schien mit Schreinerwerkzeugen geschnitzt worden zu sein. Er hatte lockiges, üppiges Haar, das dunkler war als das Bärtchen und der Schnurrbart.

Dann stieg man auf einem steilen Weg ins unten liegende Städtchen hinab, eine jener Kleinstädte, die vielleicht früher eine gewisse Bedeutung gehabt hatten, was sich an ein paar kleinen Barockpalästen ablesen ließ; die großen Fenster des oberen Stockwerks waren mit Holzintarsien geschmückt, der unterste Stock und der dritte hatten kleine, quadratische Fenster mit nur einer Scheibe.

An all dies erinnerte sich der Alte, da er es später so oft gesehen hatte. An jene Ankunft, an jene ganze Stunde erinnerte er sich nicht mehr, weder an Herrn Beer noch an die Reisegefährten, noch an irgendeine ihrer Gesten, an ein Kleidungsstück oder an ein Wort. Der steile Weg, das Städtchen, der Fluß gehörten nicht zu jener Stunde. Ganz deutlich erinnerte er sich nur an den Dienstmann des Internats, einen großen, leicht hinkenden Burschen, der einige Tage danach den Ort verlassen mußte, ohne daß Roberto ihn wiedersah. Glücklich ist die Stunde, die durch irgendeine Einzelheit identifiziert werden kann, auch wenn sie ganz ohne Bedeutung ist. Während der Hinkende die vielen Gepäckstücke den steilen Weg hinunterschleppte, hörte man seinen keuchenden Atem. Vielleicht bemerkte man ihn und erinnerte sich an ihn aus diesem Grund.

Am Fluß bestiegen alle einen langen, hochbordigen Kahn, der mit Hilfe eines langen Steckens, der gegen den nicht sehr tiefen Grund gestemmt wurde, fortbewegt und gesteuert wurde, und sie landeten auf einer riesigen, sandigen Halbinsel, die vielleicht einen halben Kilometer in den Fluß hineinragte. Sie stiegen aus und gelangten auf Brettern, die am Ufer ausgelegt waren, zu einem auf dem Sand errichteten steinernen Landeplatz, und so kamen sie vors Dorf.

Dorthin hatte sich der Alte in Begleitung der Frau und der Tochter vor zehn oder zwölf Jahren wieder begeben, um die

Erinnerungen aufzufrischen. Er hatte so große Veränderungen vorgefunden, daß nun die Anstrengung, sich zu erinnern, größer geworden war. Jedenfalls erschien ihm das ganze Dorf kleiner, armseliger, schmutziger. Das Internat war nicht mehr dort, nur noch Unrat. Aber auch die Landschaft selbst hatte sich verändert, denn die Hügel auf der rechten Seite des Flusses hatten ihre Baumbekrönung verloren, die von unten aus zu sehen gewesen war, und sogar das Flußbett, das zwischen großen Kanälen verlaufen war, die das einzige Mittel waren, um Überschwemmungen einzudämmen und das Sinken des Wasserspiegels zu verlangsamen, war nun tiefer gegraben worden, und die Kanäle hatte man trockengelegt und bepflanzt. Selbst das Fährschiff war verschwunden und durch eine steinerne Brücke ersetzt worden, für deren Benutzung man eine geringe Gebühr zahlen mußte – eine große Brücke, die sich majestätisch über dem Wasser erhebt, da sie von einem hochgelegenen Punkt des Städtchens ausgeht und das Dorf direkt oberhalb der Sandbank und auch oberhalb der bereits höher gelegenen, mit roten Rüben bepflanzten Felder erreicht. Auf dem Fluß selbst fahren mittlerweile wendige kleine Dampfer an Stelle einer bestimmten Art schlanker, mit Sand beladener Kähne oder von Flößen, die einen Kilometer lang waren und aus dem Holz bestanden, das zwei oder drei Männer vom Schwarzwald bis nach Belgien steuerten.

Danach mußte man sich nach rechts wenden, um ins Dorf zu gelangen: auf einer Art Pfad, der zwischen armseligen Häusern verlief, die hier und da abseits des Pfades lagen, der sich dann zu kleinen, nicht gepflasterten Plätzen erweiterte, die dort, wo die Wagenräder sie nicht durchfurcht hatten, von Gras bedeckt waren. Einige dieser Hütten wandten der Straße eine von Treppen durchsetzte Vorderseite und einen hölzernen Balkon zu, den die Zeit und die Unbilden der Witterung hatten dunkeln lassen. Auch damals noch roch es auf diesem Weg stark nach Dung.

So betraten sie die Hauptstraße von der kleinen gotischen Kirche her. Diese erhob sich inmitten einer sauberen grünen

Wiese, die ein paar Eichen und zwei Kastanienbäume zierten, die damals in Blüte standen. Die Häuser an der ziemlich breiten, nicht sehr langen Hauptstraße, die auch am anderen Ende von Häusern begrenzt wurde, so daß eine Art gepflasterter Platz entstand, waren schöner und sauberer als die anderen, einige verschönert durch ihren Sockel und dessen Abschluß, andere durch ein etwas kokett vorspringendes steiles Dach.

Frau Beer kam aus dem Haus, um die Reisenden zu begrüßen. Sie war eine schöne, elegante Dame, hochgewachsen, dunkel, mit großen, ausdrucksvollen Augen, einem klaren Profil und einer Adlernase.

Der Alte auf dem Balkon von Opicina seufzte. War es wirklich an jenem Tag gewesen, als sie aus dem Haus gekommen war, so, wie er sich an sie erinnerte, mit einem fröhlichen Lachen auf den Lippen, die großen schwarzen Augen während der Begrüßung aufmerksam auf sie gerichtet, mit ihrem raschen Gang, die ganze schöne Gestalt in einem ebenmäßigen Schwung wiegend, der an die Bewegung einer Tänzerin erinnerte? War es nun damals oder später, sie war jedenfalls in jenem Augenblick anbetungswürdig gewesen. Als er mit achtzehn Jahren für immer von ihr wegging, war sie, obwohl etwas dicker geworden, noch immer schön gewesen. Und doch hatte sie für ihn nie schön ausgesehen. Seine erregbaren jugendlichen Sinne hatten in einer ganz anderen Richtung gesucht. Warum? Der Alte suchte vergebens nach einem Grund und zog den Schluß: Die Menschen können nicht alles sehen; bestimmten Dingen sind ihre Augen verschlossen. Nur die Zukunft konnte ihn besser belehren. Natürlich die Zukunft der Erinnerungen! Er mußte lernen, daß die Arbeit des Gedächtnisses sich ebenso in der Zeit bewegen kann wie die Ereignisse selbst. Dies mußte eine wichtige, wenn auch nicht die wichtigste Erfahrung sein, zu der ihm jene köstliche Arbeit verhalf, der er gerade nachging. Er erlebte wirklich die Dinge und die Personen noch einmal.

Sein Wunsch hätte ihn dazu gebracht, nicht so weit zurückliegende Zeiten zu suchen, in denen er die Kontinuität, das Licht, die Luft, das Wort jedes einzelnen Augenblicks entdeckt hätte.

Aber er wollte nicht! Es galt, weiterhin nach jenen wenigen kleinen Inseln zu suchen, die in jenem Meer auftauchten, und sie so aufmerksam wie möglich zu betrachten, um irgendeine Verbindung zwischen der einen und der anderen wiederzufinden.

Hier war eine dieser Inseln: erfüllt von Licht und von Schmerz, und wirklich so gekennzeichnet, daß man sie ganz und in ihrem eigenen Raum sehen konnte.

Herr Beer bewies an jenem Tag sein politisches Geschick. Nach dem Essen trennten sich Vater und Mutter von den beiden Knaben, die Mutter in Tränen aufgelöst, so daß der Vater mehr damit beschäftigt war, ihr Trost zuzusprechen, als sich von den Söhnen zu verabschieden. Auch die zwei Knaben zeigten sich sehr erregt, und da griff Herr Beer ein und sprach mit dem Vater. Dieser nickte heftig, als sei ihm ein sehr geeigneter Vorschlag gemacht worden, und erklärte gleich darauf den Kindern, wenn sie sofort aufbrechen würden, könnten sie bis zu einer Stelle kommen, von der aus sie die Gelegenheit hätten, die Eltern noch ein letztes Mal zu sehen.

Also faßten sich die beiden Knaben an der Hand und folgten Herrn Beer in seinem ewigen Überzieher. Sie verließen die Eltern, doch bereiteten sie sich sogleich darauf vor, sie noch einmal zu treffen.

Herr Beer richtete von Zeit zu Zeit einige Worte an sie, die sie nicht verstanden, und vertrauensvoll folgten sie ihm weiter. Sie gingen auf einem Weg, von dem aus sie den Fluß nicht sahen, der weit weg war, sondern nur das dichte, üppige Gebüsch und das Schilfrohr an seinen Ufern. Bald schien Herr Beer, der ihnen nun vorausging, tief in Gedanken versunken, und mit langsamen Schritten ging er ein Stückchen vor den beiden Kindern her, die ihm Hand in Hand folgten. Was war das für eine Bahnlinie, daß man mit einem solchen Tempo den Zug einholen konnte, der kurz zuvor abgefahren war? Die Ungeduld beschleunigte die Schritte der beiden Knaben und veranlaßte Armando, schneller zu gehen, wobei er kürzere Schritte machte, um nicht gegen Herrn Beer zu stoßen, der vorausging. Roberto machte es ihm nach. Und etwas passierte, was die beiden Knaben in Erstaunen versetzte. Das Tempo Armandos beeinflußte Herrn Beer, der seinen Schritt beschleunigte, ohne es zu merken. Der Träumer ging voraus, ohne sich umzuwenden.

Armando lachte. Roberto nicht, der sehnsüchtig erwartete, seine Eltern wiederzusehen. Er hoffte in seinem kindlichen Gemüt, sich wieder an die Mutter klammern zu können, für immer. Warum mußte die angedrohte Trennung überhaupt stattfinden?

Herr Beer näherte sich wieder den Kindern und brachte sie auf einen Weg, der sich vom Fluß entfernte und auf den Hügel zuging. Zu dessen Füßen führte der leicht ansteigende Weg zum Dorf. Dann blieb Herr Beer in Person und in Gedanken bei den Kindern und ermunterte sie hin und wieder mit einem Wort, das französisch sein mußte und das sie nicht verstanden.

An jener Stelle ging das Dorf allmählich in die Felder über, die Häuser waren höher und größer und ohne jeglichen Schmuck, unten in Stein gemauert, oben mit Brettern gezimmert, und hatten steile, mit neuen Ziegeln gedeckte Dächer.

Und so langten sie wieder bei dem Bauernhaus an, von dem aus sie aufgebrochen waren. Robertos Herz schlug rasch. Armando war tief betrübt, und sofort standen ihm Tränen in den Augen, aber er schien schon bereit, sich mit seinem Los abzufinden, und blieb an der Tür stehen. Roberto jedoch, der sofort begriff, wie Armando den Streich auffaßte, den man ihnen gespielt hatte, begann die Treppe hinaufzurennen, bevor ihn irgend jemand daran hindern konnte. Wohin ging er? In das Eßzimmer, in dem sie sich kurz zuvor von den Eltern verabschiedet hatten, oder in das Schlafzimmer, in dem die Eltern geschlafen hatten?

Es ist die Stunde, in der Mephistopheles mir erscheinen und mir vorschlagen könnte, noch einmal jung zu werden. Ich würde nicht annehmen. Ich würde entrüstet ablehnen. Das schwöre ich. Doch worum würde ich ihn dann bitten, ich, der ich auch nicht alt sein möchte und nicht sterben will? Mein Gott! Wie schwierig ist es, um etwas zu bitten, wenn man kein Kind mehr ist. Ein Glück, daß sich Mephistopheles meinetwegen nicht bemühen wird. Käme er aber doch, jetzt, da ich durch den dunklen Korridor muß, um ins Bett zu gehen, so würde ich zu ihm sagen: Sag du mir, der du alles weißt, was ich erbitten soll. Und ich überließe ihm meine Seele nur, wenn er mir etwas ganz Neues anböte, etwas, das ich noch nicht kennengelernt habe; denn es gibt keinen Tag in meinem Leben, den ich wiederholen wollte, nun, da ich weiß, wie er geendet hat. Mephistopheles wird nicht kommen. Ich sehe ihn in seiner Hölle sitzen und sich verlegen den Bart kratzen.

Immerhin verdanke ich diesen Notizen den Trost, daß ich in dem Augenblick, da ich mich zu Bett begebe, lachen muß. Und Augusta wird, nur halb aufgewacht, murmeln: «Du, du lachst immer, auch noch um diese Zeit. Du Glücklicher.»

◆◆◆

Und wenn ich bedenke, daß, wenn ich sterbe, mein Zweifel, mein Kampf mit mir selbst und mit den anderen, meine ganze Neugier und meine ganze Leidenschaft sterben werden, dann denke ich, daß die Welt durch meinen Tod wahrhaftig eine große Vereinfachung erfahren wird.

Zu den Texten

Die römischen Ziffern verweisen auf die Bände der Gesammelten Werke in Einzelausgaben, Reinbek 1983–1988:

I – Die Erzählungen 1
II – Die Erzählungen 2
III – Ein Leben
IV – Ein Mann wird älter. Senilità
V – Autobiographisches Profil (Tagebuchaufzeichnungen und Notizen, Fabeln, Briefe)
VI – Essays, Theaterstücke
VII – Zeno Cosini

O. O. III – Opera Omnia Bd. III (Racconti, saggi, pagine sparse), Mailand 1968

[...] – Kürzungen der Herausgeberin im Text

Abkürzungen der Übersetzernamen:
A. L. – Anna Leube
C. J. – Charlotte Jenny
K. H. – Karl Hellwig
P. R. – Piero Rismondo
R. M. G. – Ragni Maria Gschwend

I
«Ein Mensch mit deinem Kopf
hat bei Geschäften nichts zu suchen»
Träumer und Täter in Triest

Alle drei Romane Svevos und die meisten seiner Erzählungen spielen vor dem Hintergrund der Handelsstadt Triest, in der die Kaufleute das Sagen hatten. Svevo selbst war, entgegen seinen Neigungen und Ambitionen, für eine Handelskarriere erzogen worden und mußte 1880, nach dem wirtschaftlichen Ruin seines Vaters und in einer Zeit allgemeiner Rezession, froh sein, eine schlecht bezahlte Stelle in der Korrespondenzabteilung der Wiener Unionbank in Triest zu erhalten. Wie es dort zuging, schildert er u. a. in seinem ersten Roman *Ein Leben*, aus dem der Ausschnitt *Ein Leben in der Bank* stammt.

Das eigentliche Handelsleben spielte sich jedoch an der Triestiner Börse, dem Tergesteum, ab, einem Ort, der auch für Svevos Romanfigur Zeno Cosini von großer Bedeutung ist.

Die *Begegnung alter Freunde*, eine unvollendete und hier erstmals ins Deutsche übersetzte Erzählung, weist autobiographische Züge auf, auch in den Personen: So war Svevos Schwester Noemi 1877 im Kindbett gestorben und hatte eine kleine Tochter hinterlassen, die nach ein paar Jahren ebenfalls starb.

1908 versucht Svevo seiner zehnjährigen Tochter Letizia in einem Brief zu erklären, was er für sich selbst inzwischen wohl akzeptiert hat: daß auch ein Schriftsteller im Leben stehen, etwas «schaffen» muß, um die Wirklichkeit beschreiben zu können.

Die *Geschäfte und der Tod*, ebenfalls erstmals ins Deutsche übersetzt, gehört zu den undatierbaren Entwürfen und Notizen, die in Svevos Nachlaß gefunden wurden.

Der *Mord in der Via Belpoggio* (hier zum erstenmal ins Deutsche übersetzt) erschien unter dem Pseudonym E. Samigli in der Triestiner Zeitung «L'Indipendente» vom 4. – 13. Oktober 1890 in Fortsetzungen und galt lange als die erste veröffentlichte Erzählung Svevos. Obwohl sie ganz unter dem Einfluß Dostojewskis entstanden zu sein scheint und daher aus dem Rahmen des übrigen Werks fällt, lassen sich doch gewisse Svevosche Züge darin erkennen, vor allem das psychologische Interesse am Täter.

Mit dem alten *Fabeldichter Mario* aus der 1925 entstandenen langen Erzählung *Ein gelungener Scherz* hat sich Svevo selbst liebevoll-ironisch als glücklosen Schriftsteller karikiert, der zum Schluß jedoch als letzter lacht. Tatsächlich hatte auch Svevo ein Faible für Fabeln und Vögel, und

der Name Samigli (wenn auch mit dem abgekürzten Vornamen E.)
diente ihm in seinen Anfängen häufig als Pseudonym.

Die Fabel «*Das Käfigtürchen* ...» schrieb Svevo seiner Tochter Letizia
ins Poesiealbum.

S. 22 Bankangestellte wurden (und werden) in Österreich als «Beamte» bezeichnet.

S. 36 Richard Cobden (1804–1865), englischer Volkswirtschaftler,
Vertreter des Freihandels; gründete 1838 in Manchester die Anti-Corn-Law-League und war 1860 am Handelsvertrag zwischen Frankreich und
England beteiligt.

S. 46 Der junge Verleger Giuseppe Morreale brachte 1927 eine Neuauflage von Svevos Roman *Ein Mann wird älter* heraus.

S. 62 In Triest wurden die Kaffeepreise festgesetzt.

S. 96 «Ausbruch des italienischen Krieges» bezieht sich auf den Eintritt Italiens in den Ersten Weltkrieg.

Quellennachweise

Ein Leben in der Bank (Titel von der Herausgeberin). Aus: *Ein Leben*, III,
S. 38–49 (Ü: P. R.)

Zenos Schwiegervater (Titel von der Herausgeberin). Aus: *Zeno Cosini*,
VII, S. 98–105 (Ü: P. R.)

Begegnung alter Freunde («Incontro di vecchi amici»). O. O. III,
S. 305–309 (Ü: R. M. G.)

«Das Leben eines Menschen ...» Aus: *Ein Leben*, III, S. 351 (Ü: P. R.)

«Ich erinnere mich ...» Aus: *Londoner Aufenthalt*, VI, S. 459 (Ü: A. L.)

An das Verlagshaus Morreale. Aus einem undatierten Brief (wahrscheinlich Anfang 1927), V, S. 496 (Ü: R. M. G.)

Nieder mit den Dichtern (Titel von der Herausgeberin). Aus: *Briefe*, V,
S. 380f. (Ü: R. M. G.)

Meuchlings. I, S. 306–319 (Ü: P. R. / R. M. G.)

Die Geschäfte und der Tod (Titel von der Herausgeberin, Original ohne
Titel). O. O. III, S. 856f.

Der Mord in der Via Belpoggio («L'assassinio di Via Belpoggio»).
O. O. III, S. 220–240 (Ü: R. M. G.)

Vier Fabeln. Aus: *Fabeln*, V, S. 76ff. und S. 125 (Ü: R. M. G.)

Der Fabeldichter Mario (Titel von der Herausgeberin). Aus: *Ein gelungener Scherz*, I, S. 199–205 (Ü: K. H.)

Nochmals Fabeln. Aus: *Fabeln*, V, S. 86ff., 128, 135 (Ü: R. M. G.)

«*Meine Braut ist ein Bonbon …*
und ich rauche die letzte»
Von der Liebe, den Zigaretten und wie alles mit allem zusammenhängt

Am 20. Dezember 1895 verlobte sich der vierunddreißigjährige Italo Svevo mit der einundzwanzigjährigen Livia Veneziani, Tochter seiner Kusine Olga. Um die Verlobungszeit festzuhalten, schenkte Livia dem Bräutigam ein mit Blumenbildern und Lesebuchgedichten verziertes Kalenderbuch, das Svevo jedoch weniger mit den erwarteten Liebesschwüren füllte als mit der Analyse seiner Gefühle und Befindlichkeiten – und mit den Versprechungen, das Rauchen aufzugeben. Ähnlich im Tenor sind auch die meisten Briefe, die Svevo während der Verlobungszeit und in den ersten Ehejahren an sein «Bonbon», seine «Knospe» oder seine «Ziege» schrieb, zu einer Zeit, als das Paar gar nicht wirklich voneinander getrennt war: Mitteilungen, die in der Bank, oftmals auch bloß im Nebenzimmer verfaßt wurden und in denen der vielbeschworenen «letzten Zigarette» meist eine zentrale Rolle zukommt. Als James Joyce rund ein Vierteljahrhundert später den Roman *Zeno Cosini* las, schrieb er an Svevo: «Ich hätte nie gedacht, daß das Rauchen einen Menschen derart beherrschen kann.»

Bereits am 17. November 1890 war in der Kolumne «Echi mondani» (etwa: Echo der mondänen Welt) der Triestiner Zeitung «L'Indipendente» Svevos (hier erstmals ins Deutsche übersetzter) Artikel *Über das Rauchen* unter dem Pseudonym E. Samigli erschienen.

Nicht nur das Rauchen, auch die in dem Kapitel *Die Zigarette* aus *Zeno Cosini* literarisierte Eifersucht hat ihr Vorbild in der Realität. Schon während der Verlobungszeit beschuldigte Svevo seine Braut, mit anderen Männern zu «kokettieren», sah er überall Nebenbuhler und behauptete (scherzhaft), blonde Frauen strebten die Witwenschaft an, weil ihnen Schwarz so gut zu Gesicht stehe. In diesem Zusammenhang ist auch die kleine (erstmals auf deutsch vorliegende) Humoreske *Livias neuer Gatte* zu lesen. Hohe (ernsthafte) Wogen schlägt Svevos Eifersucht jedoch, als Livia im Mai 1898 zum erstenmal allein zu einer Bäderkur nach Salsomaggiore in der Provinz Parma reist. Aus finanziellen Gründen kann Svevo sie nicht begleiten, was seine Gereiztheit noch steigert, wie aus dem Brief vom 31. 5. 98 hervorgeht. Und fünf Tage zuvor gesteht er, wie er auch selbst unter seiner Eifersucht leidet: «Im übrigen, wenn ich das große Unglück habe, eifersüchtig zu sein, dann glaube nicht, daß ich mir dabei sympathisch wäre.»

Um Liebe und Eifersucht geht es auch in der Erzählung *Ein Kampf*, die Svevo unter dem Pseudonym E. Samigli in Fortsetzungen am 6., 7. und 8. Januar 1888 in der Zeitung «L'Indipendente» veröffentlichte. Nach dem derzeitigen Kenntnisstand handelt es sich dabei um die erste publizierte (und vielleicht auch geschriebene) Erzählung Svevos. Sie wurde erst 1971 von Ruggero Rimini entdeckt und für diesen Band zum erstenmal ins Deutsche übersetzt. Es ist erstaunlich, wie viele spätere Svevo-Themen sich schon in nuce in diesem kleinen Werk des Sechsundzwanzigjährigen finden, vor allem die ironische Gegenüberstellung von Tatmensch und Träumer, wobei Svevo sich weder mit dem geistlosen Muskelprotz noch mit dem lebensfremden Dichterling identifiziert.

Vieles aus dieser Erzählung erinnert bereits an Svevos zweiten Roman *Ein Mann wird älter*, in dem jedoch die beiden Protagonisten – Angiolina, das wie die Verkörperung der Jugend erscheinende blonde Flittchen, und der junge Greis Emilio, der ein amouröses Abenteuer sucht, ohne irgendeine Verpflichtung eingehen zu wollen – in der Vortäuschung von Gefühlen wesentlich raffinierter sind. Im übrigen trägt auch dieser Roman autobiographische Züge: Svevo hatte zwischen 1892 und 1893 eine Affäre mit einer gewissen Giuseppina Zergol, einem «Mädchen aus dem Volke», das später zum Zirkus ging. *Ein Mann wird älter* erschien vom 15. 6. bis 16. 9. 1898 als Fortsetzungsroman in der Zeitung «L'Indipendente» und gleich darauf im Selbstverlag als Buch, ohne jedoch außerhalb von Triest Beachtung zu finden.

Svevo hat Freud persönlich wohl nie kennengelernt, doch er beschäftigte sich intensiv mit dessen Werk und übersetzte sogar, zusammen mit einem Neffen, Freuds Buch *Über den Traum* ins Italienische. Im übrigen machte sein junger Schwager Bruno Veneziani beim Meister in Wien ab 1911 eine Kur, die jedoch völlig mißlang. Das hat sicher mit dazu beigetragen, daß Svevo Freud und der Psychoanalyse skeptisch gegenüberstand, sie lediglich als Instrument zur Erkenntnis akzeptierte und nicht als Therapie. In seinem Roman *Zeno Cosini*, der im Original *La coscienza di Zeno*, also «Zenos Bewußtsein» heißt, führt er zwar die Psychoanalyse erstmals in die italienische Literatur ein, macht sich aber gleichzeitig über sie lustig. Der Protagonist ist ein sechsundfünfzigjähriger, durch Wohlhabenheit und angebliche Unfähigkeit zur Passivität verurteilter Triestiner Großbürger, der sich für krank hält und in der Psychoanalyse Heilung sucht. Sein Arzt, ein gewisser Dr. S., ist es auch, der ihn zu den Aufzeichnungen, aus denen das Buch besteht, anregt. Der Hypochonder Zeno Cosini wird «geheilt» werden, allerdings nicht durch den Arzt, sondern durch den Ersten Weltkrieg, der ihn plötzlich zu Entscheidungen und zur Tätigkeit zwingt.

S. 112 «Küstenland» war die gemeinsame Bezeichnung der ehemaligen österreichischen Kronländer Görz und Gradisca, Istrien und Triest.

S. 115 Der 5. Mai ist der Todestag Napoleons.

S. 113 *Siora*, venezianisch-triestinische Form von Signora

S. 116 Jules Claretie (1840–1913), französischer Schriftsteller

S. 116 Beard, George Miller, amerikanischer Nervenarzt (1839 bis 1883), der den Krankheitsbegriff «Neurasthenie» prägte. Von ihm ist auch im *Zeno Cosini* die Rede (vgl. S. 203).

S. 116 Coupeau, eine Figur aus Émile Zolas Roman «L'assommoir»

S. 118 Giuseppe Mazzini, (1805–1872), italienischer Politiker, der maßgeblich an der Einigung Italiens beteiligt war

S. 118 Paolo Mantegazza, (1831–1910), italienischer Physiologe (schrieb u. a. «Physiologie der Liebe»; «Physiologie des Weibes»)

S. 120 Bulwer, wahrscheinlich handelt es sich um Edward George Earle Bulwer-Lytton (1803–1873), englischer Politiker und Verfasser von historischen, philosophischen und okkultistischen Romanen.

S. 120 Maxime du Camp, ein Freund Flauberts

S. 120 Carlo Dossi (1849–1910), italienischer Schriftsteller und Politiker

S. 121 Riccardo Pitteri, Triestiner Schriftsteller des 19. Jahrhunderts

S. 130 Pius IX. (Giovanni Mastai Ferretti), Papst seit 1846, starb im Jahr 1878

S. 132 H. D. Ruhmkorff, Erfinder des nach ihm benannten Induktionsapparats für wissenschaftliche und medizinische Zwecke

S. 149 Cascara sagrada, Abführmittel aus der Rinde des amerikanischen Faulbaums

S. 154 «kristallisierter Kohlenstoff», Umschreibung für Brillanten

S. 208 Lorenzo da Ponte, Mozarts berühmter Librettist

Quellennachweise

Poesie in schlechter Prosa. Aus: *Tagebuch für die Verlobte*, V, S. 44 (Ü: R. M. G.)

Die Kunst, sich das Rauchen nicht abzugewöhnen (Titel von der Herausgeberin). Textcollage aus *Tagebuch für die Verlobte* (V, S. 29–72) und *Briefe* 1895–1904 (V, S. 148–358) (Ü: R. M. G.)

Über das Rauchen («Il fumo»). O. O. III, S. 619–623 (Ü: R. M. G.)

Die Zigarette. Aus: *Zeno Cosini*, VII, S. 31–59 (Ü: P. R.)

An Livia. Aus: *Briefe*, V, S. 223 (Ü: R. M. G.)

Livias neuer Gatte («Livia»). O. O. III, S. 489 f. (Ü: R. M. G.)

Ein Kampf («Una lotta»). Belfagor, XXVI, 30. 9. 1971. (Ü: R. M. G.)

Liebeslügen (Titel von der Herausgeberin). Aus: *Ein Mann wird älter*, IV,
   S. 37–68 (Ü: P. R.)
«Nichts ist irritierender …» Aus: *Ein Leben*, III, S. 317 (Ü: P. R.)
«Der Schmerz hat …» Aus: *Ein Leben*, III, S. 234 (Ü: P. R.)
«Wenn ihr wüßtet …» Aus: «Degenerazione», O. O. III, S. 818
   (Ü: R. M. G.)
Die Beinmaschinerie (Titel von der Herausgeberin). Aus: *Zeno Cosini*,
   VII, S. 148–152 (Ü: P. R.)
Ich habe die Psychoanalyse satt (Titel von der Herausgeberin). Aus: *Zeno
   Cosini*, VII, S. 534–554 (Ü: P. R.)
Sollte ich geheilt sein? (Titel von der Herausgeberin). Aus: *Zeno Cosini*,
   VII, S. 555–557 (Ü: P. R.)

III
«Das Leben eines alten Mannes ist wirklich wild»
Über das Alter und die Kuren dagegen

Mit dem Alter hat sich Svevo bereits in seiner Jugend beschäftigt, doch
die meisten Texte, in denen es um alte Männer geht, sind erst entstanden, als er aus eigener Erfahrung sprechen konnte. So beabsichtigte er,
nach dem Erfolg seines dritten Romans *Zeno Cosini* eine Fortsetzung
mit einem siebzigjährigen Protagonisten zu schreiben, die er «Der
Greis» nennen wollte. Leider sind uns davon nur Bruchstücke erhalten,
die jetzt unter den Titeln *Ein Vertrag, Die Bekenntnisse des alten Mannes,
Mein Müßiggang* und *Der Greis* als Erzählungen fungieren. Auch das
Theaterstück *Ein Mann wird jünger* entstand in Svevos letzten Lebensjahren, und Giovanni Chierici, ein siebzigjähriger Triestiner Großbürger,
der sich einer Verjüngungsoperation unterzogen hat, könnte genausogut Zeno Cosini heißen.

   Neben Krankheit und nachlassender Kraft und Potenz gehört zu den
großen Themen des Alters auch die Erinnerung: die Suche nach dem
eigenen früheren Ich und die seltsame Erfahrung, daß auch die Erinnerung kein fester Besitz ist, sondern sich ständig wandelt, eine «Zukunft» hat. Die *Zukunft der Erinnerungen* ist eine der wenigen Erzählungen mit eindeutig autobiographischem Charakter, nämlich der
Schilderung der ersten Reise Svevos mit seinen Eltern und dem Bruder
Adolfo in das Internat nach Segnitz am Main. Sehr ähnlich in der Er-
zählweise wirkt der bisher noch nicht ins Deutsche übersetzte Entwurf
Der erste Schultag.

S. 246 Topler, eine Figur aus *Zeno Cosini*

S. 250 Carla, Zenos ehemalige «Geliebte» im Roman *Zeno Cosini*

S. 258 Tergesteum, die Triestiner Börse

S. 259 Sesanna, eine kleine Ortschaft etwa 15 km von Triest entfernt (heute slowenisch)

S. 262 Der Arzt Christian Friedrich Samuel Hahnemann (1755–1843) gilt als der Begründer der Homöopathie.

S. 298 Tatsächlich hat Svevo nur etwa fünf (und nicht mehr als sechs) Jahre in Segnitz verbracht.

S. 299 Der «kleine Bahnhof» ist der des Städtchens Marktbreit, auf der dem Dorf Segnitz gegenübergelegenen Mainseite.

S. 301 Der «Schwarzwald» ist sicher ein Versehen des Autors und sollte «Steigerwald» heißen.

S. 302 Opicina, in diesem oberhalb von Triest gelegenen Karstdorf hatte Svevo eine Villa zur Sommerfrische gemietet. Dort ist sein Roman *Zeno Cosini* entstanden.

Quellennachweise

Der Greis. II, S. 359–374 (Ü: K. H. / R. M. G.)

«Gäbe es auf der Welt ...» Aus: *Schriften über Joyce*, VI, S. 527 (Ü: A. L.)

«Ich verstehe nicht ...» Aus: *Menschliche Dokumente*, V, S. 115 (Ü: A. L.)

«Ich bin ein Mensch ...» Aus: *Umbertino*, II, S. 279 f. (Ü: P. R. / R. M. G.)

«Das Alter beginnt ...» Aus: *Menschliche Dokumente*, V, S. 115 (Ü: A. L.)

«Warum, zum Teufel ...» Aus: *Tagebuchaufzeichnungen und Notizen*, V, S. 105 (Ü: A. L.)

«Siebzig Jahre scheinen ...» Aus: *Menschliche Dokumente*, V, S. 119 (Ü: A. L.)

«Ein alter Mensch ...» Aus: *Menschliche Dokumente*, V, S. 112 f. (Ü: A. L.)

Das Leben in einer gemischten Zeit (Titel von der Herausgeberin). Aus: *Die Bekenntnisse des alten Mannes*, II, S. 228 ff. (Ü: P. R. / R. M. G.)

Die Verjüngungsoperation (Titel von der Herausgeberin). Textcollage aus: *Ein Mann wird jünger*, 7., 8. und 9. Szene, VI, S. 331 ff. (Ü: C. J.)

«Meine Frau ist alt ...» Aus: *Nietzsche*, V, S. 123 (Ü: R. M. G.)

Das Herz (Titel von der Herausgeberin). Aus: *Notiz*, II, S. 326 f. (Ü: R. M. G.)

Mein Müßiggang. II, S. 328–356 (Ü: P. R. / R. M. G.)

Der erkrankte Alte. V, S. 88 (Ü: R. M. G.)

«Der Arzt ...» Aus: *Zeno Cosini*, VII, S. 85 (Ü: P. R.)

«Nach einer Pause ...» Aus: *Nietzsche*, V, S. 129 (Ü: R. M. G.)

Feuriger Wein. I, S. 320–341 (Ü: R. M. G.)

Der erste Schultag («Le confessioni del vegliardo»). O. O. III, S. 492
   (Ü: R. M. G.)

Die Zukunft der Erinnerungen. I, S. 185–196 (Ü: A. L.)

«Es ist die Stunde . . .» Aus: *Nietzsche,* V, S. 130 (Ü: R. M. G.)

«Und wenn ich bedenke . . .» Aus: *Menschliche Dokumente,* V, S. 115
   (Ü: A. L.)

Literatur

rowohlts monographien

Literatur

rowohlts monographien

John Updike
Die Hexen von Eastwick
(rororo 12366)
Updikes amüsanten Roman
über Schwarze Magie, eine
amerikanische Kleinstadt und
drei geschiedene Frauen hat
George Miller mit Cher,
Susan Sarandron, Michelle
Pfeiffer und Jack Nicholson
verfilmt.

Hubert Selby
Letzte Ausfahrt Brooklyn
(rororo 1469)
Produzent: Bernd Eichinger
Regie: Uli Edel
Musik: Mark Knopfler

Alberto Moravia
Ich und Er
(rororo 1666)
Ein Mann in den Fallstricken
seines übermächtigen
Sexuallebens – erfolgreich
verfilmt von Doris Doerrie.

Paul Bowles
Himmel über der Wüste
(rororo 5789)
«Ein erstklassiger Abenteuer-
roman von einem wirklich
erstklassigen Schriftsteller.»
Tennessee Williams
Ein grandioser Film von
Bernardo Bertolucci mit John
Malkovich und Debra Winger

John Irving
Garp und wie er die Welt sah
(rororo 5042)
Irvings Bestseller in der
Verfilmung von George Roy
Hill.

Alice Walker
Die Farbe Lila
(rororo neue frau 5427)
Ein Steven Spielberg-Film mit
der überragenden Whoopi
Goldberg.

Henry Miller
Stille Tage in Clichy
(rororo 5161)
Claude Chabrol hat diesen
Klassiker in ein Film-
kunstwerk verwandelt.

Oliver Sacks
Awakenings – Zeit des Erwachens
(rororo 8878)
Ein fesselndes Buch – ein
mitreißender Film mit Robert
de Niro.

Ruth Rendell
Dämon hinter Spitzenstores
(rororo thriller 2677)
Rendells atemberaubender
Thriller wurde jetzt unter dem
Titel «Der Mann nebenan»
mit Anthony Perkins in der
Hauptrolle verfilmt.

Marti Leimbach
Wen die Götter lieben
(rororo 13000)
Das Buch zum Film «Ent-
scheidung aus Liebe» mit
Julia Roberts und Campbell
Scott in den Hauptrollen.